덜미, 완전범죄는 없다 2

※ 이 도서의 국립중앙도서관 출판예정도서목록(CIP)은
서지정보유통지원시스템 홈페이지(http://seoji.nl.go.kr)와
국가자료공동목록시스템(http://www.nl.go.kr/kolisnet)에서 이용하실 수 있습니다.
(CIP제어번호: CIP2019001252)

덜미,
완전범죄는 없다 2

범죄 현장에서 쫓고 쫓기는 두뇌 싸움

—— **한국일보 경찰팀** 지음

북콤마

수사 현장의 부단한 노력과 협업 정신을 본다

서중석 전 국립과학수사연구원 원장

세월의 변화와 함께 범죄도 점차 지능화되고 복잡해지면서 우리의 통념을 넘어서는 사건이 발생하고 있습니다. 현장이 훼손되는 일이 잦고 증거 확보에 어려움을 겪지만 수사기관은 과학수사를 통해 강력 사건을 해결해오고 있습니다. 한편 한국일보 경찰팀 기자들은 이런 사례를 집념 어린 태도로 심층 취재해 많은 독자들의 사랑을 받아왔습니다. 사건의 실체는 물론 뒷이야기까지 가감 없이 서술하고 과학적 분석을 덧붙여, 추리소설보다 더 짜임새 있는 구성의 기사를 썼습니다. 이제 모든 기사를 한 권의 책에 담아내어 출간하니 법의학자의 한 사람으로서 대단히 반가운 일입니다.

저 역시 이 책에 포함된 몇몇 사건은 직접 감정에 참여했고, 기사가 만들어질 당시 여러 차례 자문에 응했습니다. 사건이 기사화되고 책으로 만들어지는 모습을 보며 앞으로는 더욱 학문적인 자세로 감정과 자문에 임해야겠다고 다짐하게 됩니다.

우리나라의 사회제도는 여러 분야에서 국가 발전과 시대적 변화에 따라 새로 만들어지거나 나아지고 있습니다. 그러나 법의학과 법과학 분야는 제도적 측면에서 보면 아직도 황무지 같다는 생각이 듭니다. 예전과 비교하면 수사 및 감정 관련 기관들이 수사권 문제와는 별도로 협업 체제를 강화하고 효율성을 높이는 방향으로 제도적 보완이 이뤄지고 있지만, 그럼에도 불구하고 이를 뒷받침할 법률적 장치는 마련되지 않고 있습니다.

이러한 어려운 상황에서도 각종 사건은 현장에서 발로 뛰는 과학수사 요원의 기지와 수사관의 집념 어린 노력으로 해결되고 있습니다. 성형수술을 받은 백골 시신에 대해서는 법의학적 접근을 통해 단서를 잡고, 법유전자 전문가의 활약으로 범인을 지목했습니다. 최근 들어서는 약물이나 독극물 분석을 통해 수사에 결정적 단서를 제공하기도 했습니다. 폐쇄회로 TV 분석과 통신 수사 분야에서 진행되는 과학수사는 더 이상 외국의 드라마에서나 보는 이야기가 아닙니다.

각종 사례에서 나타나는 각 분야 종사자들의 부단한 노력과 협업 정신을 보면서, 국민들은 우리 사회의 범죄들이 조속히 해결되고 범인이 반드시 잡힐 것이라는 믿음을 갖게 됐습니다. 이 믿음은 선량한 국민이 마음 놓고 살 수 있는 범죄 없는 세상을 만드는 데 매우 고무적인 일입니다.

제 경험으로 볼 때 과학수사는 인공지능을 포함한 IT 분야와 접목하면 발전할 길이 무한해 보입니다. 앞으로 과학수사가 융복합 학문으로서 어떠한 변화를 보여줄지 매우 궁금합니다. 따라서 이 책은 과학수사를 공부하는 학생이 미래를 설계해보는 데 크게 참고할 만하며, 심지어 수사관과 법과학자에게도 현장에서 협업의 당위성을 설명하는 교양 도서로 이용되리라 기대해봅니다.

끝으로 범죄 없는 세상을 위해 항상 최선을 다하는 수사관들에게 국민의 한 사람으로서 감사의 말씀을 드리고, 보이지 않는 곳에서 이들을 뒷받침해하는 과학수사 요원들에게도 심심한 사의를 표합니다. 이들과 늘 함께하는 법의학자, 법과학자들에게도 격려의 말씀을 드립니다.

끝으로 발로 뛰고 필력을 다해 글을 쓴 기자 여러분에게도 고생했다는 말씀을 드립니다.

차례

3부 완전범죄는 없다 2

23 아산 노부부 살인 방화 사건   21

　　석 달 전 그날을 어제처럼…
　　너무나 생생한 용의자의 '수상한 기억'

　　거짓말탐지기: 법적 증거능력은 없지만 수사 난항 땐 '특급 도우미'

24 화천 할머니 살인 사건   35

　　사건 뒤 '해괴한 편지' 7통…
　　남길 수밖에 없는 단서를 찾아라

　　침과 땀: DNA 검출하는 데 결정적 역할

25 수원 주차장 살인 사건   49

　　"살인했다" 자수 문자메시지 뒤쫓아보니…
　　2년 전 흔적 없이 사라진 사람

　　생활 반응: 금융 거래, 통화 기록… '살아 있음'을 증명하는 흔적

4부 완전범죄는 없다 3

덜미, 완전범죄는 없다 1

'앞으로 완전범죄는 없어야 한다'는 바람으로

완전범죄는 정말 없을까. 어디선가 한 사람의 목숨을 앗아가는 범죄를 저지르거나, 또 다른 누군가의 소중한 돈을 가로채고 있을 이들에게는 '당치 않은 말'일 것이다. 어쩌다 보니 일어나는 범죄란 거의 없다. 이면에는 항상 '치밀한 계획과 증거인멸'이 존재하기 마련이다.

검찰과 경찰 통계를 살펴보면 지금까지 해결되지 않은, 즉 아직까지 범인을 잡지 못한 사건이 20만 건이 넘는다. '화성 연쇄 살인 사건(1980년대 후반)' '대구 개구리 소년 실종 사건(1991년)' '서울 이형호 군 유괴 살인 사건(1991년)'의 범인은 수십 년이 지난 지금까지 잡히지 않고 있다. 공소시효가 지난 이들 사건의 범인은 이제 잡히더라도 처벌이 불가능하다.

한국일보는 2017년 8월 29일 '고급 전원주택 연쇄 강도 사건'을 시작으로 2019년 1월 15일 '제주 보육교사 피살 사건'까지 '완전범죄는 없다'를 총 34회에 걸쳐 연재했다. 해결되지 못한 범죄, 여전히 해결될 기미가 보이지 않는 사건도 있지만, '앞으로 완전범죄는 없어야 한다'는 바람을 담아보고자 했다. 마지막 연재 사건을 굳이 현재 진행 중인(아직 확정 재판이 끝나지 않은) 것으로 고른 것도 그 같은 이유에서다.

사건을 소개할 때는 최대한 구체적이고 자세한 내용을 담으려 했다. 범인이 어떤 식으로 범죄를 저질렀고, 이후 어떻게 수사기관의 추적을 피하려 했으며, 이를 쫓는 경찰은 어떤 고민과 과정을 거쳐 결국에는 범인을 검거할 수 있었는지를 딱딱하지 않은 톤으로 이야기를 풀어가듯 설명하고자 했다.

완전범죄를 노린 범죄 행태와 이를 뛰어넘으려는 수사기관의 노력, 양자가 벌이는 치열한 수 싸움이 담긴 연재에 다행히 독자들이 뜨거운 성원을 보내줬다. 그 덕분에 사건과 관련된 가족과 지인들에게 아픈 상처를 다시금 되새김질하게 한 것은 아닌지, 상세한 범행 수법 소개가 모방 범죄의 단초가 되는 건 아닌지를 두고 거듭했던 고민의 짐도 조금은 덜 수 있었다.

연재를 꾸준히 읽은 독자는 이미 알아차렸겠지만, 범인과 수사기관 사이 머리싸움의 승패는 범인의 사소한 실수와 이를 그냥 흘려보내지 않는 수사기관의 집념과 피땀 어린 노고에서 갈리는 경우가 대부분이었다. 지금 이 시간에도 전국 각지의 여러 사건 현장으로 경찰은 추위와 배고픔을 견뎌가며 잠복과 추적에 나서고 있다

이제 '완전범죄는 없다'는 아쉬운 막을 내린다. 하지만 한국일보는 또 다른 사건 시리즈로 독자 여러분을 다시 만나겠다고 약속한다. 변치 않는 성원 부탁드린다.

2019년 1월

남상욱이 저자들을 대표해 쓰다

완전범죄를 노린 지능범들의 유례없는 범죄 행태와
이를 뛰어넘는 수사기관의 끈기와 노력,
양자의 치열한 수 싸움이 펼쳐진다.

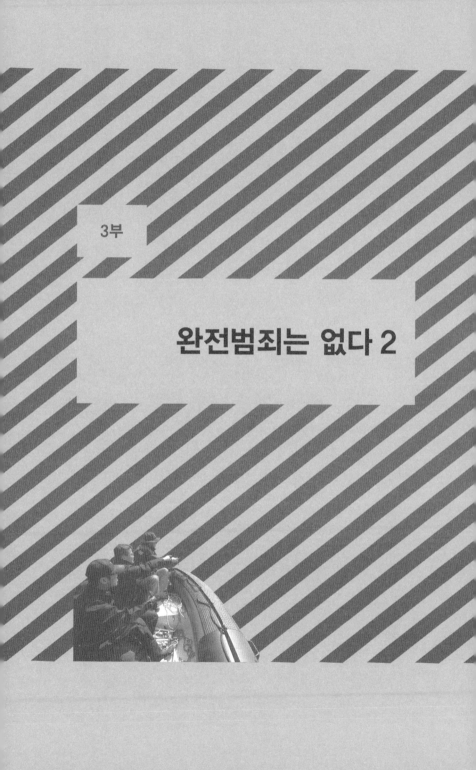

3부

완전범죄는 없다 2

23

아산 노부부 살인 방화 사건

―――――――――――――――――――――――――――――――

석 달 전 그날을 어제처럼…
너무나 생생한 용의자의 '수상한 기억'

2011년 12월 14일, 충남 아산소방서로 화재 신고가 접수됐다. "큰불이 났다"는 다급한 목소리였다. 아산 곡교천 천변을 따라 운전하다 건너편 농가에 불이 난 걸 목격한 한 대리운전 기사가 신고했다. 그때 시간이 오전 3시 30분쯤, 가로등 하나 찾기 어려운 동네에서 발생한 화재여서 불길이 유난히 세게 느껴졌다.

진화 작업이 30분째 계속됐다. 아산경찰서 강력2팀 소속 이현 형사가 황급히 현장으로 달려왔다.

"이 집에 노부부가 살아. 둘 다 못 빠져나온 것 같아. 형사님, 어떻게 좀 해봐."

한밤중에 발생한 화재에 이웃들이 몰려나와 발을 동동 굴렀다.

시뻘건 화염과 시커먼 유독가스가 한참이나 이형사 앞을 가로막았다. '빨리 확인을 해봐야 하는데…'

두 시간이 흘렀다. 이형사가 과학수사 팀원들과 마침내 집 안으로 들어갈 수 있었다. 현장은 예상대로 처참했다. 일단 불에 탄 집은 1980년대에 벽돌로 지은 단층 건물로 슬레이트 지붕을 얹은 전형적인 시골집이었다. 지붕 등 뼈대만 남아 있었다.

불은 안방에서 난 것으로 추정됐다. 그곳에서 불에 심하게 훼손된 노부부 시신이 발견됐다. 남편 최 모(73세) 씨는 출입문 쪽 바닥에 엎드린 모습이었고, 아내 박 모(74) 씨는 침대에 누운 채였다.

일단 화재로 인한 사망 사고에 무게를 두고 현장 감식이 이뤄졌다. 겨울철이면 시골의 오래된 집에서 종종 합선이나 전기장판 과열 등으로 불이 나곤 했다. 밤중 일어난 화재에 미처 피하지 못하고 목숨을 잃는 이들이 드물지 않았다.

"뭔가 이상한데요."

과학수사팀이 이형사에게 손짓했다.

"피해자들의 기도에 '매'(목 안에서 발견되는 그을음)가 안 보입니다."

단순한 화재 사고가 아닌 것 같다는 얘기였다. 만약 화재 때문에 숨졌다면, 당연히 피해자들의 기도에서 '매'가 나와야 한다.

"두 사람이 죽고, 그다음에 불이 났다는 건데…"

이형사가 중얼거렸다. 마침 침대에 쓰러진 아내 박씨 주변에서 농업용 삽의 머리 부분이 발견됐다.

"자루는 불에 타 사라졌을 테고. 살인이라, 살인…."

1차 부검 결과가 나왔다. 현장에서 형사들이 느끼는 불길한 직감은 대체로 적중하는 경우가 많다. 이형사가 그랬고, 이형사가 겪은 선배들이 그랬다. 노부부의 호흡기에서는 매와 일산화탄소가 검출되지 않았다. 남편 최씨는 눈 윗부분에 2센티미터쯤 칼에 찔린 듯한 상처가 보였다. 아내 박씨는 목뼈 쪽에서 외부 충격과 출혈 흔적이 발견됐다. 무엇보다 눈에 띈 건 사망 추정 시간이었다.

'시신이 부패한 상태로 봐선 화재가 나기 하루 전쯤 이미 사망한 것으로 추정된다.'

이형사는 부검 결과 중에서 그 부분을 몇 번이고 반복해 읽었다.

부부가 쓴 전화의 통화 내역을 조회해보니 의미 있는 사실이 나왔다. 최씨가 마지막으로 통화한 때는 화재가 발생하기 이틀 전인 12월 12일 오후 7시였다. 마침 부검 결과 밝혀진 부부의 사망 시점도 12월 12일 저녁부터 13일 오전 사이였다. 범인은 이미 노부부를 살해한 뒤 14일 이른 새벽 집에 불을 질렀을 거라는 가설이 세워졌다. 물론 부부를 집에서 죽였을 수도, 아니면 다른 어딘가에서 살인한 뒤 시신을 집으로 옮겼을 수도 있었지만, 시간상 흐름은 어느 정도 머릿속에 정리되고 있었다.

"그럼, 누가, 왜 그랬을까?"

풀어야 할 가장 큰 숙제였다. 하지만 이렇다 할 단서는 아직 나온 게 없었다.

"시골 마을이라 화재가 난 집 근처에 폐쇄회로 TV도 없었어요. 인근 도로를 중심으로 방범 폐쇄회로 TV 20여 개와 사설 폐쇄회로 TV 6개에 찍힌 영상을 확보해 지나가는 차량을 살펴볼 수밖에 없었어요. 며칠 동안 분석해봤지만, 범행 추정 시간대에 사건 장소로 향했다고 볼 만한 차량도 없었고, 인근 통신사 기지국에서 조회한 총 6만여 건의 통신 내역을 조사했는데도 달리 의심스러운 걸 찾아내지 못했어요."

사건은 점점 미궁으로 빠져들었다.

어느새 2012년이 됐다. 사건이 발생하고 보름가량 지났을 뿐이지만, 해가 바뀌었다는 사실이 주는 심적 무게는 수사팀에게 상당했다. 그때쯤 수사팀은 매일 사건이 발생한 마을에 들러 출근 도장을 찍고 있었다.

"수사할 게 있으면 수사를 했고, 없으면 마을 사람들에게 인사라도 하겠다는 마음이었다."

이형사가 당시 상황을 떠올렸다. 마을 사람들의 점심상에는 어떤 반찬이 오르는지, 키우는 강아지의 이름이 뭔지, 귀를 열고 대화를 나누다 보니 수사팀은 어느새 동네 주민이 다 되었다.

"주민들이 별생각 없이 말하는 것 중에 단서가 될 만한 게 있지 않을까 해서요. 솔직히 절실했습니다."

처음엔 수사팀을 경계하던 주민들도 조금씩 동네에서 벌어지는 얘기를 터놓았다. 그러던 중 솔깃한 얘기가 이형사의 귀로 들어왔다. "조금 이상한 사람들이 있는데"라는 제보였다.

숨진 노부부의 집 길 건너편에 2층짜리 다세대주택이 있었다. 그곳 1층에 안기복(50대) 씨와 안상태(33) 씨 부자가 살고 있었는데, 화재가 난 즈음부터 아버지가 보이지 않는다는 게 주민들 얘기였다. "예전에 그 집에 빚을 독촉하는 남성들이 몰려오기도 했다"는 증언도 여럿 등장했다.

수사 방향이 인근 다세대주택에 살다 사라진 아버지에게로 급격히 쏠렸다. 사건이 발생한 뒤 자취를 감췄다는 이유만으로도 의심을 받기에 충분했다. 하지만 안씨는 노부부가 사망한 날과 화재가 발생한 날 직장이 있는 천안에 머무른 것으로 확인됐다.

남은 건 아들 안상태 씨였다. 이형사는 좀처럼 이들 부자에게서 시선을 거두지 못했다. 특히 상태씨와는 아버지의 행적을 물어볼 요량으로 시간 날 때마다 만나 외식도 하고 사는 얘기도 나누다 보니 가까운 사이가 됐다. 그러면서 묘한 의문점이 머리를 떠나지 않았다.

"보통 1, 2주 전 일어난 일에 대해 물어보면 사람들은 대부분 정확히 말을 못 해요. 근데 한 달도 훨씬 넘은 화재 당시 행적을, 자신이 뭘 했는지 너무 구체적으로 설명하더라고요. 마치 조사를 받을 때를 대비해 준비해왔다는 듯이 말이죠."

실제 상태씨는 이형사가 노부부 사망 추정일(2011년 12월 12일~13일)과 화재 발생일(12월 14일 새벽)에 '(사건과 관련해) 본 것 좀 있냐'고 묻자, 이런저런 얘기를 거침없이 털어놨다.

"12월 13일 밤늦게 생선회를 집으로 포장해 와서 다음날까지 혼자 술을 마셨죠. 그리고 영화를 봤어요."

화재가 있었으니까 기억이 좀 더 또렷할 수 있겠다 싶었지만, 상태씨의 대답들이 의심의 불을 더욱 지폈다.

결정적 단서는 우연히 포착됐다. 2월 14일 상태씨가 사는 다세대주택의 주인이 집 뒤편에 닭을 키우려고 설치한 울타리를 고치다 숨진 최씨의 신분증이 든 지갑을 발견한 것이다. 더구나 지갑이 떨어진 위치는, 상태씨가 사는 집의 창문 근처였다. 창문으로 버렸을 공산이 컸다.

"동네에 서식하던 족제비가 그 집 닭을 물어 간 덕이라고 해야 할까요?"

수사에 활기가 돌았다. 이형사는 지갑을 발견한 사실을 숨기고, 상태씨에게 화재 당일 행적을 좀 더 자세히 묻기로 했다. 쐐기를 박기 위해서였다.

"오전 3시쯤부터 회를 안주 삼아 술을 먹었고, 컴퓨터로 스타크래프트 게임을 하다가 음란 동영상 두 편, 영화 한 편을 다운로드 받아서 봤어요."

역시나 너무나도 구체적이었다. 거짓말탐지기 테스트 결과도 힘이 됐다. 숨진 노부부를 본 적이 있는지, 사고 현장에 가봤는지, 불을 질렀는지를 물었는데, 상태씨는 모두 부인했다. 결과는 '거짓'이었다.

3월 8일 이형사와 수사팀이 본격적으로 움직였다. 상태씨 집을 압수수색하고, 컴퓨터 로그 기록을 유심히 살폈다. 화재 당일 오전 2시 34분과 3시 7분에 음란 동영상을 다운로드 받은 흔적이 남아 있었다. 3시 30분쯤 영화 '라이언 일병 구하기'를 다운로드 받은 기록도 있었다.

수사팀은 압수수색 기록을 바탕으로, 알리바이를 깨기 위해 상태씨에게 질문을 다시 던지기로 했다.

"어떤 영화였지?"

상태씨가 답했다.

"중세 시대 칼싸움 영화 같은데…."

걸려들었다 싶었다.

"'삼총사'(알렉상드르 뒤마의 17세기 배경인 소설이 원작) 같은 건가?"

상태씨가 예상대로 망설임 없이 고개를 끄덕였다.

"맞는 것 같다, 맞다. 그 영화."

본격적인 추궁에 들어갔다.

"네가 다운로드 받은 영화는 '라이언 일병 구하기'(제2차 세계대전이 배경)였는데, 이 영화가 중세 시대 영화인가?"

계속된 질문에 상태씨가 고개를 숙인 채 머리를 쥐어뜯었다.

"내 인생은 왜 이렇게 꼬인 거야!"

'물 한 잔만 달라'던 그는 이내 "자신의 처지가 한심하고 돈도 필요해서 범행을 저질렀다"고 자백했다.

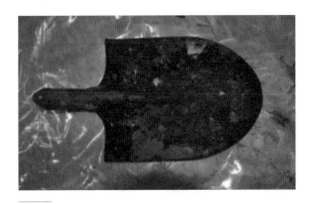

사건 당시 피의자가 살해 도구로 쓴 농업용 삽의 머리 부분. 사진 아산경찰서

상태씨는 애초 돈을 훔칠 목적으로 '돈 좀 있다'고 소문난 노부부의 집을 찾았다고 했다. 별다른 벌이가 없던 터라 궁핍한 생활이 나아질 기미가 보이지 않았다. 때마침 여자 친구와도 헤어졌다. 그는 "돈을 목적으로 한 범행이었지만, 혹시 몰라 주방에서 쓰던 칼(길이 30센티미터)을 챙겨 들고나왔다"고 진술했다.

12월 13일 새벽 4시쯤 담을 넘어 노부부의 집에 들어선 상태씨는 마당에서 1미터 길이의 삽을 들고 두 사람이 잠든 안방으로 향했다. 하지만 100킬로그램이 넘는 체구로 최씨 주머니에서 현금 9만 원이 든 지갑을 꺼내 나오다가 문에 부딪히고 말았다. 최씨 부부가 인기척에 놀라 깨자 손에 쥔 삽으로 최씨 얼굴과 박씨 머리를 때리고, 숨겨 온 칼을 꺼내 바닥에 쓰러진 최씨의 목덜미를 찔렀다. 그리고 침대에 쓰러진 박씨에게 다가가 왼쪽 가슴(2회), 오른쪽 쇄골(1회), 목 부위(1회)를 연이어 찔렀다.

상태씨가 노부부의 집을 다시 찾은 건 이튿날 오전 3시 20분쯤이었다. 지문과 DNA 등 흔적을 없애기 위해서다. 현장에 있던 양초에 불을 붙여 안방 장롱 속 옷가지에 올려놓은 뒤, 집으로 돌아왔다. 그리고 영화('라이언 일병 구하기')를 다운로드 받았다.

"훔쳐 온 지갑은 현금을 꺼낸 뒤에 지문을 지우고 창문 밖으로 버렸습니다."

4월 8일 상태씨는 피의자로 전환된 뒤 이틀 만에 구속됐다. 재판에 넘겨진 그에게 법원은 무기징역을 선고했다. 재판부는 "현금 9만 원 정도 금품을 빼앗기 위해 노부부의 생명을 빼앗은 데다, 범행 수법 또한 지극히 잔혹하고 반인륜·반사회적이다"고 밝혔다.

아산 노부부 살인 방화 사건

안상태의 범행 시각 알리바이와 실제 행적 _____

알리바이 사건 전날 늦은 밤부터 사건 당일 오전 2시 30분까지,
집에서 회에 소주를 마신 뒤 컴퓨터 게임을 했다.

알리바이 오전 2시 30분부터 오전 3시쯤까지, 인터넷으로 음란
영상 2편을 다운로드 받아 봤다.

실제 행적 오전 2시 34분, 인터넷에서 음란 영상을 다운로드 받았
다(컴퓨터 로그 기록 분석 결과).

알리바이 오전 3시쯤부터, 영화 '삼총사'를 다운로드 받아 감상했다.

실제 행적 오전 3시 7분, 인터넷에서 음란 영상을 다운로드 받았
다(컴퓨터 로그 기록 분석).

알리바이 오전 3시 30분쯤, 화재 현장에 소방차가 온 것을 목격했다.

실제 행적 오전 3시 20분, 범행 장소에서 방화한 후 귀가했다(경찰
이 증거를 들이대자 사실을 실토했다).

알리바이 이후 헤드폰을 쓰고 영화를 본 다음에 취침했다.

실제 행적 오전 3시 30분, 집에 돌아와 영화 '라이언 일병 구하기'
를 다운로드 받았다(컴퓨터 로그 기록 분석. 실제로 영화는 보
지 않았다고 실토했다).

거짓말탐지기

법적 증거능력은 없지만 수사 난항 땐 '특급 도우미'

추적한 지 넉 달여 만에 범인을 잡은 충남 아산 노부부 살인 방화 사건에서 해결의 '특급 도우미'는 거짓말탐지기였다. 수사 초반 택시를 타고 사고 현장에 방문했다가 누명을 쓸 뻔한 용의자의 혐의를 벗기고, 알리바이를 만든 뒤 거짓말을 늘어놓던 실제 피의자 안상태를 옭아맸다.

사건을 수사한 아산경찰서 이현 경위는 "거짓말탐지기 조사는 용의자 진술의 진위를 판단하는 데 매우 효과적인 수단"이라고 했다. 검사 결과가 비록 법적 증거능력은 없지만, 수사 과정에서 주요 참고 자료로 활용되는 데다 조사 과정에서는 사용하다 새로운 수사 단서가 확보되는 경우가 많아서다.

거짓말탐지기 활용 대상자는 매년 1만 명이 넘는다.

　여기에 거짓 진술로 일관하던 용의자가 거짓말탐지기 조사를 앞두고 심리적 압박감을 느껴 자백을 하는 일도 더러 있다고 했다. 용의자에겐 거짓말탐지기 조사를 거부할 권리가 보장되지만, 거부할 땐 '자신이 뭔가를 감추고 있다'는 인상을 수사 경찰에게 줄 수 있어 어쩔 수 없이 응하게 된다고 한다. 특히 이번 사건처럼 명확한 물증이 부족하거나 정황증거만 있을 경우 결정적인 자백을 받아내는 데 효과적인 수단이 된다.

　각종 범죄가 지능화하면서 수사기관은 거짓말탐지기를 활용하는 경우가 늘고 있다. 경찰청에 따르면 2013년 8340명이던 거짓말탐지기 활용 대상자는 매년 늘어 2017년 1만 1111명으로 처음 1만 명을 넘어섰다. 용의 선상에 오른 사람이 억울함을 풀기 위해 스스로 검사를 받겠다고 하는 경우도 늘고 있다는 게 경찰의 설명이다.

학계에선 거짓말탐지기 결과에 대한 신뢰도를 90~95퍼센트 정도로 보고 있다. 곽대경 동국대 경찰행정학과 교수는 현재 거짓말탐지기 사용 현황을 이렇게 설명했다.

"거짓말탐지기 결과가 아직 국내 법정에선 참고 자료 정도로 쓰이지만, 활용 분야는 갈수록 늘고 있다. 사건 당사자들 사이에 진술이 엇갈릴 때 주로 활용되던 것이 최근엔 성폭력 사건이나 형사사건에서도 많이 사용되고 있다. 다만 틀린 결과가 나올 가능성이 있는 만큼 반드시 엄격한 절차와 기준에 따라 (거짓말탐지기를) 활용해야 한다."

24

화천 할머니 살인 사건

사건 뒤 '해괴한 편지' 7통…
남길 수밖에 없는 단서를 찾아라

"할머니, 말뚝 좀 뽑아주세요!"

2007년 10월 24일, 심마니 홍씨(47세)의 목소리에 화가 잔뜩 묻어났다. 산삼을 캐러 이 산 저 산 누비는 게 일인 사람이었다. 이날은 강원 화천에 있는 한 야산을 올라가보겠다고 차를 몰고 왔는데, 산으로 오르는 길 한복판에 말뚝이 떡하니 박혀 있었다. 야산을 둘러싼 길 주변에 띄엄띄엄 떨어져 있는 집들, 말뚝 박힌 길 끝에 최요순(77세) 할머니가 살고 있었다.

"안 봐도 뻔하지."

노파가 차 다니는 게 시끄럽다고 아예 말뚝을 박아 길을 막아버린 것이라 여겼다.

차에서 내린 홍씨가 최씨 할머니 집으로 가다 대문 앞에서 멈춰 섰다. '남의 밥줄 끊을 일 있냐'고 한바탕 쏘아주겠다는 생각은 온 데 간 데 없이 사라져버렸다.

"어라! 이게 뭔 일이래."

현관문 안쪽으로 화단에 쓰러져 있는 노인이 보였다. 화단 바닥에 머리에서 흘러나온 피가 흥건했다. 딱 봐도, 굳이 다가가 손으로 맥을 짚어보지 않아도, 죽었다는 걸 금세 알 수 있었다.

부엌과 거실 곳곳에도 피가 흩뿌려져 있었다. 싱크대 옆에선 모양이 일그러지고 손잡이가 훼손된 프라이팬이 나뒹굴고 있었다. 핏자국은 거실에서 시작해 할머니가 쓰러져 있는 화단 쪽까지 죽 이어졌다. 화단에서 피 묻은 돌멩이가 발견됐다. 폭행이 방에서 시작해, 프라이팬으로 보이는 둔기로 타격을 가하는 동안 부엌과 거실을 거쳐 화단에까지 계속됐다는 걸 혈흔은 말해주고 있었다. 성인 남성의 주먹보다 조금 큰 피 묻은 돌멩이가 발견된 곳쯤에서 마침내 끝났으리라는 것도 추정이 가능했다.

딱 거기까지였다. 정작 중요한 단서는 나오지 않았다. 싱크대에서 할머니와 범인이 함께 마신 것으로 보이는 커피 잔과 커피믹스 봉지가 발견됐지만 피해자의 지문만 채취됐다. 바닥에 흩뿌려진 혈흔도 모두 피해자의 것이었다. 혹시나 범인의 땀 같은 분비물이 묻어 있을 것이라 기대했던 할머니 옷에서도 이렇다 할 단서는 없었다. 쓰러진 노파가 손에 쥐고 있던 것은 머리카락 63올이었다. 이 역시 본인의 것이었다.

"피해자가 저항하는 도중에 범인의 머리카락을 잡아챈 줄 알았는데, 폭행당하면서 고통에 머리를 감싸 쥐다가 자신의 머리카락을 뽑았다는 말이겠죠."

프라이팬에서도, 돌멩이에서도 범인이 누구인지 실마리가 될 만한 흔적은 발견되지 않았다.

수사는 당연히 제자리걸음을 벗어나지 못했다. 사건 현장이 야산을 중심으로 자리 잡은 대여섯 가구가 전부인 조그만 시골 마을이라는 점도 수사가 지지부진한 이유 중 하나였다.

"사건 현장 주변에 폐쇄회로 TV가 아예 설치돼 있지 않았어요."

마을 주민을 상대로 탐문해봤지만, 워낙 오가는 사람이 없는 탓에 목격자 한 명 찾을 수 없었다.

"그날 낯선 사람 본 적 없어요?"

산 넘어 이웃 마을까지 탐문 범위를 넓혀봤지만 빈손으로 돌아오기는 마찬가지였다. 마을 인근에 군부대가 있어 혹시나 범인이 군부대 사람일 가능성도 제기됐지만, 사건 당일 집 근처에서 군인을 봤다는 사람은 없었다. 전기 검침원과 우체국 집배원, 할머니와 사소한 마찰이 있었다는 동네 목사 등을 용의 선상에 올려놓고 조사했지만, 모두 확실한 알리바이가 있었다. 수사는 난항이었다. 시간만 야속히 지날 뿐 미궁을 벗어날 길이 보이지 않았다.

돌파구는 전혀 생각지 않던 곳에서 열렸다. 사건이 발생하고 열흘쯤 지난 11월 초, 숨진 최씨 할머니 집으로 편지 한 통이 배달됐다. 편지를 보낸 곳은 강원 화천, 보낸 사람은 이만성이었다. 수신인은 강진규(59세), 숨진 할머니의 큰아들이었다. 목사로 일하는 강씨는 할머니와 떨어져 멀리 경기도에 살고 있었다.

편지에는 최씨 할머니를 성적으로 모욕하는 구체적인 말들이 적혀 있었다. 물론 근거 없는 비하가 가득했다. 아들 강씨를 욕하는 표현도 많았다. 편지는 한 통에 그치지 않았다. 짧게는 두 달, 길게는 1년 5개월 간격으로 2011년 1월까지 계속 이어졌다. 편지가 도착하는 족족 우체국은 수사를 맡은 강원지방경찰청에 보고했다.

첫 단서는 2008년 보낸 세 번째 편지에서 나왔다. 편지를 분석하는 중에 범인으로 추정되는 이의 DNA를 채취한 것이다. 우표 가장자리에서 나왔는데, 우표에 침을 발라 붙인 듯했다. 물론 그것만으로 DNA의 주인이 누구인지 용의자를 특정할 수는 없었다. 수사가 한 걸음 더 진행됐다는 데 수사팀은 의미를 뒀다. 그렇게 또 시간은 흘러갔다.

2011년 11월 강원지방경찰청에 '미해결 사건 전담팀(미제 전담팀)'이 꾸려졌다. 사건이 발생하고 4년쯤 지난 시점에, 미제 전담팀은 최씨 할머니 살해 사건을 가장 먼저 해결하겠다고 나섰다.

"할머니의 지인과 인근 주민에 대한 탐문 수사를 재개했고, 2700여 쪽에 달하는 수사 기록을 읽고 또 읽었습니다."

임형찬(현 홍천경찰서 여성청소년수사팀장) 당시 팀장이 말했다.

"우리 팀이 해야 할 일은 명확했어요. 좌고우면할 필요가 없었죠."

살해 용의자로 보이는 사람을 찾아 DNA를 채취하고, 그 뒤 채취한 DNA가 '화천에서 이만성이 보낸 편지의 우표'에서 나온 DNA와 같은지 대조하는 것이 수사의 전부였다.

수사팀은 편지에 적힌 군대 용어에 먼저 주목했다. '군바리(군인)' '연대 뒤 골짝(골짜기)' 등 편지에는 군인들이 사용하는 군 관련 은어들이 유난히 많았다. 게다가 편지 수신인인 할머니의 큰아들 강씨는 근처 부대에서 연대장까지 지낸 인물이었다. 임팀장은 강씨를 찾아갔다.

"보다시피 편지는 아드님에 대한 내용입니다. 할머니 문제가 아닙니다. 아드님이 해결해야 합니다."

임팀장은 강씨의 코앞에 편지를 들이밀었다. 강씨 얼굴에는 싫은 티가 역력했다. 살해 피해자의 아들을 4년 만에 찾아가 살인사건에 대한 기억을 다시 떠올리게 하는 임팀장도 곤혹스럽기는 매한가지였다.

"군대에 있을 때 아드님에게 원한을 가졌을 만한 사람, 죄다 말해보세요."

임팀장은 멈추지 않았다.

"글쎄요. 딱히 떠오르는 사람이 없습니다."

강씨의 입은 쉽게 열리지 않았다. 정말 기억나지 않는지, 말 못할 사정이 있는지 알 수 없는 임팀장은 속이 타 들어갔다. 계속된 추궁에 세 사람의 이름이 언급됐지만 조사한 결과 허탕이었다.

"아직 말씀하지 않은 사람이 있을 겁니다."

경기도까지 강씨를 세 번째로 찾아간 날, 마침내 강씨가 입을 열었다.

"그게, 사실은 말입니다⋯."

조 모(64세) 씨가 용의 선상에 올랐다. 20여 년 전 강씨가 연대장으로 있던 부대에서 함께 복무했던 인물이었다. 현재 거주지도 강원 춘천 후평동이었다. 이만성이 보낸 여섯 번째, 일곱 번째 편지에는 그곳 우체국의 소인이 찍혀 있었다.

"함께 부대에서 근무할 때 둘 사이에 안 좋은 일이 있었다는 얘기가 나왔죠. 조금씩 실타래가 풀리는 느낌이었습니다."

조씨의 DNA를 채취해, 확보해둔 우표에서 나온 DNA와 맞춰보면 모든 게 끝이었다. 지체할 이유가 없었다. 바로 잠복에 들어갔다. 직접 조씨를 만나 DNA 채취에 협력해달라고 요구했다가는 유력 용의자가 달아날 여지가 있었다. 일주일 후 마을 노인정에서 나오던 조씨가 소복이 쌓인 눈 위에 사이다 캔을 올려놓고 갈 때 그것을 확보했다. 우표에서 DNA를 채취할 때와 마찬가지로 침에서 DNA를 채취했다. 2012년 2월, 사건이 발생하고 4년 4개월이 지난 시점이었다.

DNA는 일치했다. 2월 16일 아침 춘천 자택에서 조씨를 체포했다. 조씨는 경찰서에서 진술을 거부했다. 경찰이 추궁하자 거품을 물며 부인했고 간혹 조사 탁자 밑으로 숨기도 했다. 경찰이 제시한 DNA 분석 결과 앞에서도 그는 "할머니를 프라이팬으로 때리기는 했지만 죽이지는 않았다"고 오리발을 내밀었다. 경찰은 모든 조사를 마치고 조씨에게 살인 혐의를 적용해, 검찰로 사건을 넘겼다.

조씨가 이후 조사에서 밝힌 범행 동기에 따르면 사건은 1992년까지 거슬러 올라간다. 숨진 할머니의 큰아들 강씨가 연대장(대령)으로 복무하던 당시, 조씨는 연대 초입 검문소를 지키는 초소장(상사)이었다. 조씨는 당시 '융통성 없이 일하는' 사람으로 부대 내에서 유명했다고 한다. 그런 성격 때문에 당시 연대 초소 안팎을 드나들며 공사를 하는 인부들과 한동안 실랑이를 벌였다. 매일같이 오는 인부들에게 통행증을 요구했고, 인부들은 "왜 매번 보는데 통행증을 요구하냐"고 따졌다. 다툼이 잦자 강씨는 조씨를 연대 정훈반으로 문책성 인사 발령을 냈다.

조씨는 강하게 반발했다. 부당함을 주장하며 청와대와 국방부에 진정서를 냈다. 그 때문에 조씨는 추가 징계를 받았고, 결국 이듬해 군을 떠나야 했다. 강씨는 조씨가 제대하겠다고 하자 만류하지 않았고, 제대식에도 얼굴을 비추지 않았다고 한다.

조씨는 몇 년이 지나 화천 산골짜기에 있는 부대를 다시 찾았다고 진술했다. 강씨를 만나 따지기 위해서였다. 하지만 강씨는 이미 제대한 뒤였다. 조씨는 군에 복무하던 시절 알고 지내던 부대 인사들을 찾아다니면서 그의 행방을 수소문했다. 누군가에

범인이 피해자 할머니를 내려친 돌이 화단 근처에서 발견됐다. 사진 강원지방경찰청

게서 "(강씨) 어머니는 아직 연대 뒤 골짝에 산다"는 말을 전해 들었다. 사건 당일, 그렇게 할머니 집을 찾았다.

최씨 할머니를 해칠 생각은 없었다. 아들 밑에서 군 복무를 했다는 말에 최씨는 선뜻 문을 열어줬다. 밥도 차리고 후식으로 커피도 냈다. 하지만 얼마 지나지 않아 분위기가 냉랭해졌다. 조씨가 "아들에게 부당한 일을 당했다"며 강씨를 험담하면서다. "당신 큰아들은 지금 어디 있냐"고 따졌지만 답이 없었다. 오히려 "당장 나가라"는 질책이 돌아왔다. '연대장도 무시하더니, 그 어머니마저 날 무시하는구나' 하는 생각에 주먹과 프라이팬을 휘둘렀다. 맞아 쓰러진 할머니는 겨우 일어나 집 밖으로 나가는 조씨의 허리춤에 매달렸다. 조씨는 본인에게 달라붙은 할머니를 현관문 쪽 화단 근처에까지 끌고 나와, 머리를 돌로 내리쳤다.

조씨는 "강씨를 찾고, 수사에 혼선을 주기 위해" 최씨 할머니 댁으로 편지를 썼다고 진술했다. 뉴스를 통해 이미 최씨가 사망한 사실을 안 그는 왼손으로 글씨를 쓰고, 일부러 맞춤법이 틀리게 썼다. '이만성'도 조씨가 만든 가명이었다. 경찰은 조씨가 "본인이 죽인 할머니를 모함하기 위해" 할머니에 대한 험담을 쓰고, "본인이 저지른 사건에 대한 궁금증과 강박증을 해결하기 위해" 편지를 7통이나 보냈다고 결론 내렸다.

조씨는 1심에서 징역 10년, 항소심에서 징역 7년을 선고받은 뒤 2013년 3월 대법원에서 그대로 형이 확정됐다. 항소심은 조씨가 피해망상, 현실 판단력 장애 등 정신이상 증세로 사물을 변별하거나 의사를 결정할 능력이 미약한 상태에서 범행을 저질렀다는 점, 범행을 사전에 계획한 것이 아니라는 점을 고려해 감형을 결정했다.

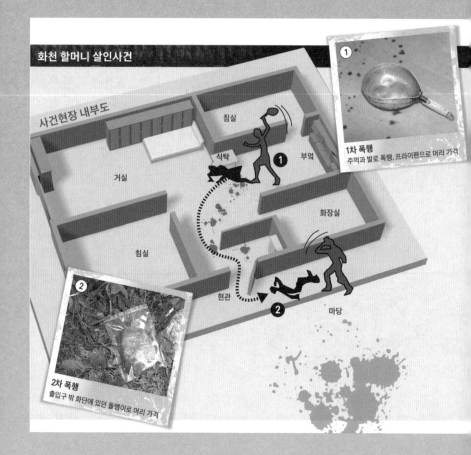

화천 할머니 살인사건

사건현장 내부도

거실 / 침실 / 식탁 / 침실 / 부엌 / 화장실 / 현관 / 마당

1차 폭행
주먹과 발로 폭행, 프라이팬으로 머리 가격

2차 폭행
출입구 밖 화단에 있던 돌멩이로 머리 가격

사건 일지(1993년부터 2012년까지)

1993년 1월 조씨가 강씨와 함께 복무한 군부대에서 문책성 인사로 발령 난 뒤 불명예 전역한다. 범행 동기가 생긴 이때부터 실제 범행을 저지른 시점까지 이후 14년 9개월이 경과한다.

2007년 10월 최요순 할머니가 자택 화단에서 숨진 채로 발견된다.

11월 사건이 발생하고 열흘 후에 할머니 집에 이만성이라는 이름으로 보낸 첫 번째 편지가 도착한다.

12월 세 번째 편지가 도착하는데, 이때 우표에 묻은 침에서 용의자의 DNA가 검출된다.

2011년 1월 일곱 번째이자 마지막인 편지가 도착한다. 춘천 우체국의 소인이 찍혀 있었다.

11월 강원지방경찰청에 미제 사건 전담팀이 꾸려지면서 최씨 할머니 사건 수사에 다시 주력한다.

2012년 2월 조씨의 DNA를 확보한 후 검거한다. 사건이 발생하고 범인을 검거하기까지 4년 4개월이 걸렸다.

침과 땀

DNA 검출하는 데 결정적 역할

화천 할머니 피살 사건을 해결하는 데 결정적 역할을 한 건 침에서 나온 DNA였다. 범인은 편지 봉투에 붙인 우표와 음료수 캔에 침을 남기면서 경찰에 덜미가 잡혔다.

침 자체에는 DNA가 없다. 하지만 분석이 안 되는 건 아니다. 침에 섞인 구강 상피세포를 통해 얼마든지 감식할 수 있다. 국립과학수사연구원 유전자감식센터에 따르면, 2012년 2월부터 2013년 2월까지 1년간 경찰이 분석을 의뢰한 절도 사건 증거물 5681종 중에서 담배꽁초나 컵 등에서 침이 발견된 경우는 1998종이었고, 그중 85.9퍼센트가 DNA를 검출하는 데 성공했다.

실제 침이 범인을 검거하는 데 결정적인 역할을 한 사건은 부지

경찰이 대구 노래방 주인 살인 사건을 수사한 자료. 사진 대구중부경찰서

기수다. 무려 13년 만에 범인을 잡은 '대구 노래방 주인 살인' 사건이 첫손에 꼽힌다. 2004년 6월 경찰은 사건 현장에 남아 있는 물품에서 범인의 DNA를 확보했지만 대조할 만한 DNA가 없었다. 그러던 중 2017년 11월 술김에 강도 행각을 벌인 한 용의자를 붙잡는 과정에서 그가 피운 담배꽁초를 찾아내 침에서 DNA를 확보한다. 국립과학수사연구원에 의뢰한 결과 13년 전의 DNA와 일치한다는 분석 결과가 나왔다.

땀도 사건 해결의 실마리가 되는 경우가 많다. 땀 역시 그 자체엔 DNA가 없지만, 땀에 섞인 상피세포로 충분히 DNA를 분석할 수 있다. 2015년 2월 60대 남성이 과거 세 들어 살던 다세대주택의 집주인을 휴대폰 충전 케이블로 목 졸라 살해한 '도곡동 80대 할머니 살인' 사건이 땀에서 단서를 잡은 대표적 사건이다. 당시 범인은 혐의를 부인했지만 피해자 시신의 목과 손톱, 손을 묶은 휴대폰 충전 케이블 등에 범인의 땀이 묻어 있었다. 경찰은 피해자의 지인 등 의심이 갈 만한 정황이 있는 69명의 구강 상피세포를 얻어 일일이 DNA 대조 작업을 벌인 끝에 범인을 잡았다. 2017년 7월 부산 사하구 감천동 빈집에 들어가 98만 원어치 금품을 훔친 빈집 털이범 조 모(32세) 씨도 현장에 흘린 땀 한 방울에 의해 경찰에 붙잡혔다.

25

수원 주차장 살인 사건

"살인했다" 자수 문자메시지 뒤쫓아보니…
2년 전 흔적 없이 사라진 사람

2016년 7월 18일, 변호사 사무실에서 일한다는 한 50대 남성이 급히 경찰을 찾았다.

"지인한테 문자가 왔는데 말이죠."

평소 금전 관련 상담을 하면서 알게 된 이가 보내왔다는 한 통의 문자메시지를 보여주었다.

'같이 일하던 여자를 죽여 수원 공영주차장에 버려두고 왔습니다. 사체는 OOXX 번호 차량 안에 있습니다. 형님이 경찰에 신고해놓으면 제가 이달 내로 자수하겠습니다.'

살인을 자백하는 메시지였다.

보통은 대부분 장난이다. 하지만 이번엔 시신을 버렸다는 장소가 명확하고 구체적이었다. 그냥 넘기기 어려울 정도로 '냄새가 고약했다.' 신고를 접수한 경기 수원중부경찰서는 고혁수 당시 형사과장을 필두로 여운철 강력계장과 강력4팀 형사들을 현장에 급파했다.

현장은 문자메시지 내용 그대로였다. 공영주차장에 도착해 00XX 번호판을 단 차량을 찾았다. 흰색 오피러스, 그 안에 60대로 보이는 여성이 숨져 있었다. 여성은 반소매 티셔츠와 긴바지를 입고, 신발은 벗어둔 채 뒷좌석에 비스듬히 누워 있었다. 안경 쓴 얼굴의 아래쪽에 물티슈가 덮여 있었고, 그것을 걷어내자 피가 모여 생기는 울혈이 보였다. 눈 결막에서는 모세혈관 등이 터지면서 생긴 일혈점이 확인됐다. 목에는 끈으로 보이는 것으로 생긴 자국이 뚜렷했다. 외부에서 가해진 힘에 목이 졸려 질식사한 사람에게 남는 전형적인 흔적이었다. 뒷좌석 바닥에 있던 핸드백에서는 신분증이 발견됐다. 피해자는 수원에서 게임장을 운영하는 61세 유 모 씨였다.

주차장 주변에 설치된 폐쇄회로TV를 확인하는 일부터 시작했다. 스스로 범행을 털어놓는 범인이라면 자신을 숨기는 행동을 할 이유도 없다고 생각했다. 그러나 이상했다. 시신이 발견된 차량에서 누군가 내리는 장면이 찍혔는데, 그 사람은 차에서 내리자마자 황급히 우산을 썼다.

"비도 안 오는데 왜 우산을 꺼내 얼굴을 가리지?"

공영주차장은 넓은 규모에 비해 설치한 폐쇄회로 TV 대수가 적었다. 그만큼 촬영 범위가 넓어 용의자의 얼굴과 신체 특징을 포착하기 쉽지 않았다. 게다가 당시 시간에는 근무 중인 직원도 목격자도 없었다.

수사팀의 또 다른 일원은 문자메시지를 보내온 사람의 행방을 추적했다. 그 사람이 누구인지는 휴대폰이 누구 명의로 돼 있는지를 확인함으로써 이미 알고 있었다. 44세 박 모 씨였다. 현재로서는 누가 뭐래도 제일 유력한 용의자였다.

박씨의 통화 내역을 살펴보던 중 수상한 점이 발견됐다.

"2년 동안 주고받은 문자메시지는 잔뜩 있는데, 이상하게도 통화한 기록은 거의 없었어요."

그는 피해자 유씨와도 문자메시지로만 연락을 주고받았다. 살인을 자백한 것도 7월 18일 보낸 문자메시지였고, 그보다 이틀 앞선 16일 오후 유씨와 만나자는 약속 역시 문자메시지로 했다.

통화 기록은 '070'으로 시작하는 번호가 유일했다. 직접 걸어보니 "잔액 조회는 1번, 자동 충전 서비스는 2번, 선불 요금 관련 문의는 3번을 눌러주십시오"라는 안내 음성이 흘러나왔다. '선불폰'이었다. 사전에 충전한 일정 금액만큼 사용이 가능한 휴대폰으로, 충전을 하려고 통신사에 전화를 건 것이다. 선불폰은 신분증만 있으면 본인 확인 절차를 제대로 거치지 않아도 개통이 가능해, 대포폰과 함께 범죄에 자주 악용되곤 한다.

"충전은 정기적으로 하면서, 통화는 아무와도 하지 않고 특정인

몇몇과 문자메시지로 연락을 주고받았다는 건데…"

이정준 강력4팀장은 당시를 그렇게 떠올렸다.

"그때까지 수사를 하면서 숱하게 많은 사람들의 통화 내역을 살펴봤는데 이런 경우는 처음이었습니다. 일반적인 것과는 확연히 달랐어요."

박씨 가족과 주변 사람들에 대한 탐문 수사도 빼놓을 수 없었다. 박씨의 행방을 알 만한 사람은 모두 만나고 경찰서로 불러들였다. 그 과정에서 박씨 누나에게서 "동생이 사업 문제로 2년 전 출국한 뒤 문자메시지로 연락을 주고받았다"는 증언을 확보했다. 박씨가 문자메시지로만 휴대폰을 사용했던 시점과 일치했다.

결정적 단서는 폐쇄회로 TV에서 발견됐다. 범인이 얼굴을 가리기 위해 사용했던 우산이 예상치 못한 실마리를 제공했다. 비가 오지 않는 날 우산을 손에 들고 다니는 사람은 드물 수밖에 없다. 폐쇄회로 TV를 보면 차 안에서 나온 남자는 어느 순간 화면에서 사라졌지만, 그 대신 흰색 비닐봉투에 접은 우산을 넣어 들고 다니는 남성이 다른 화면에 등장했다. 체격도 비슷했고, 무엇보다 그는 '수사팀이 이미 알고 있던' 남자였다. 박씨 주변 사람들을 탐문하던 중 참고인 조사를 받으면서 차분한 목소리로 자신의 알리바이를 설명했던 동업자 김 모(60세) 씨였다. 그는 피해자 유씨와 사건 전날 수차례 문자메시지와 통화를 주고받았던 것으로도 확인됐다.

경찰은 휴대폰 주인이, 즉 문자메시지를 보낸 사람이 박씨가 아니라 김씨라고 결론지었다. 박씨를 사칭해 보낸 문자메시지는 띄어쓰기가 전혀 안 돼 있었는데, 그건 김씨의 평소 버릇이었기 때문이다. 그런데 김씨는 왜 하필 박씨를 사칭했을까, 박씨는 어디에 있을까, 혹시나 박씨도 이미 죽은 게 아닐까? 수사팀이 머리를 맞댔다. 이런저런 의문과 추정이 흩어졌다 모이기를 반복했다.

박씨가 살아 있는지부터 확인해야 했다.

"수시로 한의원에서 물리치료를 받는 등 자주 병원을 다녔더군요. 그런데 2014년 10월 이후로는 단 한 번도 진료를 받은 기록이 없었어요."

병원 진료 내역에서 파악한 내용이었다.

금융 거래를 한 기록도 2년 전부터 끊겨 있었다. 다만 선불폰 충전 비용으로는 틈틈이 돈이 나간 흔적이 있었다. 그런데 그 돈이 박씨 이름으로 김씨가 만든 임의 계좌에서 지급된 것으로 조사됐다. 물론 김씨가 박씨의 부탁을 받아 대신 충전했을 가능성도 있다.

"2년 전부터 박씨가 살아 있다는 흔적은 그 어디에도 없었어요. 그나마 있던 선불폰 충전과 문자메시지 발송 역시 김씨가 한 걸로 나왔고요. 박씨는 이미 사망했다는 쪽으로 의견이 모였습니다."

경찰 수사가 김씨에게 집중됐다. 얼마 후 김씨 집 주변에 있는 폐쇄회로 TV에서 김씨가 사건 당일 주차장 인근 폐쇄회로 TV를 통해 파악된 남성의 것과 동일한 비닐봉투를 들고 있는 모습이 확인됐다. 더 지체할 이유가 없었다. 압수수색을 하는 동시에 김씨를 체포했다.

범행을 완강히 부인하던 김씨는 경찰이 내민 폐쇄회로 TV 화면 앞에서 금세 무너졌다. 7월 17일 밤늦게 유씨와 만난 김씨는 게임장 경영과 수익 분배 문제 등을 두고 이야기하다 다투게 됐고, 격해진 감정을 참지 못해 승용차 조수석과 콘솔 박스 사이에 있던 휴대폰 충전 케이블로 유씨의 목을 졸라 살해했다.

유씨를 살해한 경위는 밝혀냈지만 수사팀이 풀어야 할 숙제는 아직 남아 있었다. 박씨의 존재. 김씨에게 살해됐을 가능성이 높지만, 시신이 발견되지 않은 상황이라 쉽게 단정할 수 없었다. 수사 전체를 지휘하던 고혁수 형사과장이 직접 나섰다. 고과장은 박씨와 사망한 유씨, 김씨 셋이 함께 사설 경마장 사업을 했고, 그 과정에서 돈 문제를 겪었으며, 특히 김씨가 박씨의 권유로 대출을 받아 1억 4000만 원을 투자한 뒤 제대로 수익을 정산받지 못했다는 사실을 파악했다.

"분명 금전 관계가 있으니 억울한 면이 있을 수도 있었겠죠. 유씨를 살해한 것도 박씨를 살해한 사실이 들통 날까 저지른 일일 수도 있다고 봤어요. 그런 부분까지 납득하는 척하며 자백을 하게끔 설득했어요."

첫 번째와 두 번째 추궁은 실패했지만, 세 번째 조사를 시작할 무렵 김씨가 입을 열었다.

박씨가 살해된 때는 역시나 김씨가 박씨 행세를 시작한 2014년 10월 6일이었다. 동업을 하던 박씨가 수익금을 제대로 분배하지 않는 데 불만을 가진 김씨는 그날 박씨의 오피스텔을 찾아갔다. 나갔다 돌아온 박씨가 문을 열고 집으로 들어가려던 찰나, 문을 잡고 집 안으로 뛰어들었다.

"사설 경마장에 들어간 투자 금액을 빼주고 이익금도 돌려주시오."

"사장님, 갑자기 왜 이러십니까? 지금 돈을 줄 수는 없습니다."

말싸움이 몸싸움으로 이어졌다. 그러나 180센티미터 거구에 40대인 박씨에게 165센티미터 단신에 60대에 가까운 김씨는 애초 상대가 되지 않았다. 힘에 밀려 바닥에 쓰러졌다. 이에 격분한 김씨는 무게 6킬로그램짜리 아령을 들고 와 박씨의 발등과 목덜미, 머리를 연달아 내리쳤다. 김씨는 시신을 감추기 위해 피해자의 집 방 안에 있는 텐트로 감싼 뒤 노끈으로 묶었다. 다음날 새벽 5시, 박씨의 승용차에 시신을 싣고 강원 홍천 남면으로 간 김씨는 한 야산 비탈길 아래로 시신을 굴렸다. 그리고 100미터가량 내려가 바닥에 자리 잡은 뒤 흙으로 덮어 숨겼다.

경찰은 김씨의 범행이 일찌감치 발각될 기회가 있었다고 밝혔다. 김씨가 박씨의 시신을 처리하려고 떠나기에 앞서 박씨 누나가 동생 집을 찾아온 것이다. 김씨는 대범했다. "당신 동생이 내 돈을 갖고 해외로 도망갔다. 내가 망하게 됐는데, 어떻게 할 거냐"고 화를 냈다. 박씨 누나는 김씨가 동생을 죽인 살인자인지도 모른 채

범인이 "피해자의 사체를 유기했다"며 차량을 세워둔 곳이라고 자백한 경기 수원의 한 공영주차장.
사진 한소범

수차례 사죄하고 사례만 하고 집을 떠났다. 나중에 박씨 명의로 개통한 선불폰으로 "사업차 해외로 나가게 됐다"는 문자메시지를 박씨 누나에게 보내둔 행적도 치밀했다. 이후 김씨는 박씨가 자신에게 빚진 돈을 대신 갚으라며 박씨 가족에게 접근해, 실제 여러 차례 상당한 돈을 받아가기까지 했다.

2016년 12월. 1심 재판부는 김씨에게 무기징역을 선고했다. 재판부는 "피해자 명의로 휴대폰을 개설해 살아 있는 것처럼 행동하는 등 죄의식이나 뉘우침이 전혀 없는 태도를 보인 점, 2년도 지나지 않아 또 다른 살인을 저지른 점, 피해자들과 동업하면서 돈 관계로 다툼이 있을 때마다 특별한 이유 없이 피해자들을 살해한 점 등을 종합해볼 때 엄중한 처벌이 불가피하다"고 판시했다.

수원 주차장 살인사건 일지

2013년 9월
교도소에서 출소한 김씨가
대부업 사무실을 운영하던
박씨와 유씨를 알게 됨

2014년 4월~10월 6일
김씨와 박씨,
유씨가 함께 수원에서
사설경마장 사업을 함

10월 6일
수익분배 문제로 다투던 중 김씨,
둔기로 박씨 왼쪽발등, 뒷목,
머리를 내리쳐 살해

10월 7일
김씨, 박씨 사체
강원도 홍천 남면에 있는
산에 암매장. 박씨
신분증으로 선불폰 개통

11월~2016년 6월
유씨와 김씨 게임장 등
각종 사업 공동운영.
김씨는 박씨 이름으로
유씨에게 꾸준히
문자메시지 보냄

김씨가 박씨의
시신을 유기한
강원도 홍천의 야산

주차장 인근
CCTV 화면에 잡힌
김씨의 모습
(2016년 7월18일)

7월 17일~18일
김씨, 수원시 공용주차장 승용차 안에서 또 문제로
유씨와 다투다 차량 안 휴대폰 중전케이블로 목 졸라 살해

7월 18일
김씨, 박씨 명의
선불폰으로 살해 자백하는
문자를 지인에게
보냄

김씨가 유씨 살해 후
박씨인 척 하며 보낸 문자 내용
"내가 같이 일하는 여자인
유00씨와 어제 밤에 말다툼을 하다
죽이게 됐어요.
사체는 00 공영주차장에 있는
XX01호 차량에 있어요.
형님이 112에 신고를 해 놓으면
제가 이번 달 내로 자수를
하겠습니다."

김씨가
유씨를 살해한
오피러스차량
내부

7월 22일
경찰, 김씨 유력한 살해
용의자로 검거.
김씨, 유씨와 2년 전
박씨를 죽인 사실 자백

12월 20일
1심 법원,
김씨에게
무기징역 선고

사건 일지 _____

2013년 9월   교도소에서 출소한 김씨가 대부업 사무실을 운영하는 박씨와 유씨를 알게 된다.

2014년 4월 부터 10월 6일까지   세 사람이 수원에서 사설 경마장 사업을 함께 한다.

10월 6일   수익 배분 문제로 다투던 중 김씨가 박씨의 왼쪽 발등과 목덜미, 머리를 아령으로 내려쳐 살해한다.

10월 7일   김씨는 박씨 사체를 강원 홍천 남면에 있는 야산에 암매장한다. 박씨의 신분증으로 선불폰을 개통한다.

2014년 11월부터 2016년 6월까지   김씨는 유씨와 함께 게임장 등 각종 사업체를 공동 운영한다. 그러면서 박씨 이름으로 유씨에게 꾸준히 문자메시지를 보낸다.

7월 17일부터 18일까지   김씨는 수원의 한 공용주차장에서 돈 문제로 유씨와 다투다가 승용차 안에서 휴대폰 충전 케이블로 목 졸라 살해한다.

7월 18일   김씨는 박씨 명의의 선불 휴대폰으로 박씨인 척하며, 자신이 유씨를 살해했다고 자백하는 문자메시지를 지인에게 보낸다.

7월 22일   경찰은 김씨를 유력한 살해 용의자로 체포한다. 김씨는 유씨 사건뿐 아니라 2년 전 박씨를 죽인 사실까지 자백한다.

12월 20일 1심 법원은 김씨에게 무기징역을 선고한다.

김씨가 유씨를 살해한 후 박씨인 척하며 보낸 문자메시지의 내용:

"내가 같이 일하던 여자인 유씨와 어젯밤에 말다툼을 하다 죽이게 됐어요. 사체는 ○○공용주차장 ○○번호 차량에 있어요. 형님이 112에 신고를 해놓으면 제가 이번 달 내로 자수하겠습니다."

생활 반응

금융 거래, 통화 기록… '살아 있음'을 증명하는 흔적

처음 수원 주차장 살인 사건의 유력 용의자로 박씨가 지목됐지만, 그는 '생활 반응'이 확인되면서 혐의가 풀렸다. 경찰이 박씨의 통화 내역과 진료 기록, 금융 거래 내역 등을 조회해 그가 실제 살아 있으면 당연히 나타날 흔적이 없다는 것을 파악하고, 박씨의 사망 가능성을 고려하면서부터다.

이처럼 살아 있는 사람이라면 나타날 수밖에 없는 각종 반응을 생활 반응이라 한다. '생존 반응'이라고도 불리며 실종되거나 잠적한 사람처럼 행방이 묘연한 이를 추적할 때 주요 단서 역할을 한다. 현금 입출금기를 이용한 기록과 체크카드나 신용카드 사용 기록, 통장 거래 내역, 생명보험 가입 여부, 금융기관 입출금 내

2016년 이후 행방이 묘연한 '부산 신혼부부'. 경찰이 부부의 금융, 교통, 통신 기록은 물론 출입국 기록까지 모조리 수사했지만 단 하나의 생활 반응도 나오지 않았다. 사진 SBS '그것이 알고 싶다' 캡처

역 같은 각종 금융 거래 내역이 대표적이다. 자본주의 사회에 살아남으려면 어떤 식으로든 '소비'할 수밖에 없기 때문이다. 카드를 썼다면 카드 사용 기록을 통해 사용자가 어디에서 무엇을 구입하고 결제했는지를 확인함으로써 동선을 파악한다. 현금만 사용한다 할지라도 현금을 빼내기 위해 현금 입출금기를 이용한 기록이 남을 수밖에 없다.

가스나 전기, 수도 요금 등 우리가 꼬박꼬박 납부하는 공과금 역시 생활 반응이 될 수 있다. 만일 지나치게 오랫동안 공과금을 내지 못했다면 이는 세금을 낼 수 없는 상황, 즉 신변에 이상이 있다는 뜻이다. 전기나 가스 사용이 주민등록등본에 등록된 거주 인원의 평균 사용량보다 현저히 많거나 적을 경우에도 의심의 대상이 될 수 있다.

휴대폰 통화 기록도 빼놓을 수 없다. IP 주소 등으로 파악한 인터넷 접속 기록은 수사에 중요한 단서를 제공하는 생활 반응이다. 출입국 기록, 교통카드 이용 기록, 각종 병원이나 약국을 이용한 내역도 생활 반응으로 기능한다.

아무도 찾지 않는 산골짜기에서, 모든 타인과 연락을 끊은 채 식량과 전기를 자급자족하면서 '사회적 인간'이기를 포기하지 않는 이상 어떤 식으로든 흔적을 남길 수밖에 없다는 게 수사기관의 설명이다. 무의식중에 교통카드를 찍고, 세금을 내고, 병원에 가고, 음식점에 가고, 통화를 주고받는, 이 모든 것이 결국 당신이 '살아 있음'을 증명하는 단서가 된다는 얘기다.

26

미아동 노파 살인 사건

지문, 침입 흔적 하나 없지만…
DNA는 남아시아계를 지목했다

2012년 8월 27일 저녁 8시 서울 미아동 한 다세대주택. 2층에 사는 남성이 늦은 외출을 하려고 집 밖으로 나왔다 주변을 둘러보고는 고개를 갸웃거렸다.

"이상하네. 오늘은 왜 안 보이지?"

경험상 그 시간이면 반지하층 방에 사는 할머니 소 모(78세) 씨가 나와 있기 마련이었다. 하루 종일 동네를 돌면서 모은 폐지를 한창 정리하고 있을 시간이었다. '다른 일이 있겠지' 하면서도 왠지 예감이 좋지 않았다. '몸이 어디 안 좋은 건가?' 마침 주택 담벼락 안쪽으로 난 안방 창문이 반쯤 열려 있었다. 창문으로, 할머니가 나체로 누워 있는 모습이 보였다. 얼굴 위에 베개가 올려져 있었는데, 얼핏 봐서는 숨이 멈춘 듯했다.

감식반은 질식사로 추정했다. 누군가 할머니의 얼굴을 베개로 짓누르는 동시에 손으로 목을 졸라 살해했다는 검시 결과가 나왔다. 지문은 발견되지 않았다. 문은 열쇠가 그대로 꽂힌 채 열려 있었다. 별다른 침입 흔적도 나오지 않았다. 단서라고는 숨진 할머니의 몸에서 검출된 체액과 혈흔에서 발견된 남성 DNA였다. 성폭행을 동반한 살인 범죄였다.

관할인 서울강북경찰서에 수사본부가 차려졌다. 범죄 현장 인근에 사는 남성들, 그중 유사한 범죄를 저지른 전과자들 위주로 탐문 조사가 시작됐다. 탐문 중 조금이라도 태도가 미심쩍거나 명확한 알리바이를 대지 못할 경우 곧바로 DNA를 채취해 사건 현장에서 발견된 것과 대조해나갔다. 물론 성과는 쉬이 나타나지 않았다. 그렇게 형사들이 직간접으로 조사한 인원만 1000명에 달했다.

그나마 폐쇄회로 TV 영상을 분석하면서 수사에 도움이 될 단서가 나왔다. 시신이 발견된 그날 오전 양복을 말끔히 차려 입은 한 남성이 할머니 집에서 나와 버스를 타는 모습이 찍혀 있었다. 그 전후로 집을 출입한 외부 사람은 없었다. 다만 화질이 좋지 않았다. 얼굴이 또렷하지 않아 누구인지 특정할 수 없었다.

수사에 착수한 지 사흘째가 되던 날, 국립과학수사연구원에서 전화가 왔다.

"DNA를 추가로 검사해보니까 한국인 유전자형이 아니더라고요. 남아시아계 남성으로 판단됩니다."

남아시아에서 국내로 들어와 살고 있는 남성이 한둘이 아니고, 개중에는 주거지를 제대로 등록하지 않은 이도 많을 텐데…. 그래도 경찰은 DNA 분석 결과 덕분에 조금이나마 탐문과 조사 대상 범위가 좁혀진 것이 반가웠다. 형사들은 쉬지 않고 가가호호, 의심되는 곳을 찾아다녔다. 남아시아계 외국인 노동자들이 많이 모인다는 경기 김포도 수시로 찾았다. '의심 → DNA 채취 → DNA 불일치'가 반복되면서 성과 없는 시간에 다들 조금씩 지쳐갔다.

실마리는 우연히 찾아왔다. 사건이 발생하고 2주가 지나서였다. 그날도 현장 인근에 형사 한 명이 잠복 중이었다. 초등학생부터 중학생까지 다양한 연령의 아이들이 하교 시간에 맞춰 한꺼번에 주택가로 몰려들었다. 그날따라 유난히 남자아이 둘이 형사의 눈에 띄었다. 혼혈로 보였다. 둘은 형제인 듯 손을 꼭 붙잡은 채 걷고 있었다. 감이 왔다. 형사가 아이들 뒤를 밟았다.

예상대로 두 아이는 같은 집 대문을 열고 들어갔다. 마침 집주인이 부산으로 출장을 갔다고 해서 조사를 하지 못했던 곳이다. 할머니의 시신이 발견된 집에서 50미터밖에 떨어지지 않은 집이다. 문 앞에서 범행 현장이 훤히 보일 정도로 가까운 거리였다. 찾고 있는 용의자의 아이들 같다는 직감이 퍼뜩 들었다.

현장 인근에서 용의자가 찍힌 폐쇄회로 TV 캡처 화면을 보여주자 두 아이 중 머리가 큰 쪽이 "아빠다!"라고 외쳤다.

"아빠 진짜 맞니?"

형사가 재차 물었다.

"아빠가 평소에 출근하면서 입고 다니던 옷이랑 똑같은데요."

작은아이 역시 "걷는 모습도 비슷해요"라고 고개를 끄덕였다. 두 아이의 엄마는 표정이 달랐다.

"남편이 집에 안 들어온 지 꽤 됐고 연락도 없어요. 지금 어디에 있는지 우리도 모르겠어요."

결정적인 증거가 나온 건 아니었지만 의심은 짙어졌다.

'들어온 지 오래됐고, 연락도 안 된다'는 아이들 엄마의 말은 거짓이었다. 형사가 집을 떠나자마자 남편에게 전화를 걸었다.

"경찰이 찾아왔어요. 무슨 일 있어요?"

남편은 '별일 아니다'라면서 적당히 말을 둘러대고는 곧바로 휴대폰을 꺼버렸다.

"그 사람은 왜 찾아요?"

며칠 후 수사본부 내 강진엽 서울강북경찰서 강력2팀장에게 한 통의 전화가 걸려왔다. 그는 수도권 내 경찰서에서 근무하는 형사라고 자신을 소개했다.

"예전에 저희 경찰서에서 통역 업무를 한 사람인데요. 자기를 서울강북경찰서에서 찾는다고 하던데, 무슨 일 때문에 그러는지 혹시 알 수 있을까요?"

들어보니 며칠 전 형사가 찾았던 그 집 아이들 아빠의 이야기였다.

"별것 아닙니다."

왠지 사건이 거의 풀려간다는 느낌이 들었다.

"이쪽에 작은 사건이 하나 있는데, 그와 관련해 혹시 아는 게 있나 참고삼아 물어보려고 그랬습니다."

슬쩍 웃음이 났다. 유력한 용의자의 등장이었다. 신원 파악은 금세 끝났다. 방글라데시에서 귀화한 노 모(39세) 씨였다. 수사팀은 노씨의 최근 통화 내역을 분석하는 일에 들어갔다. 현재 위치를 확인하는 것도 어렵지 않았다. 영등포 지하상가에 있는 휴대폰 가게에서 일하고 있었다. 강팀장이 그곳으로 출동하자 노씨는 기다렸다는 듯 순순히 임의동행에 응했다. 하지만 자신이 왜 경찰 조사를 받아야 하는지 모르겠다는 말을 반복했다. 경찰은 노씨의 입 안에서 상피세포를 긁어 채취한 뒤 집으로 돌려보냈다.

이틀 후 DNA 분석 결과가 수사팀에 전해졌다. 예상대로 현장에서 나온 것과 노씨의 것이 '일치'했다. 더 기다릴 이유가 없었다. 그날 경찰은 지하철 동대문역 2번 출구 앞에서 노씨를 긴급 체포했다.

노씨는 범행을 부인했다. 경찰이 내민 폐쇄회로 TV 화면을 두고는 그 시간대 집에 있었다고 주장했다. 그의 아내도 "남편 말이 맞다"라면서 남편이 전날 저녁 안방에서 잠든 뒤 다음날 오전까지 문밖을 나서지 않았다고 거들었다. 노씨는 자신의 말을 믿어달라면서 휴대폰 두 대를 내밀었다. 범행 당일 휴대폰에는 통화

한 기록이 전혀 없었다.

"자고 있었다니까요."

그러나 알리바이는 쉽게 깨졌다. 통화 기록을 다시 확인해보니, 노씨에게는 휴대폰이 한 대 더 있었다. 자신에게 유리한 두 대만 경찰에 제출한 것이다. 게다가 숨긴 건 대포폰이었다. 그곳에는 8월 26일부터 다음날 새벽까지 수차례 통화를 하기 위해 집 밖을 나선 노씨의 행적이 고스란히 담겨 있었다. 그 시간 수십 차례 오간 문자메시지 흔적도 있었다. 그가 연락했던 상대는 강 모(42세) 씨로, 노씨의 내연녀였다. 강씨를 경찰서로 불러들였다.

강씨는 노씨를 4년 전 서울의 한 곰탕집에서 처음 만났다고 했다. 대포폰도 불륜을 저지르고 있다는 사실을 숨기려는 목적으로 마련한 것이라고 진술했다. 조사가 진행될수록 노씨의 정체가 서서히 드러났다. 겉으로 보면 분명 노씨는 범죄와는 거리가 먼 인물이었다. 방글라데시에서 첫손가락에 꼽히는 대학에서 경제학을 전공한 그는 취업을 위해 1992년 한국에 들어왔다. 12년쯤 지나 한국 국적을 취득하고는 한국 여성과 결혼해 두 아들을 낳아 건실한 가정을 꾸렸다. 그런 그를 두고 가족과 이웃은 "성실하고 자상한 사람"이라고 입을 모았다. 외모도 호남형이어서 유독 주변 사람에게 인기도 많았다고 했다.

노씨는 영등포 지하상가에 휴대폰 가게를 열었다. 가게 한쪽에는 산업훈장이 전시돼 있었다. 산업통상자원부 고위직 관료와 악수를 나누는 대형 사진도 한쪽 벽면을 차지하고 있었다. 가게는 휴대폰을 사고팔기 위해 온 동남아시아계 외국인들로 언제나 문전성시를 이뤘다.

내연녀 강씨의 입을 통해 노씨의 범행 퍼즐은 더욱 단단히 맞춰져갔다. 범행 전날 저녁 술에 취한 강씨는 노씨에게 이별을 통보했다고 한다. 가정이 있는 남자와 만나는 게 부담스럽다는 이유였다. 하지만 노씨는 결별 통보를 받아들이지 않았다. 전화와 문자메시지가 여러 차례 오간 것도 그 때문이었다. 이별에 대한 울분을 삭이지 못한 그는 동네를 배회했다. 그때 피해 할머니 집 앞을 지나다가, 마침 열려 있는 문을 발견했다. 그렇게 할머니는 이유도 모른 채 노씨에게 목숨을 잃었다.

경찰은 노씨의 철저한 이중생활에도 혀를 내둘렀다. 그의 휴대폰 가게는 사실 동남아시아 외국인들에게 대포폰을 판매하는 등 불법의 온상이었다. 장물아비에게 분실 휴대폰을 구매해 외국에 판매하기도 하는 등 거래 규모도 상당했다. 2005년에는 강도 상해, 인질 강도 미수, 특수강도로 경찰 조사를 받았고, 성매매를 한 전력도 여럿 있었다.

노씨는 범행을 쉽게 인정하지 않았다. "DNA가 중간에 뒤바뀐 것"이라며 계속 항의하자, 경찰은 DNA 분석을 두 번이나 더 진행했다. 물론 결과는 바뀌지 않았다. 경찰은 살인 혐의를 적용해 노씨를 검찰로 넘겼다. 경찰 관계자는 "노씨는 수사망이 좁혀오자 자신의 대포폰으로 '강북 할머니 살인 사건' '강북 미아동 할머니

2012년 8월 발생한 강북 미아동 노파 살인 사건. 피해자의 집 앞에 피해자가 모아 놓은 폐지가 쌓여 있다. 사진 서울강북경찰서

살인 사건' 등을 검색했고, 심지어 '살인 사건 공소시효'도 찾아본 것으로 확인됐다"고 말했다.

1심 법원은 2013년 1월 노씨에게 무기징역을 선고했다. 당시 재판부는 "성욕 충족과 화풀이를 위해 자신과 아무런 관련도 없는 고령 피해자의 주거에 침입해 범행을 하는 등 죄질이 매우 불량하다. 그러면서도 노씨는 유족들의 피해 회복을 위한 조치를 하기는커녕 범행에 대해 전혀 모른다는 변명으로 일관하며 반성의 기미를 보이지 않고 있다"고 꾸짖었다. 노씨는 국민참여재판까지 신청하면서 억울함을 주장했지만, 시민 배심원 9명 중 대부분이 유죄로 판단하고 재판부에 무기징역을 권고했다. 심지어 한 명은 사형이 적절하다고 봤다. 노씨는 2013년 11월 대법원이 무기징역으로 확정판결을 할 때까지도 무죄를 주장했다.

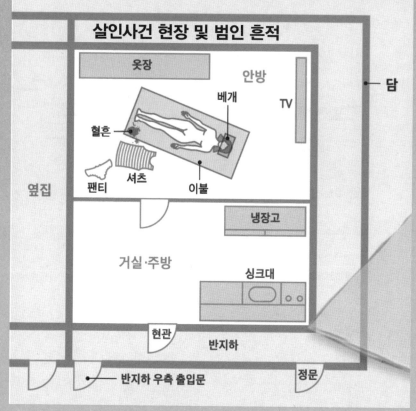

살인사건 현장 및 범인 흔적

옷장

안방

베개

TV

혈흔

셔츠

팬티

이불

담

옆집

냉장고

거실·주방

싱크대

현관

반지하

반지하 우측 출입문

정문

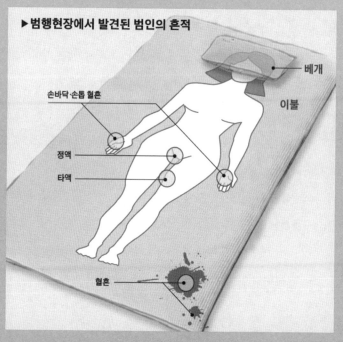

▶범행현장에서 발견된 범인의 흔적

베개

이불

손바닥·손톱 혈흔

정액

타액

혈흔

사건 일지 _____

2012년 8월 26일 밤부터 27일 오전 사이 26일 저녁 내연녀 강씨에게 헤어
지자는 이별 통보를 받자, 노씨는 집 밖으로 나와 수차
례 강씨와 통화하고 문자메시지를 보낸다.

8월 27일 새벽 노씨가 동네를 돌아다니다 피해자 소씨의 집 문이 잠
겨 있지 않은 것을 보고 범행을 저지른다. 이후 버스를
타러 나가는 그의 모습이 폐쇄회로 TV에 찍힌다.

8월 27일 오후 다세대주택 2층에 세 들어 사는 사람이 소씨의 사체를
발견하고 최초로 신고한다.

8월 29일 국립과학수사연구원의 부검 결과 질식사 판정이 나온
다. 소씨 사체에서는 남성 DNA가 발견된다.

9월 1일 국립과학수사연구원에서 수사팀에게 전화해 'DNA의
주인은 남아시아계'라는 사실을 전한다.

9월 17일 서울 영등포 한 지하상가의 휴대폰 가게에서 노씨를 임
의 동행한다. 경찰은 DNA를 채취하기 위해 노씨의 입
안에서 상피세포를 긁어낸 뒤 집으로 돌려보낸다.

9월 19일 국립과학수사연구원이 노씨의 DNA를 분석한 결과 예
상대로 현장에서 발견된 것과 일치했다. 경찰은 동대문
역 2번 출구 앞에서 노씨를 긴급 체포한다. 노씨가 범
행을 부인하자 경찰은 다시 그의 입 안에서 상피세포를
채취해 DNA 검사를 의뢰한다.

9월 20일 국립과학수사연구원에서 2차 DNA 분석 결과를 통보한다.

9월 27일 경찰은 살인 혐의를 적용해 노씨를 검찰로 넘긴다.

DNA

출생 국가와 도시까지 알려준다,
오차 확률 3900조분의 1

미아동 노파 살인 사건에서 범인을 검거하는 데 결정적인 역할을 한 것은 DNA 분석 결과였다. 피해 할머니의 시신에서 발견된 DNA가 남아시아계 남성의 것이라는 분석 결과가 없었다면, 경찰이 사건 해결의 실마리조차 찾지 못했을 가능성이 컸다. 범인 노씨가 범행 직후 집을 떠나 도피 생활을 하며 경찰의 추적을 피했고, 범행 현장에서는 지문이나 그 밖의 단서가 발견되지 않은 상태였다. 용의자가 남아시아계 남성이라는 결과가 수사팀에 전해지면서 수사 대상이 그만큼 좁혀졌고, 혼혈아인 노씨 아들들이 잠복 중이던 형사의 눈에 확 들어올 수 있었다.

수사에 참여했던 강진엽 서울강북경찰서 강력2팀장 역시 "사

박종화 울산과학기술원 게놈연구소장이 DNA 표본을 살펴보고 있다. 사진 울산과학기술원

건을 해결하는 데 DNA 분석 결과가 결정적이었다"고 동의했다.

"DNA가 단순히 성별뿐 아니라 출신 지역까지 드러내 보인다는 사실을 이때 처음 알았다. 용의자가 남아시아계라는 사실을 알지 못했다면 사건을 해결하기까지 꽤나 오랜 시간이 흘렀을 것이다."

박종화 울산과학기술원 게놈연구소장은 "그뿐 아니라 DNA를 정밀 분석하면 그 나라 어느 도시에서 태어났는지까지 정확히 알 수 있다"고 덧붙였다. 같은 한국인이라 하더라도 서울 출신과 제주 출신의 표준 DNA가 분명 다르기에, 이를 기준으로 비교한다면 충분히 확인할 수 있다는 얘기다. 얼핏 이해하기 힘든 말이지만, 세계 각 도시 사람들의 DNA 정보를 모아 빅 데이터를 구축한다면 출신 지역을 판별하는 일 정도는 얼마든지 가능하다고 한다. 당연히 한국인과 외국인의 DNA는 더욱 확연한 차이를 보인다. 심지어 DNA 정보로 얼굴 몽타주까지 만들 수 있을 정도다.

수사기관에서는 DNA 분석 결과만큼 명백한 증거도 없다고 입을 모은다. 분석도 빠른 시간 안에 이뤄진다. 일주일이면 DNA 분석이 충분히 가능하다는 게 전문가들의 설명이다. 범행 현장에서 발견된 DNA와 노씨 DNA가 다를 확률을 두고 국립과학수사연구원은 당시 3900조분의 1에 불과하다고 했다. 법원이 노씨를 범인으로 볼 수밖에 없었던 결정적인 증거였다.

27

아산 윤씨 할머니 살해 사건

공동묘지 옆 할머니 살해한 그놈,
또 다른 할머니 집서 6만 원 훔치려다…

"빨리 좀 와주세요. 할머니가 사라졌어요."

2012년 2월 19일. 김 모(당시 17세) 씨는 6년 전 그날의 악몽에서 아직 깨어나지 못하고 있다. 이른 해외 유학을 앞두고, 충남 아산 용화동에 사는 할머니 윤 모(71세) 씨의 집을 찾았다. 그때 목격한 충격의 단편들이 생생하다. 반갑게 맞아주리라 믿었던 할머니는 보이지 않고, 집 앞 곳곳에 핏자국이 흩어져 있었다. 아산경찰서로 신고 전화를 거는 그의 손은 통화 내내 사시나무 떨듯 요동쳤다.

김씨는 "할머니가 어딘가 살아 계실 것"이라고 울먹였지만, 현장에 나온 경찰 중 누구도 대꾸하지 않았다. 수없이 봐왔던 살인 사건 현장들을 떠올리면서 무책임하고 가능성 없는 희망을 함부로 발설할 수는 없었다. 루미놀(혈흔 채취에 쓰는 시약)이 집 안 여기저기에 뿌려졌다. 마당과 기둥, 툇마루에서 다량의 비산 혈흔(흩뿌려진 핏자국)이 나왔다. 대문에서 인근 야산 쪽으로 난 길을 따라 200미터쯤 떨어진 지점에서도 할머니의 것으로 보이는 혈흔이 검출됐다. 누군가 흉기로 할머니를 살해한 뒤 시신을 차량에 신기 위해 옮겼을 거라는 생각이 혈흔을 쫓는 경찰의 머릿속에 퍼뜩 들었다.

때아닌 소동에 동네 이웃이 한둘씩 모여들었다. "어딘가 살아 있겠지, 틀림없이 돌아올 것"이라는 기대와 희망, "길을 잃었을지 모르니 꼭 찾아달라"는 부탁과 하소연이 경찰에 고스란히 전해졌다.

"젊은 시절 남편을 잃고 네 자녀를 홀로 키우다시피 했는데…, 그 뒤론 집 근처에 살던 88세 치매 노모를 보살폈어요. 세상에 그런 효녀가 어디 있겠어요."

일단 경찰은 '타살이 의심되는 실종'으로 기록에 남기며 수사에 돌입했다. 모든 정황은 살인이라 말하지만 시신조차 발견되지 않은 상황에서 단정할 수는 없었다.

해결의 실마리가 좀체 보이지 않았다.

"할머니가 이틀 전인 2월 17일 우리 집에서 저녁식사를 같이 했어요. 그러곤 저녁 8시쯤 됐나. '드라마 봐야 한다'고 집으로 가더라고요."

이웃이 증언했다. 그게 윤씨 할머니의 마지막 행적이었다. 하필 할머니가 살던 곳은 인근 야산에 공동묘지가 만들어질 정도로 한적한 시골 마을이었다. 마을 전체 어디에서도 목격자는 물론이고 눈여겨볼 폐쇄회로 TV 화면 하나 나오지 않았다.

집 장롱에서 발견된 노트에 미약하나마 단서가 있었다. 할머니는 일흔이 넘은 나이에도 특별한 날의 기억을 또박또박 일기로 적어두거나, 때론 시로 기록해 놓았다.

"원한이나 금전 관계가 있을지 몰라."

수사팀은 할머니의 노트에 등장하는 인물과 사건들을 면밀히 들여다보았다. 무자격자로 몇 달 전까지 치과 치료를 해준 이 모(55세) 씨와 다섯 살 아래 친동생에 대한 원망 섞인 글이 눈에 들어왔다. "수백만 원 들여 치료를 받았는데, 나아지기는커녕 부작용만 생겼다"며 이씨를 탓하고, "술만 마셨다 하면 전화해서 험한 말을 해가며 속을 썩였다"며 동생을 언급했다. 경찰은 두 사람을 용의 선상에 올려두고 사건과의 연관성을 따져보기로 했다.

이씨가 유력 용의자로 지목됐다. 사건 예상 시간(2월 17일 밤에서 2월 19일 오전 사이)에 거주지인 아산 온양읍에 머문 사실이 확인된 동생과 달리, 이씨는 경찰에 거짓으로 알리바이를 댔다. "대전 집에 있었다"고 말했지만, 통신사 기지국을 통해 휴대폰 사용 내역을 조사해보니 그는 2월 18일 아산 곳곳을 누비고 다닌 것으로 나왔다.

"들통 날 게 뻔한 거짓말을 왜 했지?"

이씨의 차량을 압수해 루미놀 검사를 해보니, 마침 뒷좌석에서 미세한 혈흔이 검출됐다. 이씨는 거짓말탐지기 조사도 통과하지 못했다. 대전에 있었다고 이씨가 말할 때마다 탐지기는 '거짓'이라고 반응했다.

하지만 이씨는 범인이 아니었다. 국립과학수사연구원의 분석 결과 차량에서 발견된 혈흔은 윤씨 할머니와 무관한 자기 가족의 생리혈이었다.

"대체 왜 계속 거짓말을 했습니까?"

경찰이 목소리를 높였다. 이씨는 그제야 눈물을 흘리며 사실을 털어놨다.

"누구에게도, 특히 가족에게는 들키고 싶지 않은 사생활 때문이었습니다."

불륜이었다. 은밀한 사생활을 감추기 위해 꾸며낸 거짓말이었다. 수사팀에게는 허탈한 결론이었다.

증거물 조사도 더뎠다. 밤낮 가리지 않고 수색한 끝에 사건을 접수하고 일주일 만인 2월 26일, 할머니 집에서 차량으로 15분 거리에 있는 송악면 온양천 근처 공터에서 불에 타다 만 피해자의 옷과 오른쪽 슬리퍼를 발견했다. 여기서 피의자의 것으로 추정되는 DNA가 발견됐다. 하지만 감정 결과 DNA의 주인이 누구인지 알 수는 없었다. 할머니에게 치과 치료를 해준 이씨가 무면허 영업을 했다는 사실, 한 달 넘게 경찰이 거둔 성과물은 그게 다였다.

사건은 점점 미궁으로 빠져들어갔다.

수사를 맡았던 아산경찰서 강력2팀 이현 경위가 당시를 떠올렸다.

"'실종 사건'으로 추가 수사를 계속 진행했지만 수사팀 내에서는 다들 시신을 찾지 못했을 뿐 살인 사건이 틀림없다고 생각했어요. 이렇다 할 단서가 없다고 마냥 손을 놓고 있다가 포기할 사건이 아니었습니다."

할머니의 가족과 협의해 목격자를 찾으려고 '실종자를 찾는다'는 제목의 펼침막 수십 장을 제작해 아산 시내 곳곳에 걸었다. 다른 경찰서와의 공조에도 나섰다. 유사 사건 피의자들의 DNA 정보를 받아 와 할머니의 슬리퍼에서 발견된 DNA와 일일이 대조해나갔다. 그렇게 해를 넘겼지만, 단서는 여전히 나오지 않았다.

사건이 발생하고 1년 9개월가량 지난 2013년 11월, 사건을 해결할 단초가 누구도 예상하지 못한 곳에서 나왔다. 아산 남동에서 혼자 사는 할머니 김 모 씨의 집에 흉기를 들고 침입해 현금 6만 원을 빼앗은 혐의(특수강도)로 석 모(40세) 씨가 붙잡혔다. 11월 9일 아침 6시쯤 석씨는 김씨 집에 흉기를 들고 침입해 돈을 요구했다. 김씨는 1만 원권 지폐 6장을 손에 쥐어 주면서 "어려울 때 가끔 찾아와 식사라도 하고 가라. 그 대신 이렇게 살지는 않았으면 좋겠다"고 타일렀다고 한다. 석씨는 흉기를 거두고 김씨가 내민 6만 원을 주머니에 급히 집어넣고는 발길을 집 밖으로 돌렸다. 물론 이웃 중 한 사람이 그 장면을 지켜보고 경찰에 신고할 줄은 몰랐다.

경찰에 붙잡힌 석씨가 심상치 않았다.

"당연히 특수강도 혐의로 구속됐죠. 그런데 검찰에 송치하면서 석씨의 DNA를 채취해 국립과학수사연구원에 감정을 의뢰했습니다."

피해자 김씨와 1년 반여 전부터 수사를 해온 윤씨 할머니가 왠지 겹쳐 보였다. 혹시나 하는 마음이 들었다. 아니나 다를까, 그해 12월 10일 국립과학수사연구원에서 받은 감정 결과 보고서에는 '슬리퍼에서 발견된 DNA와 일치한다'고 적혀 있었다. 마침내 수사에 숨통이 트였다.

보강 수사가 급속도로 진행됐다. 석씨의 이동 경로를 따져보고 휴대폰 통화 내역을 뒤졌다. 시신을 싣고 이동했을 차량도 압수해 꼼꼼히 들여다봤다. 그렇게 또 한 해가 저물었고, 2014년 1월 8일 석씨를 아산 좌부동 집에서 강도 살인과 사체 은닉 혐의로 긴급 체포했다. 마침 김씨에 대한 특수강도 혐의로 1심 재판에서 집행유예를 선고받고 풀려난 석씨가 집으로 돌아온 날이었다.

자백을 받는 일이 남았다. 석씨는 처음부터 "모르는 사건"이라며 딱 잡아뗐다. 하지만 수사팀에는 이미 확보해둔 단서가 많았다. DNA 감정 결과를 들이대고 거짓말탐지기 조사까지 하겠다고 하자, 석씨는 더 이상 버티기 어려웠다.

"(윤씨 살해를) 돕기만 했어요."

석씨가 입을 열었다. 하지만 '내가 죽인 건 아니다'였다.

"2012년 2월 18일 새벽 승용차를 타고 그 집 앞을 지나가는데, 모르는 사람이 불쑥 차를 가로막고는 '물건 나르는 걸 좀 도와달라'고 부탁했어요. 그때 함께 날랐던 물체가 그 할머니 시신이었던 것 같아요. 제가 죽인 게 아니에요. 정말입니다."

경찰은 단호했다. 살인 유력 용의자가 '모르는 일'이라고 하다가 '다른 사람이 죽었고, 난 가담만 한 것'이라고 말을 바꾸는 건, 형량을 낮추려는 전형적인 수법이었다.

"사실일 수도 있지만, 그런 진술을 하면서 스스로도 자신 없어 하는 모습이 역력했어요."

경찰의 집요한 추궁에 석씨는 결국 무너졌다.

석씨는 "유흥업소에 갈 돈이 필요해서 범행을 저질렀다"고 털어놨다. 지인과 아산 시내 노래 주점에서 전날부터 사건 당일 새벽까지 거나하게 술을 마시고 집으로 돌아가던 길이었다. 음주 운전 단속을 피할 요량으로 농로로 차를 끌고 갔던 것이다. 그때 대문이 열린 윤씨 할머니 집이 눈에 띄었다.

자동차 부품 공장에서 해고된 뒤로 마땅한 일자리를 구하지 못했던 그는 돈이 궁했다. 할머니 집에서 200미터 지나친 곳에 승용차를 세워 놓고, 트렁크에 있던 흉기를 재킷 안쪽 주머니에 집어 넣은 채 열려 있는 대문을 향해 성큼성큼 걸어갔다. 잠시 후 인기척에 할머니가 마당으로 나왔고, 저항하던 할머니의 가슴과 다른 곳을 4차례 찔렀다. 정작 돈이 있을 방 안에는 들어가보지도 않았다. 석씨는 마당과 툇마루, 기둥에 흐르거나 번진 혈흔을 가루비

범인이 피해자의 유품을 태운 흔적. 할머니의 슬리퍼에서 범인의 DNA가
나왔다. 사진 아산경찰서

누와 수건 등으로 급히 닦고, 농업용 대형 비닐로 시신을 돌돌 말
아 차량에 실었다. 2.5킬로미터를 달린 뒤 법곡동에 있는 낚시터
(지금은 폐쇄) 인근의 간이 화장실 정화조에 시신을 밀어 넣었다.

1심 재판부는 "1년 11개월간 자신의 범행을 숨긴 채 살아왔고,
범행 후 다시 독거 노인(김씨) 집에 들어가 위협하고 현금을 빼앗
았다. 그뿐만 아니라 거짓 증언하고 진술을 번복하는 등 수사에
혼란을 줬다"고 판시했다. 징역 25년, 2년 동안 감춰온 범죄의 대
가였다. 윤씨 할머니의 주검을 마주한 자녀들은 "돌아가신 날짜를
모르고 시신을 못 찾아, 제사도 못 지냈다. 경찰의 끈질긴 수사로
시신이라도 찾게 돼 고맙다"며 눈시울을 붉혔다.

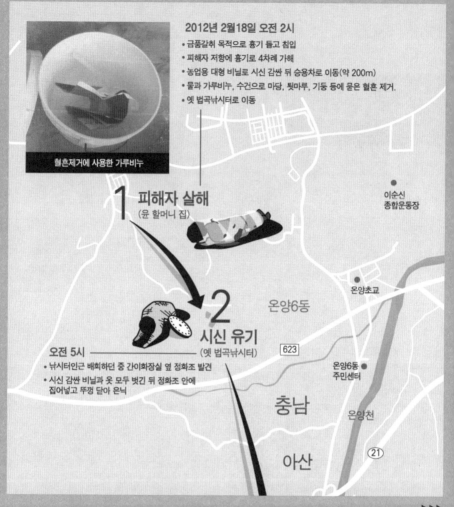

2012년 2월 18일 오전 2시

- 금품갈취 목적으로 흉기 들고 침입
- 피해자 저항에 흉기로 4차례 가해
- 농업용 대형 비닐로 시신 감싼 뒤 승용차로 이동(약 200m)
- 물과 가루비누, 수건으로 마당, 툇마루, 기둥 등에 묻은 혈흔 제거.
- 옛 법곡낚시터로 이동

혈흔제거에 사용한 가루비누

1 피해자 살해
(윤 할머니 집)

2 시신 유기
(옛 법곡낚시터)

오전 5시
- 낚시터인근 배회하던 중 간이화장실 옆 정화조 발견
- 시신 감싼 비닐과 옷 모두 벗긴 뒤 정화조 안에 집어넣고 뚜껑 닫아 은닉

온양6동

이순신 종합운동장

온양초교

623

온양6동 주민센터

충남

온양천

아산

21

▶▶▶

아산 윤 할머니 살해사건 범행 행적
(시간은 추정)

아산

21

평촌리

39

외암리

충남 아산

3 증거품 태움
(온양천변 공터)

송악 ● 면사무소

외암리 ● 민속마을

오전 6시
- 시신에서 벗긴 옷·슬리퍼 등 증거물 은폐 장소 물색
- 사체 유기장소에서 차량으로 약 10분 거리 위치한 온양천변서 증거품 태움

채 타지 않은 슬리퍼에서 석씨 DNA 검출

증거품 태운 흔적

1. 피해자 살해. 윤씨 할머니 집: 2012년 2월 18일 오전 2시

범인은 금품을 갈취할 목적으로 할머니 집에 흉기를 들고 침입한다. 피해자가 저항하자 흉기로 4차례 찔러 살해한다. 농업용 대형 비닐로 시신을 돌돌 말아 현장에서 200미터가량 떨어진 곳에 세워둔 차량으로 이동한다. 이때 범인은 물을 뿌리고 가루비누와 수건으로 닦아 마당과 툇마루 등에 묻은 혈흔을 제거한다. 승용차로 옛 법곡낚시터로 이동한다.

2. 시신 유기. 옛 법곡낚시터: 같은 날 오전 5시

시신을 유기할 장소를 찾아 낚시터 인근을 배회하던 중 간이 화장실 옆에서 정화조를 발견한다. 범인은 시신을 감싼 비닐과 옷을 모두 벗긴 뒤 정화조에 집어넣고 뚜껑을 닫아 은닉한다.

3. 증거품 소각. 온양천변 공터: 같은 날 오전 6시

시신에서 벗긴 옷과 슬리퍼 등 증거물을 숨길 장소를 물색한다. 사체를 유기한 장소에서 차량으로 15분가량 떨어진 온양천변에서 증거품을 태운다.

루미놀

국내에서 개발된 시약, 1만 배 희석된 핏자국도 감지

혈흔 채취용 시약 루미놀은 2009년 연쇄살인범 강호순을 잡을 때부터 본격적으로 주목받았다. 그가 입었던 회색 점퍼의 소매에서 루미놀을 통해 극소량의 피해자 혈흔이 발견돼, 혐의를 입증하는 데 결정적 증거로 작용하면서다.

루미놀은 아산 윤씨 할머니 살인 사건처럼 범인이 혈흔을 지우거나, 넓은 사건 현장에서 눈으로 확인하기 힘들 만큼 극소량의 흔적이 남아 있을 때 더욱 중요한 역할을 한다. 범인 석씨는 피해자를 흉기로 4차례 찌른 뒤 물과 세탁용 가루비누 등으로 증거를 없애려 했지만 루미놀을 피할 수는 없었다.

현장에서는 주로 루미놀 분말을 증류수에 섞어 만든 용액을 과산화수소수에 한 번 더 결합해, 혈흔으로 추정되는 물질에 뿌린다. 용액이 혈흔에 닿으면 화학 반응을 일으켜 강한 빛을 내게 되는데, 과학수사 요원들은 이때 발견된 혈흔을 채취해 유전자 검사를 실시한다. 보통 1만 배 희석된 혈흔도 검출할 수 있어 물 한 양동이에 피 한 방울이 떨어져도 감지해낼 수 있다고 한다. 핏자국을 인위적으로 지우려 해봤자 루미놀 앞에서는 무용지물이라는 얘기다.

국내 루미놀 개발 기술은 세계 최정상 수준이다. 이전까지는 프랑스에서 비싼 가격(리터당 14만 원)에 전량 수입해야 했지만, 2017년 말 8년간에 걸친 연구 끝에 국산화에 성공했다. 개발을 주도한 임승 광주지방경찰청 보건사무관은 그 과정을 이렇게 설명했다.

"해외 제품보다 저렴한 한편 (채취하는 과정에서) 혈흔에 남은 DNA를 훼손하지 않는 시약을 개발하는 데 주력했다. 수입 제품과 비교해 가격은 10퍼센트 수준(리터당 1만 4000원)이지만, 혈흔과 용액이 만나 발생하는 화학 효과가 하루면 사라지는 외국 제품과 달리 일주일 이상 지속될 정도로 성능이 월등하다."

개발팀은 시약 기술을 상업화하지 않고 국가에 귀속했으며, 경찰청은 이 기술에 대한 해외 특허출원까지 검토 중인 것으로 알려졌다.

윤씨 할머니 살해 사건 당시 뚜렷하지 않았던 혈흔(위쪽)이 루미놀 실험을 통해 드러나고 있다.
사진 아산경찰서

28

울주 노인 연쇄살인 사건

"큰사람 되려 살인…" 조현병 환자의
헛소리 같은 자백 속 '의문의 한마디'

그날따라 파출소는 민원인으로 북새통을 이뤘다. 다짜고짜 내뱉는 악다구니부터 눈물 콧물 섞인 울먹임까지, 한데 뒤섞인 그저 '왁자지껄'이라고밖에 할 수 없는 호소와 하소연 뒤에서 조용히 차례를 기다리는 남성이 있었다. 40대 중반 허 모 씨.

"원래 자주 말썽 부리고, 가끔씩 여기 찾아와 헛소리를 늘어놓던 사람이었습니다."

박동일 당시 온산파출소 순찰2팀장(현 울산울주경찰서 형사4팀장)은 그를 그렇게 기억했다. 박팀장만이 아니었다. 그곳 파출소에서 일하는 사람은 모두 그를 '정신이 약간 이상한 골칫덩이'로 기억하고 있었다. 그랬던 그가 그날은 기분 나쁘리만큼 차분했다. 2014년

6월 4일이었다.

"뭐라고요?"

허씨 말에 파출소 직원이 눈을 힘껏 치켜떴다.

"이 양반, 뭐라는 거야?"

당황한 듯 직원이 미간을 잔뜩 찌푸렸다.

"제가요. 사람을 죽였는데요. 그걸 해결하러 왔다니까요. 좀 도와주세요."

허씨 목소리가 낮게 깔렸다.

"제가 살인을 저질렀는데, 그 때문에 일이 잘 풀리지가 않아서요. 경찰관님이 해결 좀 해줘요."

하지만 딱 거기까지였다. 정작 경찰 입에서 '살인'이라는 말이 튀어나오자, 허씨는 횡설수설을 늘어놓았다.

"무슨 일이 잘 안 풀린다는 거예요?"

"제가 사실 노벨 물리학상 수상자로 선정됐는데, 그게 제 뜻대로 되지 않습니다."

"아까 살인했다고 하지 않았어요?"

"달과 지구의 관계에 대해 아세요?"

엉뚱한 소리가 이어지자 허씨의 말에 주목했던 직원들은 그럴 줄 알았다면서 시선을 다시 하던 일로 돌렸다. 허씨 앞에 앉은 직원도 난감하기는 마찬가지였다. "멍할 지경이 될 때까지 헛소리를 해댈 게 분명하다"고 고개를 내저으며 한숨을 쉬었다.

유독 박팀장만 진지한 표정을 짓고 있었다. 흘러 지나가듯 허씨가 내뱉은 "2년 전에 강가 판잣집에서 혼자 사는 노인을 내가 죽였다니까요"라는 중얼거림이 머릿속을 떠나지 않았다. 만에 하나 그게 악성 민원인의 거짓말이라 할지언정 한번 알아봐야겠다 싶었다. 마침 허씨 말과 겹쳐 떠오르는 사건이 하나 있었다. 2년 전 울주 온양읍 한 무허가 판자촌에서 피투성이로 숨진 채 발견된 '울주 판잣집 70대 노인 살인' 사건. 그곳도 강가에 있는 판자촌이었다. 박팀장이 돌아가던 허씨를 불러, 연락처를 주고받았다. 그리고 사건 기록을 뒤져보기로 했다.

판잣집 살인 사건이 벌어진 건 2012년 6월 19일, 신고가 들어온 시간은 오후 4시쯤이다. 온양읍 무도산 기슭에 있는 판자촌에서 당시 71세 남성 이 모 씨의 시신이 발견됐다. 평소라면 집 밖으로 나와 동네 사람들과 어울릴 그 시간에 이씨가 보이지 않자, 이웃 서너 명이 무슨 일이 있나 싶어 이씨 집을 찾아간 것이다.

"누군가 아직 자고 있다고 말하기에 그런 줄 알았죠. 방에 들어가보니까, 진짜 이불을 머리끝까지 뒤집어쓰고 있더라고요."

이불을 젖히자 방 안은 처참한 살인 현장으로 변했다. 수사 기록지에 첨부된 현장 사진만으로도 피비린내가 풍겨 나오는 것 같았다. 잔뜩 마른 이씨 몸은 성한 곳을 찾기가 어려울 만큼 피투성이로 상해 있었다. 양쪽 무릎엔 흙이 잔뜩 묻어 있고, 입고 있는 얇은 티셔츠에는 신발 자국도 여럿 남아 있었다.

집 안에 있을 건 그대로 있었다. 텔레비전, 냉장고 같은 가전제품 등 방 안에 있던 것들은 그냥 그 자리에 있었다. 절도는 아니라는 얘기였다. 기록상 범인의 흔적은 별달리 드러난 게 없었다. 집 문턱과 장화에서 혈흔이 나왔지만, 모두 이씨의 것이었다. 양손에는 한 움큼씩 머리카락이 잡혀 있었는데, 이 역시 이씨의 것이었다. 가격당하면서 고통에 머리를 감싸다 자기 머리카락을 뽑은 것이라고 이전 수사팀은 추정했다. 흉기도 발견되지 않았다. 이씨 판잣집 주변엔 폐쇄회로 TV가 없었고, 참고할 만한 목격자 진술도 확보되지 않았다. '2년째 사건이 미궁에 빠져 있을 만하다' 싶었다.

기록을 넘겨보던 박팀장이 숨을 잠시 멈췄다. 허씨 이름이 등장했다. 이씨의 시신이 발견된 다음날 경찰이 DNA를 채취한 사람 중 한 명이었다. 원한 관계가 있는지 등 조사도 이미 받았다. 별다른 물증이 없어 유력한 용의자로 분류되지는 않았다. 박팀장은 허씨를 다시 만나보기로 했다. 다만 사건을 캐묻지는 않을 생각이었다. 어차피 2년 전과 마찬가지로 허씨를 범인으로 볼 정황은 없었다. 허씨가 어떤 사람인지부터 알아보자는 마음이 컸다.

허씨는 2003년 조현병 증세로 병원에서 입원 치료를 받은 적이 있다고 털어났다. 그 밖의 생활은 평범했다. 군대를 다녀왔고, 4년제 국립대 행정학과를 졸업한 뒤 그때까지 학습지 교사로 일하고 있었다. 박팀장은 "살인 사건의 범인으로 의심을 해서 그렇지, 그런 일이 없다면 같이 일해도 되겠다 싶을 정도로 괜찮은 사람이었고, 덩치도 웬만한 형사들보다 좋았다"고 그를 떠올렸다. 특히 허씨는 자신이 글 쓰는 걸 좋아한다고 했다. 신문사가 주최하는 신춘문예에 작품을 보낸 적도 있다는 말에는 은근한 자랑이 섞여 있었다. 이름만 들어도 대번에 아는 대기업의 주식을 수천만 원 상당 갖고 있다고도 했다.

"근데요, 박팀장님, 제 일 좀 해결해주세요."

7월 11일, 다시 만난 허씨가 조심스레 말을 꺼냈다. 한 달 전 파출소를 찾아와 내뱉은 말이기도 했다.

"당연하지. 다 얘기해봐요."

박팀장이 눈을 크게 뜨고 갖고 다니던 카메라를 꺼냈다. 허씨는 거칠 게 없어 보였다. 살인이 벌어진 이씨 집을 '당시 상황을 재현해보겠다'며 제 발로 찾아갔다.

"찍어도 되지?" 카메라를 들이대면서 박팀장이 묻자, 허씨는 고개를 끄덕였다.

재연을 하는 허씨의 동작 하나하나가 너무도 구체적이었다. 종합하면 '(이씨를) 집 밖으로 불러내 알루미늄 야구방망이로 때려 쓰러뜨리고 배를 발로 막 밟은 다음에, 죽은 시신을 (방 안으로) 옮겨 놓고 이불로 덮었다'는 얘기였다. 2년간 잡지 못한 범인이 지금 눈앞에 있다는 생각에 박팀장은 몸이 잠시 떨렸다.

문제는 범행 동기였다. '왜 그랬지?'라는 질문에 허씨의 대답은 허무맹랑했다.

"울주군수나 울산시장처럼 큰사람이 되려면 살인을 해야겠다

2012년 6월 피해자 이씨가 살해된 무허가 판잣집. 사진 울산울주경찰서

는 생각이 들었거든요."

그다음 말도 당황스럽기는 매한가지였다. "여기 말고 또 한 사람을 더 죽였다"는 자백이 이어졌다. 이씨를 살해하기 몇 달 전인 2012년 2월 옆집에 살던 한 할머니를 야구방망이로 내려쳐 살인을 했다는 얘기였다. "근데 왜, 도대체 왜 그랬는데" 같은 질문을 또 던졌고, 크게 다르지 않은 답이 다시 돌아왔다.

"옆집 할머니가 젊어지기 전에 죽이지 않으면 그 할머니랑 결혼해야 한다고 누가 귀에 대고 계속 얘기를 해서요."

허씨가 말한 옆집 할머니는 노 모(75세) 씨로 확인됐다. 만일 노씨가 정말 허씨 말대로 살해됐다면 판잣집 살해 사건에 관한 진술도 단순한 헛소리가 아닐 공산이 컸다. 하지만 노씨를 그때까지 사망자 기록에서 찾을 수가 없었다. 때마침 박팀장이 울산울주경찰서 형사과로 발령이 났다. 그냥 포기할 수는 없는 노릇이었다. 팀원들과 함께 두 달여에 거쳐 탐문 수사를 벌인 끝에 마침내 노씨 가족을 찾을 수 있었다. 노씨는 병원에 입원해 있었다.

"사실 처음 병원에 왔을 때, 의사 선생님은 어머니가 넘어진 게 아니라 흉기에 맞은 것 같다고 얘기를 했어요. 하지만 도둑맞은 물건도 없고 어머니를 치료하는 게 급해, 경찰에 신고할 생각조차 못 했고요."

노씨는 식물인간 상태로 생존해 있었고, 가족은 폭행 사건으로 처리될 경우 의료보험이 적용되지 않는다는 말에 경찰에 신고조차 하지 않았다. 야구방망이로 머리를 때렸다는 허씨의 진술과 얼추 맞아떨어지는 셈이었다.

과학적이고 객관적인 증거가 필요했다. 2014년 10월 국립과학수사연구원에선 8시간 허씨에 대한 대면 심리검사가 이뤄졌다. '이씨를 야구방망이로 살해하고 방 안에 옮겨 놓았다는 허씨의 진술은 신빙성이 있는 것으로 판단된다'는 소견이 나왔다. 같은 해 11월 식물인간으로 지내던 노씨가 사망했다. '고도의 두부 손상 후유증으로 인한 사망'이라는 부검 결과가 수사팀에 전해졌다. 노씨 수술을 담당했던 의사에게서도 '외상으로 생긴 두개 골절'이라는 소견을 받아냈다.

수사팀은 사건 당시 수사 기록과 허씨의 발언을 하나씩 비교했다. 허씨의 진술 가운데 "사건 다음날 경찰이 내 침을 채취해갔다" "옆집 할머니를 판잣집 아저씨보다 먼저 살해했다" 등 몇몇은 사실이었다. 마침 '아침에 운동 갔다 와서 갑자기 할머니 집에 갔고 사건이 일어났다' 등의 내용이 적힌 허씨의 일기장도 확보할 수 있었다. 한 수사팀원이 당시를 떠올렸다.

"처음에 반신반의하던 팀원들도 점점 증거가 쌓이니까 자신감이 붙었습니다."

2016년 1월 6일, 허씨가 마침내 구속됐다. 재판에 넘겨진 허씨는 범행을 계속 부인했다. "내가 살해를 했다는 물증이 없지 않으냐"고 주장하는 것은 물론 "다른 사람이 내 몸을 조작해 그런 행동을 하게 했다"는 궤변을 늘어놓기도 했다. 특히 조현병으로 생긴 심신장애 상태에서 벌인 범죄라는 점을 유독 강조했다.

하지만 1심 재판부는 "별다른 이유 없이 둔기로 피해자들의 머리를 수회 내리치는 방법으로 살해했고, 범행 경위, 수법, 내용의 잔혹함 등에 비추어 죄질이 불량하다"라면서 징역 20년을 선고했다. 이어 "조현병으로 생긴 심신장애 상태에서 범죄를 저질렀고, 치료감호 시설에서 치료하지 않을 경우 재범 위험성이 있다"고 치료감호를 명했다. 2심 재판부 역시 같은 판결을 내렸고, 허씨는 결국 상고를 포기하고 20년 형을 받아들였다.

박팀장은 요즘도 허씨가 꾸준히 편지를 보내온다고 했다. 2018년 3월 25일 온 편지까지 총 46통이었다. "누군가 내 마음을 조작해 몸에 (살해) 행동이 일어나도록 했습니다." 편지 내용은 언제나 토씨 하나 안 틀리고 똑같았다.

울주 노인 연쇄살인사건 일지

2012
- **2월 13일**
  허씨, 옆집에 침입해 노씨 할머니를
  둔기로 내리침(사망 X)
- **6월 19일**
  허씨, 울산 울주군 무도산 기슭 판잣집에서
  이씨를 둔기로 내리쳐 살해

2014
- **6월 4일**
  허씨, 울산 울주경찰서 온산파출소 찾아
  "사람을 죽였다"고 진술
- **7월 11일**
  허씨, 경찰에 이씨 범행 장면 재연 및 자백,
  노씨 공격한 사실 자백
- **9월 18일**
  경찰, 노씨가 사망하지 않은 사실 확인.
  허씨에 대한 체포영장 기각
- **10월 20일**
  국과수, 허씨에 대한 대면심리검사 진행
- **11월 27일**
  노씨 사망 및 부검 진행

범행 관련 허씨 작성 일기
2015
6월 22일
'사람 죽이는 것은 이렇게 해야 한다고 하니까.
처음에 할머니는 전혀 모르는 상황이었고,
나중에 무허가 판자촌 사람은 며칠 고민했다.'

8월 4일
'아침에 운동 갔다 와서 갑자기 할머니 집에 갔고
사건이 일어났다.'

11월 23일
'지식은 모두 공개됐다. 범죄는 모르겠다.
내가 한 일이 아닌 기분.'

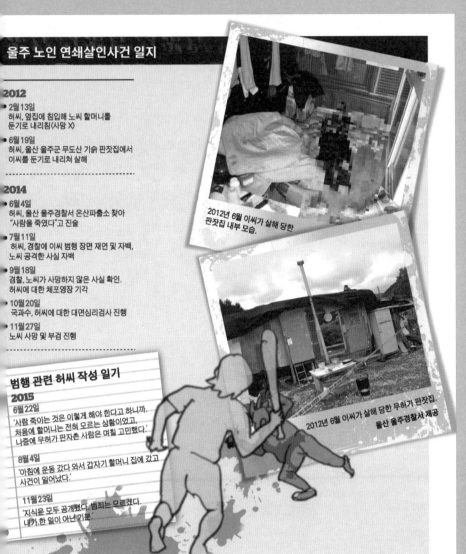

2012년 6월 이씨가 살해 당한
판잣집 내부 모습.

2012년 6월 이씨가 살해 당한 무허가 판잣집.
울산 울주경찰서 제공

사건 일지 _____

2012년 2월 13일 허씨가 옆집에 침입해 노씨 할머니를 둔기로 내려친다. 할머니는 사망하지는 않고 식물인간 상태가 된다.

6월 19일 허씨가 울산 울주군 무도산 기슭의 판잣집에 사는 이씨를 둔기로 내려쳐 살해한다.

2014년 6월 4일 허씨가 울산울주경찰서 온산파출소를 찾아와 자신이 사람을 죽였다고 진술한다.

7월 11일 허씨가 경찰에 이씨를 살해한 범행을 재연하면서 자백한다. 이때 노씨 할머니를 공격한 사실도 털어놓는다.

9월 18일 경찰이 노씨 할머니가 사망하지 않은 사실을 확인한다. 허씨에 대한 체포 영장이 기각된다.

10월 20일 국립과학수사연구원에서 허씨를 두고 대면 심리검사를 진행한다.

11월 27일 노씨 할머니가 사망하면서 부검이 진행된다.

2015년 7월 1일 허씨가 변호사를 선임한다.

2016년 1월 6일 경찰이 허씨를 살인 혐의로 구속한다.

1월 7일부터 2월 4일까지 허씨는 공주 치료감호소에서 정신감정을 받는다.

8월 12일 1심 법원이 살인 혐의를 인정해 허씨에게 징역 20년을 선고한다.

11월 25일 허씨 측의 항소가 기각되고 이후 상고를 포기하면서 징역 20년이 확정된다.

허씨 일기에서 나온 범행 관련 내용

2015년 6월 22일 "사람 죽이는 것은 이렇게 해야 한다고 하니까. 처음에 할머니는 전혀 모르는 상황이었고, 나중에 무허가 판자촌 사람은 며칠 고민했다."

8월 4일 "아침에 운동 갔다 와서 갑자기 할머니 집에 갔고 사건이 일어났다."

11월 23일 "지식은 모두 공개됐다. 범죄는 모르겠다. 내가 한 일이 아닌 기분."

사실에 부합하는 허씨 진술

허씨 진술 할머니 살해가 판잣집 살해보다 먼저다.

사실 노씨 할머니 사건은 2012년 2월이고, 이씨 사건은 같은 해 6월이다.

허씨 진술 두 사람 모두 알루미늄 야구방망이로 때렸다.

사실 부검한 결과 '둔기에 의한 두개 골절'이라는 소견이 나왔다.

허씨 진술 판잣집 아저씨를 죽인 날 비가 왔다.

사실 사건 당일 새벽에 비가 내렸다.

허씨 진술   이씨를 살해한 뒤 발로 이씨의 배를 밟았다.

사실   이씨 시신에는 복부에 발자국이 남아 있었다.

허씨 진술   이씨를 살해한 뒤 방 안으로 옮겨 놓고 이불을 덮었다.

사실   이씨 시신은 방 안에서 발견됐고 당시 이불이 덮인 상태였다.

허씨 진술   이씨 사건이 난 다음날 경찰이 내 침을 가져갔다.

사실   이씨 사건이 발생한 다음날 경찰이 이씨의 구강 상피세포를 채취했다.

허씨 진술   내가 판잣집 아저씨를 살해했다.

사실   국립과학수사연구원의 검사 결과 신빙성이 있는 진술이라는 소견이 나왔다.

자백

**허위로도 이뤄지지만,
정황증거 있으면 유죄판결에 결정타**

울주 노인 연쇄살인 사건을 해결하는 데 결정적 역할을 한 건 범인의 자백이다. 현장엔 범인의 DNA가 전혀 남아 있지 않았고 폐쇄회로 TV 영상도 없었다. 목격자 역시 없었다. 하지만 "내가 살인범이다"라는 자백 진술과 이 진술에 신빙성을 더하는 정황증거가 더해지면서 용의자는 범인이 됐다.

피고인의 자백이 곧바로 유죄 증거로 이어지는 경우는 드물다. 법적으로도 그렇다. 형사소송법 제309조와 310조에 따르면 자백이 고문, 폭행, 협박 또는 기망 등으로 인한 것이라고 의심될 때, 혹은 피고인의 자백이 피고인에게 불리한 유일한 증거일 땐 자백은 유죄 증거가 될 수 없다. 증거 없는 자백은 증거가 아닌 그냥

자백을 증거로 인정하는 조건은 까다롭다.

말일 뿐이라는 얘기다. 자백 내용 자체의 합리성, 자백에 이르게
된 경위, 자백 이외의 정황증거와의 모순 여부 등을 종합적으로
따져봐야 그 신빙성을 판단할 수 있다는 것이 법원의 판단이다.

 이렇게 자백을 증거로 인정하는 조건이 까다로운 이유는 허위
자백일 가능성이 있어서다. 2000년 '약촌 오거리 택시기사 강도
살인' 사건에서 피해자를 발견하고 경찰에 신고했던 최 모(당시 16
세) 씨가 자백을 했다는 이유로 억울하게 10년 옥살이를 한 경우
가 대표적이다. 2010년 3월엔 서울의 한 경찰이 절도 혐의로 체포
된 권 모(37세) 씨를 회유해 강릉 등 지방에서 발생한 미제 절도 사
건 17건에 대한 허위 자백을 받아냈다가 나중에 재판에 넘겨졌다.
당시 이 경찰은 "절도 몇 건이 더 추가돼도 형량에는 영향이 없다"
는 식으로 권씨를 회유한 것으로 알려졌다.

 자발적인 허위 자백도 있다. 정신 질환이 있는 경우다. 2007년

5월 수원역 부근에서 발생한 영아 유기 치사 사건을 수사하던 경찰은 "노숙인 A양(17세)이 아이를 낳았고 그 후 아이를 버렸다"는 다른 노숙인의 말만 듣고 A양을 만나 "아이를 버렸다"는 자백을 확보한 뒤 구속했다. 하지만 A양은 정신지체 장애인이어서 자백할 당시 적절한 대화가 불가능했다는 지적이 제기됐고, 실제 유전자 감식을 한 결과 사망한 영아와 A양은 모자 관계가 아니었다. 이런 점 때문에 '인권보호를 위한 경찰관 직무규칙'은 "경찰관은 직무 수행 중 장애인, 아동 등 사회적 약자에 대해서는 의사소통이 가능한 보조인의 참여를 보장해야 한다"고 규정하고 있다.

29

모란시장 10년 지기 생매장 사건

장날이면 시장 찾던 그녀,
한 달째 목격자 없이 꼬리 무는 '수상한 소문'

2017년 8월 10일. 이 날짜를 일단 기억해두기로 하자. 경기 성남에 살던 49세 여성 A씨가 "사라졌다"는 신고가 처음 경찰에 접수된 날이니까.

이날 동네 주민센터의 사회복지사가 경찰로 전화를 걸어왔다. "기초생활수급자인 A씨가 생활비를 받는 날이 가까워지는데도 주민센터를 찾아오지 않아서요. 뭔가 수상해 집을 찾아가봤는데 보이지 않습니다. 평소에 그런 일이 없었는데 아무래도 실종된 것 같아요."

곧장 경기 분당경찰서가 나섰다. 실종 사건을 전담하는 여성청소년수사팀에 사건이 맡겨졌다. 하지만 탐문은 쉽지 않았다. A

씨의 행방을 쫓는 경찰이 들은 상당수 내용은 "워낙 평소에도 집을 나가서는 잘 들어오지 않았다" "곧 돌아올 테니 너무 요란스레 찾을 필요 없다" 등 무관심이 잔뜩 묻어나는 증언들이었다. A씨는 그렇게 어디에나 있을 것 같지만 어디에서도 보이지 않는 존재였다.

그렇게 한 달이 지났다. 수사에 진척이 없자 살인 같은 강력 범죄를 전담하는 형사들이 관심을 보였다. '단순 실종으로 보기 어려운 것 아니냐'는 얘기가 조금씩 흘러나왔다. 여성청소년수사팀에서 그간 조사했던 기록이 형사과로 넘어갔다.

일단 통화 내역과 진료 기록 같은 '생활 반응'이 보이지 않았다. A씨가 사는 곳 주변에 있는 슈퍼마켓이나 편의점이라도 가는 걸 봤다는 증언이 나올 법한데, 없었다. 혹시 주거지를 떠났다면 택시를 타거나 대중교통을 이용하는 모습이 포착돼야 하는데, 없었다. 집에는 분명 없는데, 집 밖에서 그를 본 사람도 없었다. 예사 실종 사건이 아닌 듯했다.

사건은 강력5팀이 전담하기로 했다. A씨의 행적을 다시 찾아 나섰다. A씨 주변 사람들의 얘기가 가장 많이 들려온 곳은 모란시장이었다. "모란시장 모임이 있는데 거기서 사람들을 항상 만난다"는 말이 여러 번 겹쳐 들려왔다. 경찰은 장날에 맞춰 모란시장을 찾았다. 역시 A씨를 둘러싼 이런저런 소문이 시장 안 가득 맴돌고 있었다. "A씨가 동거남과 살기 싫어 경기 광주 쪽으로 도망을 쳤다네" "도망치기 전에 얼굴에 상처가 나 있었다네" 등등.

팀장 김광식 경위는 소문의 '내용'에는 큰 관심이 없었다. 오히려 그런 얘기를 하고 다니는 소문 '생산자'가 궁금했다.

"성남이 아닌 광주라는 구체적인 장소가 등장한 거야. 이 소문을 누가 만들어 얘기하고 다녔는지 찾아보자. 그 사람이 정말 A씨가 광주로 가는 걸 보지 않았을까?"

팀원들이 고개를 끄덕했다.

"소문을 만든 사람을 빨리 찾아봅시다."

소문의 꼬리를 붙잡고 몸통인 '시작'을 쫓아갔다. 김경위가 보기에는 얘기 속에 등장하는 '동거남'을 만나는 게 먼저였다.

"소문만 놓고 보면 동거남이 A씨를 폭행하고 그 때문에 A씨가 도망간 꼴이었으니까요."

참고인으로 나타난 동거남은 손사래를 쳤다.

"그런 일은 없었어요. 나도 소문을 일방적으로 듣는 입장입니다."

너무나 완강히 부인했다. 하지만 그의 말 속에서 새로운 인물이 등장했다.

"시장에서 사람들 만나는 모임이 있는데요. 이 모(56세) 씨라는 여자도 거기에 나오는데, 그 사람이 그런 말을 하고 다닙디다."

경찰을 만난 이씨는 덤덤했다.

"7월 14일에 모란시장 입구에서 직접 본 적이 있어요."

A씨가 사라지기 한 달 전쯤이다.

"그 사람이 저한테 와서는 이렇게 말하더라고요. '나, 도망쳐서 지금은 광주에 있어'라고."

한마디가 덧붙여졌다.

"근데 7월 19일이었나, 그다음 주에도 시장에서 만났어요."

'동거남을 피해 광주로 갔다'던 A씨가 5일장이 서는 날이면 성남으로 찾아왔다는 얘기다.

그런데 이씨 말고는 A씨를 본 사람이 나타나지 않았다. 7월 14일에도, 19일에도 A씨를 목격했다는 사람은 아무도 없었다. 이씨 말대로면 다음 장날인 24일에도 시장에 모습을 드러냈을 텐데, 이날은 이씨마저 "A씨를 보지 못했다"고 했다.

A씨의 휴대폰 통화 내역을 뒤져봤다. 7월 14일을 끝으로 A씨의 휴대폰은 꺼져 있었다. 장소가 뜻밖이었다. 성남이 아닌 남양주 어디쯤이었다.

김경위의 머릿속에서 '네 단어'가 떠나지 않았다. 생각이 거듭될수록 단어는 더욱 선명해졌다. '7월 14일, 모란시장, 남양주 그리고 이씨.' 일단 7월 14일 이씨가 어디에서 뭘 했는지, 행적을 따져보기로 했다.

지루한 탐문 끝에 "평소에도 장이 서는 날이면 이씨가 아들과 함께 차를 빌려 타고 나타났다"는 증언을 하나 확보했다. 실제 7월 14일에 이씨 아들이 한 렌터카 업체에서 차를 빌린 기록이 확인됐다.

차량 동선을 따라가보기로 했다. 빌린 차량을 타고 아들이 모란시장에 나타난 건 그날 낮 12시 30분쯤이었다. 다시 차량은 먼 길을 달려 오후 2시 30분쯤 강원 철원에 도착했다.

"철원에 뭐가 있던 거지?"

팀원이 답했다.

"이씨의 전 남편이 사는 곳입니다. 모자가 같이 거기로 갔거나 했나 보죠."

수상할 게 없다는 투였다.

하지만 뭔가 수상했다. 마침 김경위의 눈에 불현듯 들어오는 게 있었다.

"A씨 휴대폰이 꺼진 곳이 남양주라고 했나? 기록 좀 가져와 봐, 어서!"

이씨 아들이 모란시장에서 철원 쪽으로 향한 동선 위에 A씨 휴대폰이 꺼진 남양주 시내 도로 위치를 올려놓았다. 예감대로 둘의 위치가 정확히 겹쳤다.

다음 차례는 명확했다. 이씨 아들을 찾았다.

"차를 빌려서 철원에 간 게 언제죠? 혹시 7월 14일 아니에요?"

질문을 굳이 에두를 이유가 없었다.

"7월 14일에는 안 갔고, 그 이후로 두세 번 정도 갔는데요."

거짓말이었다. '왜 거짓말을 합니까'라고 추궁할 그날 차량 기록이 손 안에 있었지만, 김경위는 한발 물러서기로 했다. 이 사건이 단순 실종이 아니라는 확신을 얻었다는 것으로도 성과는 충분했다. '이씨 모자가 A씨를 차에 태워 철원으로 데려가서 해를 가

했을 것이다.'

확신은 있었지만 뒷받침할 단서는 쉽게 나오지 않았다. 정황만 가득했다. 참고인 조사와 이들 주변에 대한 탐문 조사는 더 이상 하는 게 무의미할 만큼 충분했다.

"모험을 강행할 때라고 생각했습니다."

김경위가 당시를 떠올렸다.

'A씨 감금 혐의'로 이씨와 아들에 대한 체포 영장을 신청했다. 철원의 이씨 남편 집에 대한 압수수색 영장도 함께 신청했다. 다행히 검찰은 "A씨 찾을 수 있죠?"라며 법원에 영장을 모두 청구했고, 11월 24일 법원에서 영장이 발부됐다.

나흘 뒤 영장 집행은 일사천리였다. 이씨 남편 집에선 압수수색과 함께 '혈흔 반응' 조사도 이뤄졌다. 남편이 안절부절못하며 집안을 헤집고 다니는 경찰을 지켜보고 있었다.

돌발 상황이 발생했다. 한창 압수수색이 진행되는 와중에 "화장실을 갔다 오겠다"며 자리를 비운 남편이 시간이 꽤 지났는데도 돌아오지 않았다. 현장의 모든 경찰 인력이 그를 찾는 데 투입됐다. 그리고 집 근처에 있는 헛간에서 목을 매 숨져 있는 남편이 발견됐다. 피의자도 아니면서, 압수수색 대상지에 사는 사람이 극단적 선택을 하는 경우는 수사 경력이 많은 고참 형사들도 겪어 보지 못한 경험이었다.

이씨 모자의 진술이 사건을 해결할 핵심 열쇠였다. 조사를 받는 둘은 처음에는 횡설수설로 일관했다. 그러나 명확한 기록 앞에서 대부분 용의자는 무너지기 일쑤다. 아들의 7월 14일 동선과 A씨 휴대폰이 꺼진 위치, 그리고 이씨가 이날을 콕 집어 소문을 내고 다닌 점 등을 근거로 추궁하니, 이씨가 먼저 무너졌다.

"저와 아들이 A씨에게 수면제를 먹여 철원으로 데려갔고, 잠든 A씨를 남편과 아들이 묻었습니다."

이씨는 A씨를 묻은 장소까지 정확히 짚어냈다. 다음날 아침 일찍 이씨가 지목한 장소를 수색했다.

"나왔습니다, 나왔습니다!"

수색 인력들이 땅을 50센티미터쯤 팠더니 사람 형태로 보이는 물체가 조금씩 드러났다. 흙을 걷어내자 땅속에서 무릎을 굽히고 옆으로 누운 상태의 A씨 시신이 보였다.

둑이 한번 터지자 이씨와 아들은 구체적으로 범행 경위를 술술 털어놨다. 이씨는 7월 14일 그날, 아들이 빌려 온 차에 함께 타 모란시장 입구로 갔고 장날이면 나타나는 A씨가 오기를 기다렸다. A씨가 나타나자 이씨는 "잠시 할 얘기가 있다"며 차에 태운 뒤, A씨가 평소 즐겨 마시던 '커피'를 건넸다. 이씨가 평소 먹던 불면증 약에서 골라낸 수면제 20알을 녹여둔 커피였다. 철원으로 향하는 중 이씨는 남양주쯤에서 A씨 휴대폰을 꺼버렸다. 수면제 성분에 A씨는 철원에 도착한 뒤에도 잠에서 깨어나지 못했다. 이씨와 전 남편, 아들 셋이 집에서 1킬로미터 떨어진 밭에 A씨를 묻었다. 죽은 게 아니라 잠든 A씨 위로 흙이 덮였다. 국립과학수사연구원의 부검 결과 A씨의 코 안에서는 흙이 발견됐다. 묻힌 뒤에도 얼마 동안 '숨을 쉬었다'는 증거다.

범행 동기는 사소했다.

"A씨와 10년간 알고 지낸 사이인데, 2016년 6월쯤인가, A씨의 부탁으로 A씨 집에서 물건을 챙겨다 줬습니다. 그 과정에서 A씨 동거남이 저를 절도범으로 경찰에 신고했어요."

그 일로 경찰에 입건된 이씨는 벌금 100만 원을 내야 했다. '앙심을 품고 살해하기로 했다'는 얘기다.

그래도 이씨 남편이 죽은 부분이 영 석연치 않았다. 김경위는 피의자도 아닌 그가 왜 극단적인 선택을 했는지 도무지 이해할 수 없었다. 이씨에게 범행 동기와 남편의 죽음에 대해 다시 물었다. 예상대로 '진짜' 범행 동기는 따로 있었다.

"몇 년 전부터 남편과 별거해왔고, 남편에게 이혼을 요구했지만 거절당했습니다. 이런 남편과 이혼하려고 A씨를 이용해야겠다 마음을 먹었어요. 2016년 5월쯤 A씨에게 남편과 성관계를 해 달라고 부탁했습니다. A씨와 남편이 성관계를 맺게 되면 이를 빌미로 남편에게 이혼을 요구할 생각이었습니다. 하지만 A씨 동거남이 이 사실을 알고 제게 '왜 내 동거녀에게 그런 일을 시켰느냐'고 따졌고, 주변에 그런 얘기가 퍼져나갈까 두려웠어요."

남편은 범행 당일 철원으로 찾아온 이씨가 "A씨가 당신과 성관계한 일을 주변에 소문내고 있다. 지금 수면제를 먹여 데려왔으니

피해자의 코 안에서는 흙이 발견됐다. 생매장됐다는 증거다.

살해하자"고 설득하자 이에 따른 것으로 조사됐다.

　경찰은 이씨와 아들을 살인 혐의로 검찰에 송치했고, 검찰은 1심 재판에서 이들에게 무기징역을 구형했다. 2018년 4월 19일 수원지방법원 성남지원은 이씨에게 징역 22년, 아들에게는 징역 15년을 선고했다. 항소심에선 오히려 형이 늘어났다. 서울고등법원은 2018년 8월 10일 이씨에게는 징역 30년, 아들에게는 징역 18년으로 형량을 올렸다. 재판부는 "이씨는 피해자와 10년 이상 언니 동생 사이로 지내면서 지적 능력이 떨어지는 피해자를 자기 이익을 위해 이용했고, 살인 이후에도 조사 과정에서 피해자를 봤다고 허위 진술을 하는 등 수사 혼선을 초래했다"고 형을 가중한 이유를 밝혔다.

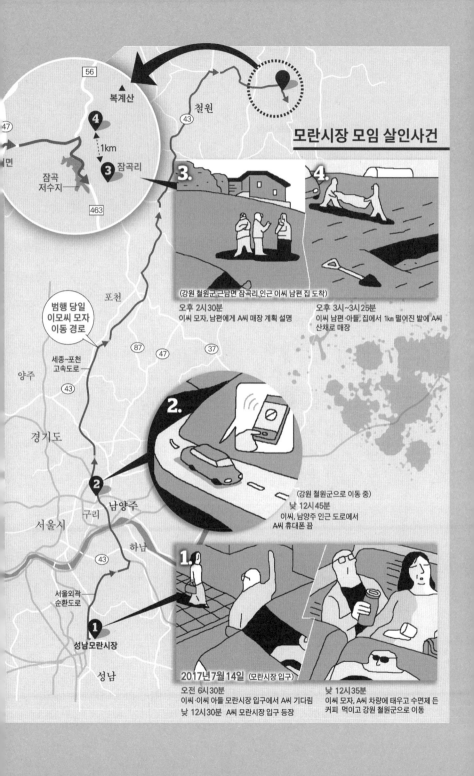

모란시장 모임 살인사건

56
복계산
철원
43
47
4
↕1km
3 잠곡리
면
잠곡
저수지
463

3.

(강원 철원군 근남면 잠곡리 인근 이씨 남편 집 도착)

오후 2시 30분
이씨 모자, 남편에게 A씨 매장 계획 설명

4.

오후 3시~3시 25분
이씨 남편·아들, 집에서 1km 떨어진 밭에 A씨 산채로 매장

포천

범행 당일
이모씨 모자
이동 경로

양주

세종~포천
고속도로
43

87 47 37

경기도

남양주

구리

서울시

하남
43

서울외곽
순환도로

2.

(강원 철원군으로 이동 중)

낮 12시 45분
이씨, 남양주 인근 도로에서
A씨 휴대폰 끔

1.

성남모란시장

성남

2017년 7월 14일 (모란시장 입구)

오전 6시 30분
이씨·이씨 아들 모란시장 입구에서 A씨 기다림
낮 12시 30분 A씨 모란시장 입구 등장

낮 12시 35분
이씨 모자, A씨 차량에 태우고 수면제 든
커피 먹이고 강원 철원군으로 이동

1. 2017년 7월 14일. 모란시장 입구

오전 6시 30분 이씨와 이씨 아들이 모란시장 입구에서 피해자 A씨를 기다린다.

낮 12시 30분 A씨가 모란시장 입구에 나타난다.

낮 12시 35분 이씨 모자가 A씨를 차량에 태워 수면제가 든 커피를 먹인 다음 강원 철원으로 이동한다.

2. 강원 철원으로 이동 중

낮 12시 45분 이씨가 남양주 인근 도로에서 A씨 휴대폰을 끈다.

3. 강원 철원 근남면 잠곡리에 있는 이씨 남편 집에 도착한다.

오후 2시 30분 이씨 모자가 남편에게 A씨를 매장할 계획을 설명한다.

오후 3시~3시 25분 이씨 남편과 아들이 집에서 1킬로미터 떨어진 밭에 A씨를 산 채로 매장한다.

실종

실종 사건 해결은 신고가 8할…
시간 흐르면 기억 대부분 부정확해져

실종 사건은 신고가 8할이다. 신고가 없으면 수사기관에서 당연히 실종 사실을 알 수 없는 일이고, 혹시 모를 강력 사건에 연루됐는지를 따져볼 기회조차 가질 수가 없다. 모란시장 10년 지기 생매장 사건을 담당한 분당경찰서 소속 김광식 경위는 신고의 중요성을 강조한다.

"사회복지사의 의심과 신고가 없었다면 모란시장 사건 피해자의 생사 여부도 몰랐을 테고, 피해자를 죽인 범인 또한 우리 주변에서 아무렇지 않게 지냈을 것이다. 상상만 해도 소름이 끼친다."

신고는 당연히 최대한 빨리 해야 한다. 그래야 실종자의 정보를 구체적이고 정확히 파악할 수 있다. 모란시장 사건의 경우 최초 실종 신고가 범죄가 일어나고 한 달이나 지난 뒤에나 이뤄지면서 수색과 수사에 난항을 겪었다. 김경위는 "시간이 흐르면 피해자의 행적을 정확히 기억하는 사람을 찾기 어렵고, 행적에 대한 단서가 나온다 해도 대부분 부정확한 기억일 수밖에 없다"고 지적했다. "실종 상태라는 의심이 들면 바로 주저하지 말고 신고해달라"고 당부하는 건 그 때문이다.

아동이나 청소년 실종자는 실종아동법(실종아동등의 보호 및 지원에 관한 법률)에 따라 위치 정보 검색이나 유전자 검사 같은 법적 지원을 받을 수 있는 반면, 성인은 지원 대상이 아니라서 신고 내용을 바탕으로 한 탐문 수사에 의지할 수밖에 없다. 위치정보법(위치정보의 보호 및 이용 등에 관한 법률)은 18세 미만 아동, 지체장애인, 치매 환자처럼 특정 신분을 가진 이들이 실종될 경우에 한해 전화 위치 추적을 허용한다. 일반 성인이 실종되면 납치나 감금 같은

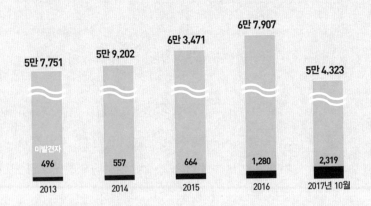

경찰 접수 성인 실종자 신고 및 미발견자 수 (단위: 명). 자료 경찰청

범죄 피해가 의심되거나 자살 징후가 발견될 때 허용되는 정도다.

성인 실종 신고는 해마다 증가하는 추세다. 경찰청에 따르면 2013년 5만 7751건에서 2016년 6만 7907건으로 늘어났고, 2017년에도 집계가 이뤄진 10월까지 5만 4323건이 접수됐다. 그중 소재조차 파악되지 않은 '미未발견자' 발생은 2017년 10월 기준으로 2319명에 달했다. 현재까지 누적된 미발견자는 5300여 명에 이른다.

국회에서는 실종아동법에 규정된 법적 지원을 일반 성인에까지 확대하는 사실상 포괄적인 '실종법'을 제정하려는 중이지만 전망이 밝지는 않다. 경찰 관계자는 "하루빨리 법안이 통과돼 성인 실종자도 신속히 지원받게 되기를 기대한다"고 말했다.

30

진주 주부 피살 사건

족적·지문·흉기 없는 살인 현장,
유일한 단서는 사라진 돌반지

형형색색 등불이 진주의 가을밤을 환히 밝히고, 진주성을 굽이
굽이 돌아드는 짙푸른 남강을 다채로운 색으로 물들였다. 임진년
(1592년) 왜란 당시 강을 건너려는 적군을 막으려고 띄웠던 유등이
이날은 평안과 행복을 기원하는 소망등이 돼 강을 가득 채웠다.
항상 이맘때 도시 전체를 들썩이게 하는 '남강 유등 축제'가 열린
2010년 10월 4일 진주의 풍경이다.

축제 기간엔 오가는 외부인의 발길이 잦았다. 당연히 사건 사
고도 평소보다 많았다. 자잘한 소매치기와 술 취한 사람들 다툼을
처리하느라 경남 진주경찰서 강력6팀 이영삼 경위의 그날 당직
근무는 고되기만 했다. 오전 회의만 마치면 퇴근할 요량으로 아침

햇빛에 부신 눈을 비벼가며 서류를 뒤적이던 오전 9시 30분쯤, 마약팀 팀원 한 명이 그를 황급히 찾았다.

"팀장님, 인사동에서 살인 사건 신고가 들어왔습니다."

하필 6팀 관할 구역이었다. 쏟아지던 잠이 순식간에 달아났다.

사건이 벌어진 곳은 경찰서에서 2킬로미터쯤 떨어진 한 빌라였다. 차로 5분이면 닿는 곳이었다. 피해자는 30대 주부 이 모 씨로 밝혀졌다. 밤샘 일을 마치고 집으로 돌아온 남편이 숨져 있는 아내를 처음 발견했다.

피시방을 운영하는 남편은 이른 아침에야 집에 들어오곤 했다. 평소라면 초인종 소리에 반응했을 아내가 그날따라 아무 답이 없었다. 늦잠을 자는지 의아해하며 문을 열고 집 안으로 들어서자, 그를 기다리는 건 자지러지듯 우는 어린 아이들과 피투성이가 된 채 안방에 쓰러져 있는 아내였다.

과학수사팀이 1차 현장 감식을 막 마친 방 안은 어지러웠다. 벽에는 피가 난자돼 흩뿌려져 있었다. 목과 손에 저항을 하다 생긴 상처가 보였지만, 사망의 직접 원인은 심장 부근을 정확히 찌른 흉기였다. 얼핏 둘러봐도 단순 강도 사건일 가능성은 떨어졌다. 범인이 아이들 옷을 개어 놓은 플라스틱 옷장을 조금 뒤지다 말았을 뿐, 나머지는 모두 이전 모습 그대로 제자리를 지키고 있었다. 족적도 지문도 발견되지 않았다. 피해자를 찌른 흉기도 보이지 않았다. 이경위는 일단 피해자 가족을 잘 아는 면식범이나, 원한 관계에 의한 살인을 떠올렸다.

범행 추정 시각은 윤곽이 일찌감치 잡혔다. 범행 현장 인근에 있는 폐쇄회로 TV를 점검한 결과 새벽 3시쯤 흐릿한 형체가 피해자 집으로 들어가는 장면이 포착됐다. 다만 화면이 좋지 않아 신원을 단박에 알아볼 수는 없었다.

주변 사람들 조사부터 시작하기로 했다. 가장 먼저 용의 선상에 오른 이는 피해자를 제일 먼저 발견해 경찰에 신고한 남편이었다. 첫날 경찰 조사에서 황망한 모습이나 눈물 한 방울 흘리지 않는 게 의심을 산 첫째 이유다. 갑작스레 아내를 잃게 된 남편치고는 조사를 받는 내내 표정이 너무나 담담했다.

하지만 알리바이는 '남편은 범인이 아니다'라고 말했다. 사건이 벌어진 것으로 추정된 새벽 3시, 남편은 일터인 피시방에서 일하고 있었다. 피시방에 설치된 폐쇄회로 TV에는 그 시각을 전후한 남편의 행적이 고스란히 담겨 있었다. 함께 일하던 직원들의 진술도 일관됐다.

두 번째 용의자로는 그날 밤 피해자와 함께 맥주를 마시다 집에 돌아갔다는 친구가 거론됐다. 그 사람 역시 충분한 알리바이를 갖고 있었다. 혹시나 피해자의 다섯 살배기 큰딸이 범행 현장을 목격하지는 않았을까 싶어 실낱같은 희망을 걸어봤지만 허사였다. 밤새 동생과 함께 세상모르고 잠을 잔 아이는 아는 것이 아무것도 없었다.

피해자가 살던 곳 주변으로 수사를 확대했다. 피해자가 여성인

만큼 성범죄까지 염두에 두고 인근 성폭력 우범자를 수사 선상에 넣었지만, 답은 나오지 않았다. 게다가 범행 당일이 유등 축제 기간이었다는 점도 수사를 더욱 어렵게 만들었다. 유동 인구가 많았고, 통신사 기지국을 통해 받은 통화 내역 역시 일일이 분석하기 어려울 만큼 방대했다.

"진주에서는 근래 비슷한 사건이 없었어요. 축제를 틈타 진주로 들어온 외부 사람이 저질렀을 가능성도 완전히 배제할 수 없었습니다."

이경위는 그때의 답답함을 아직도 생생히 기억하고 있었다.

한 달이 넘어가도록 범인은 그림자도 드러내지 않았다. 이대로라면 사건이 미제가 될지 모른다는 불안이 밤낮 없는 수사로 쌓여가는 피로와 뒤엉켜 이경위의 머릿속을 어지럽혔다. 그때 피해자 남편이 조심스럽게 한마디를 던졌다.

"저, 처음엔 잘 몰랐는데요. 다시 찾아보니 아이 이름(이니셜)을 새긴 금목걸이랑 돌반지가 사라진 것 같아요. 그리 비싼 건 아니지만 혹시나 해서요."

귀가 번쩍 뜨였다. 가격은 아무 상관이 없었다. 경험상 사라진 장물이 사건 해결로 통하는 가장 빠른 길인 때가 많았다. 진주 시내뿐 아니라 전국 금은방과 전당포에 '혹시 아이 이름이 새겨진 장물이 들어오거든 지체 없이 신고해달라'고 협조를 요청했다. 사건 전담팀의 전화번호를 적은 전단도 만들어 배포했다. 기다림의 시간, 그렇게 또 며칠이 지났다.

"어떤 아줌마가 자꾸 뭘 팔러 오는데, 이게 이상해요. 어린애가 있을 나이도 아닌데 돌반지를 팔러 왔다가, 또 어느 날은 결혼반지를 팔러 와요. 그리고 목걸이에 쓰인 글자가 전단에 있는 글자랑 똑같아요."

기다리던 제보가 마침내 도착했다. 경찰서와 멀지 않은 진주중앙시장에 있는 금은방이었다.

"방금 전에도 왔었어요. 아, 저기, 버스 타러 가는 저 여자예요."

금은방 주인이 이제 막 출발하려는 버스를 다급히 가리켰다.

경찰서로 동행한 A(46세)씨는 목욕탕에서 훔친 물건이라고 발뺌했다. 그녀가 절도 장소로 지목한 목욕탕의 주인은 금시초문이라며 손사래를 쳤다. 추궁의 강도가 점점 세지자 그제야 A씨는 "남편이 훔쳐온 물건"이라고 털어났다. 곧바로 형사들이 A씨 집 앞에서 잠복에 들어갔고, 보름쯤 되는 날 집으로 들어오던 신 모(43세) 씨를 검거했다. 살인 사건이 발생하고 두 달이 지난 12월 7일, 유력한 용의자가 경찰서로 연행됐다.

신씨는 순순히 절도 혐의를 시인했다. 2007년부터 최근까지 진주 시내의 빌라나 원룸에 들어가 2200만 원가량 금품을 훔쳤다고 털어났다. 그러나 딱 거기까지였다. 사건이 있던 그날도 남편 신씨가 집에 들어오지 않았다는 A씨의 진술을 확보했지만, 신씨 입에서는 '그날 있었던 살인'과 관련한 어떤 말도 나오지 않았다. 일단 신씨를 구속하고 차근히 조사하기로 했다.

증거가 없다는 게 문제였다. '나는 아니다'라며 부인부터 하는 대부분 범인들의 입을 열기 위해선 무엇보다 증거가 필요했다. '내가 범인인 걸 경찰은 모를 거야'라는 믿음을 뿌리째 뒤흔들 과학적이고 객관적인 사실 말이다. 이경위로서는 어떻게 신씨 입을 열게 할까 궁리하며 머리를 굴리고 또 굴렸다.

보통 강력팀 형사들은 전 방위로 용의자를 압박하고 밀어붙이는 방법을 선호한다. 그런데 이경위가 살펴보니 범죄의 흉악성에 비해 내성적이고 소심한 신씨의 성격이 눈에 들어왔다. 그런 식으로 추궁했다가는 오히려 겁에 질려 숨어버릴 수도 있었다. 팀원들을 한데 불러 모은 이경위가 입을 열었다.

"절대 압박하지 마라. 오히려 잘 해줘라. 먹고 싶다는 것이 있으면 사다 주고, 몸은 괜찮은지 물어봐라. 절대 반말도 하지 마라. 존중받고 있다는 기분이 들게 하라."

신씨를 조사한 지 나흘째 되던 날, 이경위가 신씨를 유치장에서 불러냈다. 새벽 3시쯤이었다. 피해자가 살해됐을 것으로 추정되는 그 시간이었다.

"오늘 우리가 가볼 데가 있는데, 여기도 10월 달에 귀금속을 도난당한 곳이거든. 혹시 여기도 당신이 훔친 곳 중 하나가 아닌가 싶어서."

수사팀이 신씨를 인사동 사건 장소로 데려갔다. 사건 이후 가족이 모두 떠난 집은 텅 비어 있었다. 아무 말 없이 경찰에 양팔을 붙잡힌 채로 피해자가 숨겨 있던 안방과 거실, 베란다를 차근차근 둘러보던 신씨는 몸이 차츰 떨려왔다. "이 장소가 기억나냐"는 질문에는 도리질을 했지만 수사팀이 보기에 신씨는 분명 10월 4일 그날의 기억을 떠올리고 있었다.

더 이상 아무것도 묻지 않았다. 현장검증을 끝낸 뒤 신씨를 유치장으로 다시 되돌려 보내며 한마디를 남겼다.

"우리, 오늘 다 사무실에서 잘 거니까, 먹고 싶은 거나 필요한 게 있으면 언제든지 얘기해요. 하고 싶은 말이 있으면 그것도 좋고."

신씨가 잠시 멈칫했다. 그렇게 밤을 꼬박 새운 채로 아침이 밝았다. 구내식당으로 향하던 이경위를, 신씨가 할 말이 있다며 불러 세웠다.

"경위님, 다 알고 계시는 거죠? 맞아요. 그 아줌마, 제가 죽인 거 맞아요."

살인 사건의 범인이 마침내 온전한 모습을 드러냈다. 안도와 기쁨, 만감이 교차하던 순간, 신씨 입에서 전혀 예상치 못했던 말이 튀어나왔다.

"그런데… 그 아줌마 말고도, 제가 사람을 더 죽였어요."

신씨 입에서 줄지어 나오는 자백은 듣고도 믿기 힘들 정도였다. 2000년 6월 7일 진주 수정동에 있는 청과 상회에서 금품을 훔치다 발각돼 30대 종업원을 찌르고 도망간 것에 이어, 같은 해 진주 상봉동 주택에서도 60대 부부를 살해했다고 신씨는 말했다. 이듬해 경기 성남에서도 30대 주부를 살해하고 도주했다는 살인 고백이 신씨 입에서 술술 흘러나왔다.

주거 침입 절도는 빈집을 노리는 경우가 많지만, 털 곳을 찾아 배회하던 중 비스듬히 열린 창문을 타고 들어가기도 한다.
사진 한국일보

모두 사실이었다. 2000년 청과 상회 살인미수와 상봉동 노부부 살인, 2001년 성남 주부 살인 모두 범인을 찾지 못해 미제로 남은 사건들이었다. 신씨는 "어차피 경찰들이 다 알고 있으면서 나를 떠보려는 것 같은데, 더 이상 숨길 수가 없었다"고 털어놨다. 하나같이 금품을 훔치러 들어갔다가 주인에게 들키자 살해한 사건이었다.

인사동 주부 살해 사건 역시, 유등 축제가 열린 시장에서 1000원을 주고 과도를 산 뒤 털 곳을 찾아 배회하던 중 비스듬히 열린 창문을 타고 들어갔다가 피해자에게 발각되자 찌른 것이었다.

"생활비가 없어서 그랬어요. 먹고살려고."

신씨가 털어놓은 범행 이유였다. 그렇게 해서 신씨가 훔친 금품은 아이의 이름이 새겨진 금목걸이와 돌반지, 도합 100만 원의 금품이 전부였다. 2010년 12월 11일 경찰은 마침내 사건을 마무리 했다. 1심에서 사형을 선고받은 신씨는 상급심에서 무기징역으로 감형된 뒤 8년째 복역 중이다.

진주 주부 피살 등
연쇄 살인 사건

⑥ 상봉동　○ 진주고
⑤ 수정동
○ 성북동주민센터
③ 금은방
　　(진주중앙시장 내)
② 인사동　○ 진주경찰서
① 진주남강축제　　남강
○ 진주성
진주시
선학산 ▲

⑦ 성남시
　은행동
경기

경남
　■　부산
진주시

범인거주지 (추정)
진주기계공고 ○　④

2010년 10월 4일 자정 무렵 피의자는 유등 축제가 열린 진주 남강 인근
에서 소주 3병과 과도(흉기)를 구입한다. 범행 장소인 인
사동까지는 걸어서 이동한다.

10월 4일 새벽 3시 범행 장소를 물색하던 중 피해자 집의 창문이 열
려 있는 것을 보고 침입한다. 침대에서 자고 있던 피해
자를 살해한다.

같은 날 아침 9시 30분 밤샘 일을 마치고 귀가한 남편이 숨져 있는 아
내를 발견하고 경찰에 신고한다.

11월 중순 피해자 남편이 아이 이름 이니셜이 새겨진 목걸이와 돌
반지가 사라진 것 같다고 경찰에 진술한다.

11월 말 진주중앙시장 한 금은방에서 도둑맞은 물건이 들어왔
다는 제보 전화가 경찰에 걸려온다. 경찰은 장물을 판
A씨에게서 "남편이 훔친 물건"이라는 진술을 확보한다.

12월 7일 피의자 신씨를 주거지에서 검거한다.

12월 11일 새벽 3시 경찰이 일부러 범행 추정 시각에 맞춰 범행 장소
였던 인사동 빌라에서 현장검증을 진행한다.

12월 11일 아침 유치장에 있던 피의자가 담당 형사를 호출해 범행 일
체와 이전에 저지른 연쇄살인을 자백한다.

범인이 자백한 이전 살인

1. **2000년 6월 7일 오전 1시** 진주 수정동에 있는 청과 상회에 침입했다가 30대 종업원에게 발각되자, 칼로 12차례 찌르고 현금 10만 원을 훔쳐 도주했다.

2. **2000년 6월 11일 밤 10시 30분** 진주 상봉동 주택가에 침입해, 잠자다 깬 60대 주부를 칼로 찔러 살해하고 인기척을 듣고 깬 남편도 찌른 뒤 도주했다.

3. **2001년 5월 8일** 경기 성남 은행동 한 빌라에 침입해, 잠에서 깬 30대 주부를 칼로 찔러 살해한 후 도주했다.

절도

절도범들 인터넷 통해 장물 매매… 수사도 쉽지 않아

절도는 사기와 더불어 가장 흔히 발생하는 범죄다. 2016년 기준으로 수사기관에 확인된 것만 20만 3000건, 전체 범죄 10건 중 1건이 절도다. 행태도 다양하다. 소매치기, 날치기를 통칭한 '치기 절도'에서부터 범행이 이뤄지는 장소를 기준으로 주택 절도, 상점 절도, 노상 절도 등등. 범행 대상을 기준으로 하면 현금 절도, 귀금속 절도, 골동품 질도 등으로 분류할 수 있다. 그중에서도 단연 높은 비율을 차지하는 것이 침입 절도로, 아파트나 주택이 대상인 주거 침입 절도가 그중 대다수를 차지한다.

주거 침입 절도는 빈집을 노리는 때가 많지만, 집 안에 주인이 있을 경우 입막음을 위해 협박이나 폭행이 동반될 수 있다. 단순

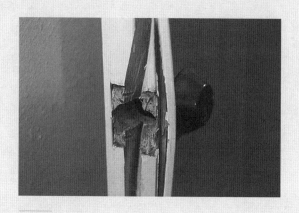

침입 절도가 절도 중에서 단연 높은 비율을 차지한다.

절도가 '강도' 사건으로 탈바꿈하는 것이다. 게다가 범인이 위협을 위해 흉기를 소지했다면 얼마든지 '살인'으로 이어질 수 있다.

범죄 피해자의 진술을 통해 피해 물품을 확정하고 그 종류와 특징을 명백히 한 뒤 이동 경로를 따라 범행을 추적하는 것을 '장물 수사'라 한다. 진주 주부 피살 사건의 경우 만일 도둑맞은 물건이 있다는 것을 가족이 발견하지 못했다면 범인을 찾아내기는 매우 어려웠을 것이다. 범죄의 출발점으로 돌아가 장물 찾기에 집중한 것이 범죄를 해결할 실마리가 됐다는 얘기다.

금액으로는 얼마 되지 않는 물건이라 할지라도 일단 귀금속을 훔쳐 갔다면 어떤 통로를 통해서든 금품의 '현금화'를 시도하는 게 일반적이다. 훔친 물건은 대개 값나가는 귀금속인 경우가 많아, 금은방이나 전당포, 보석상을 뒤지면 대체로 범인의 꼬리가 잡힌다. 특히 이번 진주 주부 피살 사건은 피해 물품에 포함된 금목걸이에 아이 이름 이니셜이 새겨져 있어 제보자가 확신을 갖고 신고할 수 있었다. 귀금속을 훔친 경위를 자세히 알지 못하는 제삼자가 범행 장소에서 멀리 떨어지지 않은 곳에 내다 판 것도 이유이지만, 목걸이에 이름 이니셜이 새겨져 있다는 피해 물품의 특징이 너무나 명확했다.

이제는 전당포나 금은방보다 온라인을 통한 물품 거래가 늘어 이와 같은 방식으로 장물 수사를 하는 것도 쉽지 않아졌다. 특히 택배를 통하면 판매자와 구매자가 직접 만나지 않아도 되고 경찰의 눈을 피하기도 쉬워, 많은 절도범이 인터넷 매매를 악용하는 실정이다.

31

이천 연쇄 무덤 도굴 사건

파인 무덤, 흩어진 유골… 희귀한 꽁초 하나, 그 뒤를 쫓다

___

설 당일이던 2018년 2월 16일, 홍상인(76세) 씨는 성묘를 하기 위해 친지들과 경기 이천 장호원읍에 있는 아내 무덤을 찾았다. 떠나간 아내와 나눴던 추억을 하나둘 떠올리며 차근히 걸음을 옮기던 중, 앞서가던 조카의 다급한 목소리가 고개 너머에서 들렸다.

"작은어머니 산소가 파헤쳐졌어요!"

삽으로 자로 잰 듯 네모반듯하게 파인 무덤 주변에는 홍씨 아내의 유골이 어지러이 흩어져 있었다.

황당하면서도 끔찍한 이 도굴 사건은 그날 당직 근무를 서던 이천경찰서 강력1팀에게 맡겨졌다. 아연실색한 홍씨 가족은 원한

관계에 의한 범행이라고 생각했다. 30년 수사 경력을 가진 정선호 강력1팀장도 처음엔 그랬다. 사실 다른 범행 동기를 떠올리기 어려워서다. 하지만 "아무리 원한이 깊어도 가족의 무덤까지 파헤치는 사람이 있을까"라는 의문이 머릿속을 떠나지 않았다.

그렇다고 해서 특별히 범행을 의심할 만한 사람이 있는 것도 아니었다. 당일 밤에 찾아간 현장에서도 특별한 증거는 발견되지 않았다. 평소에는 인적이 뜸한 산이었기에 목격자도 찾기 어려웠다. 사흘 뒤, 홍씨 가족은 유골을 수습해 화장하겠다고 연락해 왔다. 정팀장은 그 현장을 지켜봤다. 첫날 미처 발견하지 못한 증거가 행여나 나타나기를 바라는 마음이었다.

"저거, 담배꽁초 아니야?"

인부가 파헤친 흙더미 속에서 희끄무레한 담배꽁초 하나가 정팀장 눈에 들어왔다. 무덤을 만들었던 1974년 당시 판매되던 담배는 분명 아니었다. 버린 지 그리 오래되지 않아 보였다. 경찰은 국립과학수사연구원에 담배에 묻은 DNA를 분석해달라고 맡겼다. 며칠 뒤 답변이 왔다.

"남성이고, 국립과학수사연구원에 보관된 DNA와 일치된 것은 없습니다."

그리고 한마디가 더 있었다.

"2007년 발생했던 무덤 도굴 사건에서 채취한 범인 추정 인물의 DNA와 일치합니다."

2007년 3월 1일에도 장호원읍에 도굴 사건이 있었다. 당시 도굴

된 무덤은 30년 전에 매장된 최성원(56세) 씨 아버지와, 한 달 전 사망해 곁에 함께 묻힌 어머니의 것이었다. 사건이 벌어진 두 장소 사이의 거리는 3.4킬로미터에 불과했다. 무덤이 삽으로 네모반 듯하게 파인 모습도 동일했다.

다만 다른 점이 하나 있었다. 2007년 범인은 유골을 파헤친 것도 모자라, 두 사람의 두개골을 날카로운 도구로 잘라서 가져가기까지 했다. 최씨 어머니의 목 절단 부위에는 인근 마을에서 열린 고희연에서 기념품으로 나눠준 수건이 덮여 있었다. 국립과학수사연구원에서 갖고 있던 DNA는 바로 그 수건에 묻은 땀에서 채취한 것이다.

당시 최씨 또한 홍씨 가족처럼 누군가 자신에게 원한을 품고 범행을 저질렀다고 확신했다. 경찰은 수건 외에 특별한 증거를 찾아내지 못했다. 고희연에 참석한 사람 모두를 조사해도 의심스런 사람은 나오지 않았다. 경찰은 6개월 만에 수사를 종결했다.

정팀장이 가진 단서는 담배꽁초 하나뿐이었다. 하나 다행인 것은 그 담배가 편의점에서 한 달에 서너 갑밖에 안 팔리는, 사람들이 흔히 피우지 않는 제품이라는 것이었다. 수사팀은 장호원읍을 중심으로 인근 도시 편의점과 가게 100여 군데를 샅샅이 돌아다니며 그 담배를 자주 사는 사람을 찾아 수사망을 좁혀가기로 했다. 그렇게 한 달 넘는 시간이 흘러갔다.

"그것만 피우는 사람 있어요. 그런데 정신이 조금 불편한 것 같던데…."

장호원읍의 한 구멍가게 주인이 경찰의 질문에 고개를 갸우뚱 거리며 답했다.

"키가 180센티미터쯤에 체격은 건장한데…. 아침에 가끔 조깅도 하고요."

범인일지도 모른다는 정팀장의 '촉'이 발동했다. 신원을 확인해 보니 인근에 사는 박 모(60세) 씨였다.

경찰은 박씨 집 인근에서 잠복 수사에 들어갔다. 좀처럼 외출을 하지 않던 박씨는 저녁 무렵이 돼서야 집을 나섰다. 정팀장이 조용히 뒤따랐다. 길을 걷던 박씨가 입이 심심했는지 담배 한 대를 입에 물었다. 역시나 무덤에서 발견한 담배꽁초와 같은 제품이었다.

횡단보도 앞에서 한참 담배를 피우던 박씨는 길을 건너며 담배를 무심코 바닥에 버렸다. 정팀장은 준비한 장갑을 끼고 그 담배꽁초를 수거한 뒤, 국립과학수사연구원에 DNA 분석을 요청했다. 하루 만에 답변이 왔다.

"사건 현장에서 발견된 DNA와 일치합니다."

경찰은 4월 2일 오후 2시쯤 점심을 먹고 담배 한 대 피우러 나온 박씨를 체포했다. 별달리 저항은 없었다.

박씨는 범행을 완강히 부인했다.

"기억이 안 납니다."

DNA 분석 결과를 들이밀어도 횡설수설만 늘어놓았다. 병원 진료 기록을 확인한 결과 그는 정신 질환이 있었다. 1984년 충북 청주에서 길을 가던 할아버지를 시멘트 벽돌로 내리쳐 숨지게 한 뒤 4000원을 훔치고 시신은 야산에 매장해 징역살이를 하기도 했다. 교도소 생활 중에 또 사람을 죽여(과실치사) 추가 형을 받았다. 교도소에서 치료를 받았으며, 출소한 후에도 한동안 정신병원에 입원해 있었다. 공공 근로를 하며 박씨를 홀로 돌보는 80대 노모를 제외하면 나머지 가족은 모두 박씨를 멀리했다.

경찰은 박씨 집을 압수수색했다. 정팀장은 "병을 앓는 사람이라곤 생각할 수 없을 정도로 집이 단정했다"고 기억했다. 집 곳곳에서 메모가 발견됐다. 마치 누군가에게 보고하려 만든 것처럼 바른 글씨로 쓰여 있었으나, '요구 물품, 수표 1000억, 멕시코시티로 출발하는 항공권'처럼 대부분 의미가 통하지 않는 글들이었다.

그중 글귀 하나가 정팀장의 눈길을 사로잡았다.

'태평리 쪽으로 가는 군부대 앞 상승대! 먼저 팠던 묘지!'

'3월 30일 밤 세 번째로 그 묘지 또 팔 예정입니다!'

정팀장은 2017년 12월 4일 장호원읍에서 무덤 도굴이 신고돼 강력2팀에서 담당했던 사건을 불현듯 떠올렸다. 그 순간, 아찔했다. '또 팠다고?'

당시 사건은 황병준(48세) 씨 아버지의 무덤이 완전히 파헤쳐져 유골이 훼손되고, 그 옆에 있던 할머니의 무덤은 파다 만 채로 방치된 것을 인근 주민이 발견한 것이었다. 당시 경찰도 원한 관계에 초점을 맞췄다. 윤년이었던 그해 장호원읍에서만 130구가 이장을 했는데, 그 과정에서 실수가 발생한 것 아니냐는 추측도 나왔다. 역시나 범인은 찾지 못하고 있었다.

이상하게도 박씨는 그 범행만큼은 순순히 인정했다. 그런데 이유가 황당했다.

"팠는데 부속이 없어서, 또 가지러 갔어요."

우주에 있는 신이 텔레파시를 보냈는데, 그것을 들을 장치를 만들려고 무덤을 팠다는 얘기였다. 땅이 언 한겨울에는 무덤이 잘 파지지 않아 날 따뜻해지는 3월에 다시 와 파기로 했다는 자세한 설명도 덧붙였다. 박씨는 "형사님은 이 소리가 안 들리세요?"라며 헛소리를 했다. 정팀장은 "5시간 내내 조사를 하는 동안 나도 정신이 나가는 줄 알았다"고 혀를 내둘렀다.

반면 다른 진술은 명쾌했다. "버스를 타고 무덤이 있는 곳으로 가서, 저녁 8시부터 자정까지 팠다"거나 "무덤을 판 삽은 집 앞 텃밭에 뒀다"는 등 구체적이기까지 했다. 경찰은 박씨의 진술을 근거로 범행 동선 주변에 있는 폐쇄회로 TV를 들여다봤고, 이를 통해 그가 단독으로 범행한 사실도 확인했다. 무덤을 만들 때 대체로 부드러운 흙을 사용하기에 성인 남성 혼자서 충분히 팔 수 있었다.

경찰은 박씨가 저지른 도굴 사건이 더 있을 거라고 봤다. 장호원 일대에서 벌어졌고, 도굴 방식이 비슷하면서도, 아직 범인이 잡히지 않은 사건을 찾던 중, 2018년 1월 18일 신고된 무덤 도굴 사건을 찾아냈다. 장호원읍에 있는 양성호(57세) 씨 아버지의 무덤이 네모반듯하게 파헤쳐지고 유골이 훼손되는 등 박씨가 그간 저질러온 범행 수법과 다를 게 없었다. 만일 그날 범행까지 박씨가 저지른 것이라면, 그는 11년간 5차례에 걸쳐 자신과 아무런 관계도 없는 사람의 무덤을 도굴한 것이다. 경찰은 1월 18일 사건까지 포함해, 4건의 분묘를 발굴하고 사체를 손괴한 혐의로 4월 10일 박씨를 구속한 채 사건을 송치했다. 다만 2007년 사건은 이미 10년이라는 공소시효가 지나버려 혐의에 포함하지 않았다.

수사는 마무리됐지만 정팀장은 2007년 사건의 피해자 최씨가 짊어지고 오던 마음고생을 덜어주고 싶었다. 유골을 수습해 화장한 다음 다른 곳으로 옮긴 다른 피해자들과 달리, 최씨는 사건이 발생한 곳에 임시 봉분을 만들어놨을 뿐이었다. 부모의 두개골이 돌아오면 그때 화장을 해 납골당에 모시겠다는 생각이었다. 정팀장은 최씨를 다시 떠올렸다.

"박씨의 DNA가 11년 전 사건에서 발견된 DNA와 일치한다는 결과를 최씨에게 알렸을 때 엄청 고마워했다. 부모의 유골 일부라도 찾을 수 있게 도와달라고 부탁했다."

경찰은 프로파일러(범죄 심리 분석관)를 동원해 박씨가 최씨 부모의 두개골을 숨긴 장소를 알아내려고 주력했다. 역시나 박씨는 좀처럼 입을 열지 않았다. 경찰이 보기에 "경찰 조사에서 몇 개월 전 일을 선명히 말했던" 그가 "11년 전 범행이 전혀 기억나지 않는다는 것은 거짓말"이었다. 프로파일러는 그가 진술하면서 보인 행

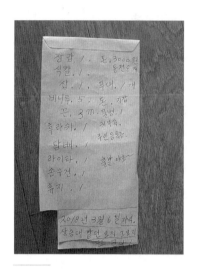

범인의 집 쓰레기통에서 발견된 범행 도구가 적힌 메모. 사진 이천경찰서

훼손된 무덤에서 발견된 범인의 DNA가 묻은 담배꽁초. 사진 이천경찰서

동을 토대로 집 앞 텃밭에 두개골을 묻었을 가능성이 크다고 진단했다. 이에 정팀장은 포크레인까지 구해 박씨의 텃밭을 샅샅이 팠다. 하지만 최씨 부모의 두개골은 끝내 발견되지 않았다.

최씨의 삶은 크게 망가졌다. 부모 무덤을 도굴한 것은 자신에 대한 원한 때문이라고 믿었던 그는 11년간 주변 사람들을 끊임없이 의심하면서 친지와 가족 대부분을 잃었다. 박씨가 검거된 이후에도 "혹시 누군가의 사주를 받은 것이 아니냐"는 의심을 거두지 못했을 정도다. 정팀장은 "최씨의 아버지 어머니의 유골을 모두 찾아줘서 제대로 장사를 치르게 했어야 했는데, 그러지 못했다. 피해자에게 죄스럽고 미안할 따름이다"고 했다. 해당 사건은 수원지방법원 여주지원에서 1심 재판이 진행됐고, 대법원에서 박씨에 대한 징역 2년 형이 확정됐다.

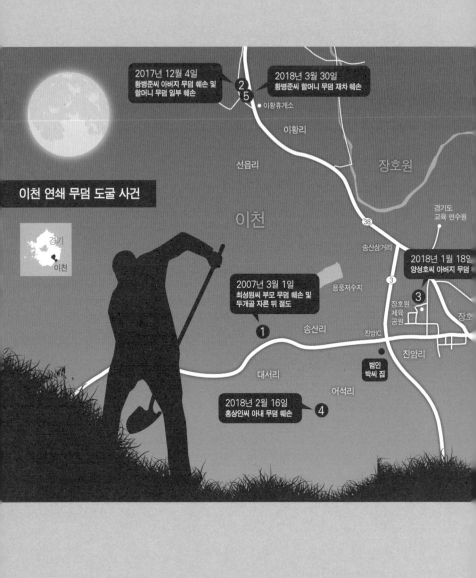

범행 일지 _____

1. **2007년 3월 1일** 박씨는 최성원 씨 부모의 무덤을 훼손한 뒤 두개
   골을 잘라 달아난다.

2. **2017년 12월 4일** 황병준 씨 아버지의 무덤을 훼손하고 할머니의 무
   덤도 일부 훼손한다.

3. **2018년 1월 18일** 양성호 씨 아버지의 무덤을 훼손한다.

4. **2018년 2월 16일** 홍상인 씨 아내의 무덤을 훼손한다. 이때 현장에서
   담배꽁초를 발견한 경찰이 DNA 분석을 의뢰하면서,
   2007년 사건에서 나온 DNA와 일치한다는 사실이 밝
   혀진다.

5. **2018년 3월 30일** 황병준 씨 할머니의 무덤을 재차 훼손한다.

_____

도굴과 유골 훼손

죽은 사람 대상 범죄, 원한보다
정신 질환자의 망상 탓 많다

범죄는 비단 산 자만을 대상으로 하지는 않는다. 죽은 자에 대한 범죄도 종종 발생한다. 도굴과 유골 훼손 등이 대표적이다. 피해를 입은 유가족은 금전을 요구할 목적이나 원한에서 나온 범행이라 생각하지만, 실제로는 정신이상자의 망상에 의한 경우가 다수다.

2009년 8월 발생했던 배우 고 최진실 씨 유골함 도난 사건이 가장 잘 알려진 사건이다. 경기 양평 갑산공원묘원에 안치돼 있던 최씨 납골묘를 박 모(40세) 씨가 쇠망치로 깨뜨리고 유골함을 훔쳐 달아난 것이다. 당시 언론은 최씨의 광적인 팬이 저지른 소행이거나 돈을 노린 범행이 아니겠느냐는 분석을 쏟아냈다. 그러나

22일간 수사가 진행된 끝에 경찰에 붙잡힌 박씨는 "지난해 신내림을 받았고, (최씨와) 전생에 부부였다. 최씨가 꿈에 찾아와 '대리석으로 된 묘가 답답하니 흙으로 된 묘로 해달라'고 말했다"고 털어놨다. 그는 정신감정에서 정신이상 판정을 받았다. 특수 절도 및 사체 등의 영득죄로 기소된 박씨는 징역 1년 6월 형을 선고받고 2011년 만기 출소했다.

이천 연쇄 무덤 도굴 사건을 수사한 정선호 이천경찰서 강력1팀장도 사건 초기에는 원한 관계에 의한 범행이라 생각했다. 정팀장은 당시를 이렇게 회고했다.

"조선시대에 죽은 사람의 죄를 사후에 처벌하기 위해 부관참시를 했듯, 이 사건도 그런 것 아니겠느냐고 여겼다."

하지만 경찰에 붙잡힌 박씨는 무덤에 묻힌 망자와 아무런 관련이 없는 정신이상자였다.

실제 보통 사람들은 망자에 대한 범행을 저지를 가능성이 낮다. 설령 범죄 의도를 갖고 있다 하더라도, 부관참시 같은 죽은 사람을 대상으로 한 형벌이 사라진 현대 사회에서 '죽은 사람을 이용하겠다'는 생각에까지 도달하는 경우는 드물다. 그런데 정신 질환을 앓는 사람은 그렇지 않다. 망상에 사로잡힌 이들은 망자와 소통하거나 신과 교신하기 위해 죽은 사람의 몸에 집착하는 경우가 많다.

이웅혁 건국대 경찰학과 교수는 망자에 대한 범행을 이렇게 설명했다.

2009년 발생한 고 최진실 씨 유골 도난 사건의 피의자 박씨는 범행 동기에 대해 "지난해 신내림을 받았는데 최씨가 꿈에 찾아왔다"고 진술했다. 사진 양평경찰서

"정상적 사고가 와해된 사람은 다른 사고 체계를 대안적으로 갖게 된다. 이들은 신비한 대상과 소통을 해야 한다고 생각하면서, 그 대상과의 연결 고리를 찾기 위해 사후 세계에 있는 망자를 찾는 것이다."

32

거여동 여고 동창 살인 사건

마지막까지 엄마가 손에 쥐고 있던 종잇조각…
완벽한 자살 사건을 뒤집다

그들에게 새해는 찾아오지 않았다. 2003년 12월 29일 오후 7시, 서울 송파구 거여동 한 아파트 7층에서 주부 박 모(31세) 씨와 세 살배기 아들, 10개월 된 딸이 숨진 채 발견됐다. 이들 시신을 처음 목격한 이는 퇴근해 집에 도착한 남편이었다. 10제곱미터 남짓한 작은방에는 옷가지와 수건이 아이들의 시신 사이로 여기저기 널브러져 있었고, 거실 쪽으로 난 방문 위쪽에는 주황색 빨랫줄에 박씨가 목이 걸려 숨진 채 축 쳐져 있었다.

"자살한 것 같긴 한데…."

신고를 받고 출동한 서울송파경찰서 강력2반 형사들이 너 나 할 것 없이 혀를 찼다. 아파트 안은 겉보기에는 영락없는 자살 사건 현장이었다. 왜냐하면 현관문이 잠겨 있는데 열쇠는 집 안에서 발견됐고, 외부인의 것으로 추정되는 족적이라곤 보이지 않았기 때문이다. 침입한 흔적은 어디에도 없었다.

무엇보다 숨진 박씨의 몸이 외견상 자살이라 말하고 있었다. 타살이라면 당연히 있을 저항 흔적이 보이지 않았던 것이다. 보통 죽을 의지가 없는 사람이 타인에 의해 목이 조여질 경우 몸을 버둥거리는 등 반항을 하기 마련이고, 그러면 목에 난 자국은 둘 이상이어야 한다. 하지만 박씨 목에는 '진한 한 줄'의 자국이 남아 있을 뿐이었다. 다음날 새벽까지 2차에 걸쳐 감식이 이뤄졌지만, 타살보다는 자살 쪽으로 의견이 모아졌다.

그렇지만 뭔가 찜찜했다. 자살로 사건을 결론짓기에는 석연치 않은 구석이 몇 군데 있었다.

"엄마가 아이들을 죽이고 자살을 했다고 칩시다. 근데 애들을 죽인 방식이 너무 잔인하지 않나요?"

현장의 누군가가 질문을 던졌다. 강력2반 소속 조세희 경위(현 남양주경찰서 경비작전계장)도 의심을 품은 이들 중 하나였다. 아들은 보자기에 목이 졸린 채였고, 딸은 머리에 비닐봉지가 씌워져 있었다.

"아무리 자식을 자기 손으로 보내는 비정한 엄마라도 그렇지, 적어도 자기 자식이라면 최대한 편하게 가도록 마음 쓰는 게 정상 아닌가 싶었죠."

조경위는 당시를 그렇게 떠올렸다.

그뿐 아니었다. 박씨는 오른손에 길이 1.5센티미터쯤 찢어진 종이쪽을 꼭 쥐고 있었다. 도배를 할 때 접착력을 높이려고 콘크리트 벽에 초벌로 붙이는 종이였다.

"숨이 끊어질 때까지 손에 꼭 쥐고 있었다면 (이걸로) 뭔가 말하려고 한 게 아닐까요?"

수사팀은 같은 재질의 종이를 찾으려고 집 안을 이 잡듯 뒤졌지만 찾을 수 없었다. '자살이 아닐 수도 있겠다.' 수많은 자살 현장, 살인 현장을 누볐던 형사들의 촉이 꿈틀거렸다.

그렇게 수사가 시작됐다. 수사팀은 아파트 엘리베이터에 설치된 폐쇄회로 TV를 뒤지는 것에서부터 실마리를 풀어나가기로 했다. 현장 감식반이 내놓은 사망 추정 시간은 신고 당일 오후 5시였다. 수사팀은 그 시간 전후로 숨진 여성의 집을 드나든 사람을 찾는 데 이목을 집중했다.

이른 오후, 엘리베이터에서 7층에 내리는 30대로 보이는 여성한 명이 포착됐다.

"어, 이 사람, 아까 남편이랑 같이 있던 사람 아니야?"

폐쇄회로 TV 속 여성은 박씨의 고등학교 동창 이 모(31세) 씨였다. 경찰이 사건 현장에 출동했을 때 박씨 남편과 함께 있던 인물이었다.

"사건 현장에서 워낙 격렬히 슬퍼했던 데다 현장에 온 피해 여성의 친정 식구를 위로하는 모습이 가족만큼이나 가까워 보였어요. 정말 친한 친구라고만 생각했어요."

조경위도, 다른 수사팀 형사들도 크게 의심하지 않은 인물이었다. 피해자의 남편 역시 "현장을 보고 너무 놀라서 아내와 친한 이씨를 불렀다"고 태연히 진술한 터였다.

이씨는 경찰 조사를 받는 동안 시종일관 왼손을 소매 안으로 집어넣으며 감추려 했다. 한겨울이었지만 실내가 그렇게 추운 것도 아니었다.

"왜 그래요, 손에 뭐 있어요?"

경찰이 손을 꺼내게 했더니 이씨 왼손에는 빨랫줄 같은 억센 줄이 남겼을 선명한 자국이 남아 있었다. 손바닥 역시 빨갛게 부어 있었다.

경찰은 '왜 사건 당일 낮에 박씨 집에 갔는지' '손의 자국은 왜 생겼는지' 집중 추궁했다. 정황상 박씨 목을 조른 이는 바로 이씨였다. "집에서 화장실을 고치다 생긴 자국"이라며 변명하던 이씨가 계속된 추궁에 마침내 입을 열었다.

"그래요. 제가 죽였어요."

자백이었다. 그런데 다음 말에 수사팀은 귀를 의심했다.

"하지만 절대로 증거를 찾을 수는 없을 거예요."

도발이었다. 현행법에 따르면 피고인이 자백을 하더라도 그것이 피고인에게 불리한 유일한 증거라면 유죄의 증거가 될 수 없다. '다른 증거를 찾지 못하면 나를 처벌할 수 없을 테니 어디 한번 증거를 가져와보라'는 얘기였다. 경찰은 자백을 받자마자 이씨를 긴급 체포했다. 물론 48시간 안에 별다른 증거를 찾지 못하면 이씨를 풀어줘야 했다.

그러나 이씨의 자신감은 허무하기 짝이 없었다. 이씨 자취방을 압수수색하는 과정에서 숨겨진 일기장이 발견됐다. 거기에는 2003년 한 해 동안 이씨가 한 일이 빼곡히 담겨 있었다. 범행일 전 며칠간 행적이 기록된 페이지에는 깨알 같은 글씨로 범행 수법과 도구를 그린 그림까지, 치밀히 준비한 범행 계획이 쓰여 있었다. 2003년이 다 가기 전에 피해 여성을 죽이겠다는 다짐도 적혀 있었다.

일기장에는 범행일 이전 무려 4차례나 피해자 집을 찾았다는 얘기도 남겨져 있었다. 기회를 엿봤지만 예상 밖의 상황이 벌어지면서 실행 시기를 미뤘다는 말과 함께. 경찰은 범행 계획서와 범행 도구를 만들다 만 재료 등 증거를 확보해 살인 혐의를 적용한 다음, 검찰로 사건을 넘겼다. 경찰의 사건 기록에는 잔인했던 이씨의 살인 행각이 고스란히 적시됐다.

박씨는 그날 아들딸과 함께 거실에서 텔레비전을 보고 있었다. '딩동' 초인종이 울리자, 현관문을 열어주며 애들에게 "이모가 왔다"고 외쳤다. 아들은 총총걸음으로 뛰어와 큰소리로 "이모"라 외치며 이씨에게 안기기까지 했다. 중학교와 고등학교 연이어 동창 사이이던 이씨와 박씨는 2년 전 인터넷 동창 찾기 서비스를 통해 연락이 닿으면서 다시 친해졌다. 이씨는 박씨 남편 그리고 아이들과 함께하는 자리에도 스스럼없이 어울리며 친자매처럼 지냈고, 아들은 이씨를 '이모'라 부르며 곧잘 따랐다.

그날 '엄마에게 깜짝쇼를 보여주자'는 이씨의 제안에 아들이 작은방에 들어가 숨었다. 안방에 있던 박씨에게는 준비가 끝날 때까지 딸과 텔레비전을 보고 있으라고 말하고 문을 닫았다. 혹여 범행 도중 소리가 새어 나갈까 봐 거실에 있는 텔레비전을 크게 틀어놓고, 수건과 비닐봉지를 챙겨 작은방으로 향했다. 그리고 기다리던 아이의 입을 수건으로 틀어막은 후 보자기로 목을 감아 졸라 살해했다.

"어렸을 때 숨바꼭질을 하던 것처럼 아이들이랑 놀자. 일단 눈부터 가리고."

안방으로 돌아온 이씨가 박씨에게 제안을 했다.

"작은방에 아들이 있는데, 그 애도 준비를 다 했다고 하네."

한 손에 옹알이를 하는 딸을 안은 채 피해 여성은 이씨의 말을 고분고분 따랐다. 머리에 치마를 써 눈을 가렸고, 작은방 방문 앞에 등진 채 섰다.

"준비 다 됐지?"

이씨가 작은방 방문 안쪽에서 빨랫줄로 만든 올가미를 문 바깥쪽으로 넘겨 박씨 목에 걸었다. 잠깐의 멈춤, 호흡을 한 번 가다듬은 이씨가 양손으로 감아쥔 줄을 힘껏 잡아당겼다. 방문을 사이에 두고 박씨 몸이 허공 위로 붕 떠올랐다.

모정이었을까, 박씨는 별다른 저항을 하지 않았다. 정확히 말하면, 저항을 하지 못했다. 품에 안은 딸이 바닥에 떨어질까 봐 숨이 끊어지는 순간까지도 격렬히 저항을 할 수 없었다. 왼손에는 아이를 안고, 다만 오른손을 위로 뻗어 목을 옭아매는 무언가를 벅벅 긁을 뿐이었다. "그것이 피해 여성의 몸에 저항 흔적이 없었던 이유"라고 조경위가 말했다.

버둥거리는 그 손에 잡힌 조그만 종잇조각. 그건 이씨가 범행 도구로 준비해 온 페트병으로 만든 빨랫줄 고정판에 붙어 있던 것이었다. 이씨는 죽은 여성 옆에서 울고 있는 딸의 머리에 비닐봉지를 씌우는 것으로 끔찍했던 살인 행각에 마침표를 찍었다.

셋을 차례로 죽인 이씨는 범행 도구와 열쇠가 담긴 피해 여성의 핸드백을 챙겨 현관문을 잠그고 밖으로 나갔다. 그리고 복도로 나 있는 방범창 사이로 손을 집어넣어 작은방 안으로 열쇠가 든 핸드백을 던져 놓았다. 외부인이 침입한 흔적도, 저항한 흔적도 남기지 않으려는 의도였다.

이후 이씨는 "내 인생은 비참한데, 동창은 너무 행복해 보였다"고 살인 동기를 털어놨다. 조경위는 "조사 과정에서 이씨는 시종일관 '세상은 내게 불공평하다'고 불평불만을 늘어놨다"고 전했다. 자신은 서른이 넘도록 결혼을 하지 못한 채 가난한 자취방을 전전하는데, 평소 자신보다 못하다고 생각했던 박씨가 번듯한 가정을 꾸리는 모습을 받아들이기 힘들었다. 이씨는 "겉으로는 잘해주면서 은연중에 나를 무시하는 태도가 느껴졌다"고도 말했다.

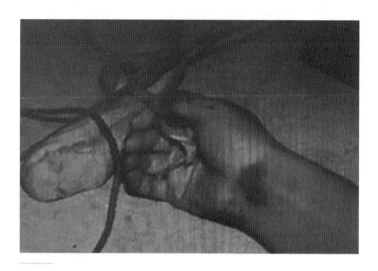

피해자가 죽는 순간까지 손에 쥐고 있던 종잇조각. 사진 서울송파경찰서

또 하나, 이씨는 피해 여성의 남편과 내연 관계였던 것으로 드러났다. 둘의 관계가 들통 나면서 그간 쌓였던 질투와 열등감, 분노가 한꺼번에 터져 나오게 됐고, 결국 살인을 결심하게 됐다는 게 경찰이 내린 결론이다.

사건 다음해인 2004년 7월, 검찰은 1심에서 이씨에게 사형을 구형했다. 1심 재판부는 "피해자들에게 진심으로 참회하고 반성하는 모습을 보이지 않아 극형을 고려함이 마땅하지만 교화와 개선의 가능성이 미약하나마 남아 있는 점을 참작한다"며 무기징역을 선고했다. 이씨는 이후 진정서와 반성문을 제출하며 항소와 상고를 이어갔지만, 2005년 3월 대법원에서 무기징역 형이 그대로 확정됐다.

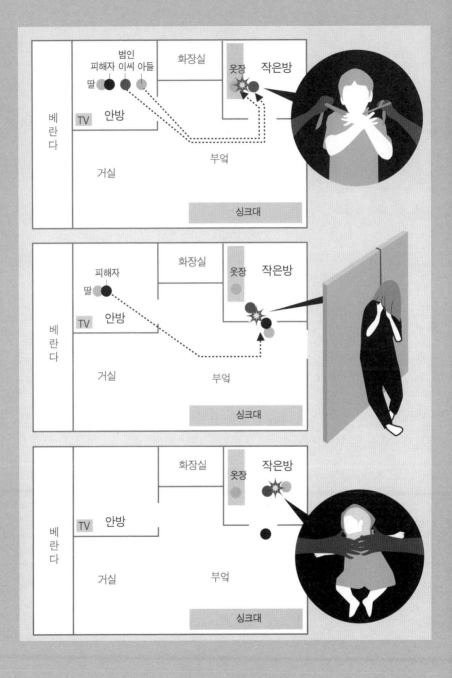

범행 과정 _____

1. 범인 이씨는 피해자의 아들을 작은방으로 유인해 보자기로 목을 감아 살해한 뒤, 옷장 안에 은폐한다.

2. 이씨는 숨바꼭질을 하자며 피해자 박씨의 머리에 치마를 씌워 눈을 가린 다음 작은방으로 유인한다. 그리고 박씨를 작은방 방문을 등진 상태로 문 앞에 세워둔 뒤, 미리 준비한 도구와 올가미로 목을 졸라 살해한다.

3. 끝으로 생후 10개월 된 피해자의 딸은 머리에 비닐봉지를 씌워 살해한다.

4. 이씨는 범행 도구와 현관문 열쇠가 담긴 피해자의 핸드백을 챙겨 현관문을 잠그고 밖으로 나간다. 그리고 복도에서 방범창 사이로 손을 집어넣어 창문을 열고 안으로 핸드백을 던져 놓음으로써 자살로 위장한다. 결정적 단서는 피해자가 죽을 때까지 손에 쥐고 있던 종잇조각이었다.

_____

삭흔

죽은 사람은 말이 없지만, 몸에는 흔적이 남는다

살인을 가장 손쉽게 감추는 방법은 자살로 위장하는 것이다. 과학수사와 법의학이 발달하면서 최근에는 성공하는 경우가 거의 없지만, 여전히 현장에서는 "첫 판단이 수사의 성패를 가늠한다"고 입을 모을 정도로 위장은 교묘하다. 죽은 자는 말을 하지 않는다지만, 실은 사자死者가 몸으로 건네는 말을 제대로 듣는 게 쉽지 않을 뿐이다.

거여동 여고 동창 살인 사건을 수사한 형사들이 처음에 자살을 의심했던 이유는 사망한 박씨의 시신이 너무나도 깨끗했기 때문이다. 누구나 공격을 당하면 무의식적으로 방어하면서 손이나 팔 등에 '방어흔'이 남기 마련인데, 박씨 시신은 격렬히 저항한 흔적이 전혀 없었다. 그 대신 그녀는 힘겹게 손에 쥔 종잇조각으로 '자살이 아님'을 말하고 있었다.

끈에 목이 졸려 사망했을 때 남는 자국인 '삭흔索痕'은 죽음의 마지막 순간에 대해 많은 것을 말해준다. 모양, 방향, 자국의 진하기 등으로 질식사 중에서도 스스로의 무게로 목을 맨 '의사縊死'인지, 다른 힘이 가해진 '교사絞死'인지를 알 수 있다. 박씨의 목 앞쪽에는 선명한 자국 한 줄이 남았는데, 이는 스스로 목을 맸을 때 전형적으로 나타나는 현상이다.

삭흔을 어떻게 해석하냐에 따라 '자살이냐, 타살이냐'는 논란이 불거지기도 한다. 1996년 1월 가수 김광석 사망 사건이 대표적이다. 2017년 개봉한 영화 '김광석'을 통해 김씨가 타살됐다는 의혹을 제기한 이상호 고발뉴스 기자는 김씨의 목 뒤에 삭흔이 남지 않은 것을 근거로 타살이라는 주장을 폈다. 누군가가 뒤에서 목을 조를 때 양손으로 줄을 교차해 잡으면서 목과 손 사이에 간격이 생기므로 목 뒤에는 자국이 남지 않는다는 것이다.

하지만 전문가들은 반대 의견을 내놨다. 오히려 김씨의 목 뒤에 삭흔이 없어서 타살 가능성이 희박하다는 반박이었다. 서중석 전 국립과학수사연구원 원장은 목 뒤에 삭흔이 없는 것을 의사일 가능성으로 보았다.

"삭흔이 일부만 있다면 '의사'의 가능성을 높게 본다. 하지만 삭흔은 법의학에서 고려하는 요소의 일부일 뿐이며, 정황과 부검 결과 등을 두고 사망 원인을 종합적으로 판단해야 한다."

삭흔은 죽음의 마지막 순간에 대해 많은 것을 말해준다.

　논란이 일 당시 표창원 더불어민주당 의원도 자신의 페이스북에서 김광석 씨가 타살됐을 가능성을 일축했다.

　"부검 소견서상 가장 확실한 자살의 증거는 '의사' 소견들이다. 저항흔 등이 전혀 발견되지 않은 반면, 목의 전면부에서 귀밑을 거쳐 올라간 삭흔은 뚜렷했다."

33

우음도 백골 변사체 사건

인적 끊긴 갈대밭 백골의 여인…
성형 흔적이 비밀 털어놓다

어른 키만큼 경중 자란 갈대가 우거져 있었다. 1994년 시화호 방조제 물막이 공사로 5600만제곱미터의 개펄이 메워지면서 섬은 마침내 육지가 됐다. 경기 화성 송산면 우음도. 사람들은 그전보다 쉽게 그곳을 오가게 됐지만 그리 즐겨 찾지는 않았다. 가끔 찾아오는 이들이 있었지만 인적 드문 곳을 골라 누드 사진 같은 걸 찍으러 오는 모델과 사진가들 정도였다.

2008년 11월 4일, 겨울을 담은 바람이 조금씩 불어왔다. 굴삭기 기사 장 모 씨는 섬 갈대밭 옆 고속도로 공사장에서 크고 둔탁한 운전대를 이리저리 돌리며 갈대숲을 밀어내고 있었다.

"처음에는 동물 뼈인가 했죠. 근데 한눈에 봐도 모양이 심상치 않은 거라. 대수롭지 않게 치울 일이 아니다 싶어 바로 경찰에 신고한 거죠."

하필 화성이었다. 1986년부터 1991년까지 그곳에서 부녀자 10명이 잇달아 살해됐다. 범인이 누구인지도 모른 채 사건은 점점 공포가 돼갔다. 2006년 12월과 2007년 1월 사이에는 화성과 군포 등 경기 서남부 지역에서 부녀자 3명이 살해된 또 다른 연쇄살인 사건(뒷날 범인은 강호순으로 밝혀졌다)이 발생했다. 화성 일대에는 '네 번째 희생자가 나왔다'는 말이 무겁게 깔려 퍼져나갔다.

지역을 관할하는 화성서부경찰서에 비상령이 떨어졌다. 그해 4월에 개소한 신생 경찰서가 맡은 첫 강력 사건이었다.

"이미 백골화가 진행된 상태였지만, 사망한 지 얼마 안 됐을 거라고 추정했어요."

현장에 도착한 강력2팀장 홍승만 경위는 그렇게 말했다.

"여름 같은 때는 한두 달만 지나도 부패가 빠르게 진행되는 법입니다. 게다가 갈대숲은 아무래도 공기가 안 통하다 보니 부패 속도가 다른 곳보다 빨랐을 테고. 시신의 부패 상태를 볼 때 갈대가 성장할 무렵인 4~5월 무렵에 사망했을 것으로 추정한 겁니다."

시신을 포함해 현장 감식을 해봤지만 큰 소득은 없었다. 회색 니트와 운동복 바지, 수건 두 장과 흰색 꽃무늬가 달린 검정 브래지어 정도가 경찰 손에 들어왔다. 그나마 피해자가 신발을 신지 않았다는 것, 현장 주변 어디에도 신발이 보이지 않았다는 것은 나름 의미가 있었다.

"자살이 아니라 타살일 가능성이 높다는 걸 없어진 신발이 말해줬던 거죠."

피해자가 갈대숲 한가운데까지 맨발로 걸어 들어왔을 리는 없고, 그렇다면 누군가 맨발 상태인 시신을 옮겨와 버렸을 공산이 크다는 추정에 힘이 실렸다. 때마침 근처에서 시신을 옮기는 데 사용했을 것으로 보이는 여행 가방이 발견됐다.

국립과학수사연구원이 1차로 파악한 시신의 신원은 키가 163~170센티미터 되는 20대에서 30대 초반 사이의 여성이었다. 두개골의 울퉁불퉁한 정도(요철)가 심하지 않고 두께가 얇은 것이 남성보다 여성일 가능성이 높았다. 엉덩이뼈 역시 분만을 위해 남성의 것보다 튼튼하고 폭이 넓은 전형적인 여성이었다. 치아 발달 상태와 43.6센티미터 크기의 양쪽 대퇴골을 근거로 나이와 키를 파악할 수 있었다.

"화성부터 안산 일대까지 경찰에 접수된 실종자·가출자와 파악한 정보를 하나씩 대조해나갔습니다. 근데 별다른 성과가 나오지 않았어요. 키가 163~170센티미터 되는 20대, 30대 여성이 어디 한둘이어야 말이죠. 어디서나 쉽게 볼 수 있는 사실상 대한민국 여성 평균 수치에 가까웠으니까요."

현장에서 발견된 옷가지가 만들어진 곳, 만들어진 뒤 유통되는 과정을 역추적해보기도 했다. 중국에서 대량 생산된 제품이라 파악하는 게 여간 어렵지 않았다. 차라리 명품이었다면 판매처를 통해 구매자를 추리는 것이 가능했지만 소용없는 일이었다.

탐문 수사를 병행했다. 동네 사람들은 한결같이 '거기는 사람이 가는 장소가 아니다'라는 말을 되풀이했다. 수상한 사람을 봤다는 사람도, 만났다는 사람도 없었다. 인근 논에 물을 대기 위해 새벽에 나간다는 한 부지런한 동네 주민은 '외지인이 눈에 띈 적은 전혀 없었다'고까지 했다. 어느덧 보름의 시간이 훌쩍 지났고, 수사는 결국 신고 보상금(500만 원)이 박힌 전단을 살포하는 공개 수사로 전환됐다. 하지만 제보는 실망스러웠고 그렇게 또 두 달이 지났다.

국립과학수사연구원에서 부검 소견이 전해졌다. 앞서 받은 간단한 부검보고서를 좀 더 상세히 설명하는 부검 결과가 담겨 있었다.

"양쪽 광대뼈 부분에서 일정한 두께로 절단한 흔적이 보입니다. 광대뼈가 머리 안쪽으로 휜 걸로 봐서는, 광대뼈 축소 수술을 받은 것 같습니다. 성형수술이요."

피해자의 범위가 광대뼈 축소 수술을 받은 여성으로 좁혀졌다. 게다가 그런 종류의 안면 윤곽 성형수술은 고난도 수술이었다. 대형 병원이 아니고는 함부로 시술할 수 없다는 뜻이다. 수사팀이 화성과 가까운 수원과 안산, 그리고 우리나라 성형외과 중 대다수가 몰려 있다는 서울 강남의 성형외과를 탐문하는 데 투입됐다. 이들이 거쳐 간 성형 병원만 1700여 곳에 달했다. 수사팀은 그중에서 강남에 밀집한 572곳 성형외과를 중점으로 파고들어 갔다.

쉽지 않았다.

"성형수술을 받았다는 흔적은 명확했지만, 성형외과에서는 도통 개인 정보를 내주려 하지 않았어요. 게다가 누가 봐도 남루한 옷차림의 시골 형사들이 들이닥쳤으니 상대조차 안 하더군요."

홍경위가 말했다. 어쩔 수 없이 영장이 필요했다. 압수수색 영장을 일일이 발부받아 병원을 찾았다. 떨떠름하던 병원 직원과 원장들이 그제야 입을 열었다.

"장사에 방해되는 형사들이 병원을 들쑤시게 두는 것보다는 차라리 정보를 내주는 것이 낫다고 본 거죠."

비로소 수사의 물꼬가 터졌다. 성형외과 원장들이 회원으로 가입해 활동하는 홈페이지에 절개된 자국이 나타난 피해자의 두개골 사진을 올렸다. 같은 안면 윤곽 수술이라도 의사마다 시술법에 차이가 있었다. 절개한 흔적을 보면 자신이 한 수술이라는 걸 알아챌 수 있으리라는 기대였다.

그렇게 최근 3년간 안면 윤곽 성형수술을 받은 20대, 30대 여성을 추려낼 수 있었다. 1949명이라는 숫자가 잡혔다. 연락처를 확보한 이상 일일이 생존 여부를 확인해 명단을 다시 작성해야 했다. 연락이 닿지 않는 사람, 실종이나 가출 신고가 들어온 사람을 적어 내려갔다. 명단을 모두 작성한 뒤 수사팀은 총 28명 여성의 이름과 정보를 공유했다.

명단 속 여성을 탐문하던 도중, 5년째 연락이 끊겼다는 곽 모(30세) 씨의 부모와 접촉할 수 있었다.

"연락 끊고 산 지 오래됐어요. 어디서 뭘 하고 사는지도 모르니 당연히 가출 신고도 안 했는데…."

곽씨 어머니는 딸이 예전에 강남의 한 유흥주점에서 일했다고 무심히 전했다.

2009년 1월 21일, 국립과학수사연구원에서 보고서가 도착했다. 혹시 몰라 비교를 요청했던, 곽씨 어머니와 백골 시신의 뼈에서 추출한 DNA를 분석한 내용이었다. 결과는 '일치'였다. 2006년 3월 강남 논현동에 거주하다 압구정동에 있는 성형외과에서 안면 윤곽 수술을 받은 30대 여성이, 2년 뒤 집에서 멀리 떨어진 화성의 갈대밭에서 백골로 발견된 것이다.

본격적으로 범인을 찾아 나설 차례였다. 곽씨가 일한 유흥주점의 동료들은 곽씨가 당시 동거 중이었다는 말을 전했다. 곽씨 집 주변의 폐쇄회로 TV를 분석해보니 동거남은 고 모(34세) 씨로 확인됐다. 확실한 증거는 없었지만 유력한 용의자가 등장했다.

꼬리는 쉽게 밟혔다. 2007년 10월쯤 고씨는 중고차 매매 센터를 통해 그랜저XG를 처분했다. 경찰은 부모의 증언, 업소 동료들의 진술을 토대로 곽씨가 그해 5월쯤 실종된 것으로 추정하고 있었다. 만일 고씨가 범인이라면 차량에는 흔적이 남아 있을 가능성이 컸다.

"물론 그때까지만 해도 대단한 희망이 보였던 건 아닙니다. 상식적으로 생각해서, 중고차를 샀다면 분명 새 주인이 세차를 꼼꼼히 했을 테고, 증거는 다 사라졌을 수도 있겠다 싶었습니다."

아주 작은 희망을 품고, 경찰은 중고차를 산 차 주인이 살고 있다는 경기 남양주로 향했다.

차 주인은 흔쾌히 경찰의 차량 조사에 응했다. 차량 좌석과 바닥, 어디에도 이렇다 할 흔적이 보이지 않았다. 마지막으로 트렁크 깔판을 벗겨내고 루미놀 시약을 발랐을 때, 기역 자 모양으로 흩뿌려진 흰색 자국이 희미하게 드러났다. 혈흔이었다.

예상대로 곽씨의 혈흔이었다. 게다가 곽씨 소유의 오피스텔과 휴대폰을 해약하고 해지한 이가 고씨였다는 사실이 드러났다. 고씨의 계좌에는 곽씨 계좌에서 6000만 원이 이체된 기록이 남아 있었다. 곽씨의 시신이 발견되고 석 달이 지난 2009년 2월 2일, 경찰은 고씨를 경기 시흥에 있는 집 앞에서 체포했다.

고씨는 발뺌했다.

"동거한 건 맞아요. 같이 살다가 사이가 틀어져 헤어졌습니다. 그 이후로 소식은 모릅니다."

완강히 부인했지만 경찰이 내놓은 증거 앞에서 무기력하게 무너졌다. 차량에서 발견된 곽씨 혈흔과 6000만 원이 이체된 사실 앞에서 고개를 떨궜다.

"우발적이었습니다. 다투다, 싸우다 그렇게 됐습니다. 무서웠습니다."

고씨는 곽씨가 일하던 유흥주점의 단골손님이었다. 한때 성인 도박 사이트 등을 운영해 제법 돈을 벌면서 주점을 제집처럼 드

백골 변사체가 발견된 화성 우음도 현장. 사진 화성서부경찰서

화성 우음도에서 발견된 백골 변사체. 사진 화성서부경찰서

나들었고, 둘은 자연스레 연인 관계가 됐다. 고씨는 곽씨의 환심을 사려고 술값으로 한 달에만 1억 원 넘게 쓴 적도 있다. 그러나 둘이 살림을 합친 뒤 고씨 사업은 점점 기울었고, 채무는 눈덩이처럼 불어났다.

2007년 5월이었다. 평소처럼 생활비 문제로 시작된 다툼은 몸싸움으로 이어졌다. 그런 와중에 벽에 머리를 부딪친 곽씨가 피를 쏟아내며 정신을 잃었다. 화가 난 고씨는 목을 졸랐다. 함께 산 지 고작 6개월 만에 벌어진 비극이었다. 고씨는 시신을 여행 가방에 넣어 차 트렁크에 실은 뒤 우음도로 향했다. 평소 고씨가 낚시를 즐기던 곳이었다. 경찰은 고씨를 살인 및 사체 유기 혐의로 검찰에 송치했다. 법원은 혐의를 모두 인정해 고씨에게 무기징역을 선고했다.

우음도 백골 변사체 사건

머리
성별 파악이 가능하다.
남성 머리뼈가 여성보다
크고 단단하며 요철이 심하다.
반면 여성 머리뼈는
두께가 얇으며 매끈하다

안와
동양인은 둥근 모양, 흑인은 네모난 모양.
서양인은 갸름한 모양을 띠기 때문에 인종을 알 수 있다

광대
성형 시술 등으로 모양을 바꾼다면 신원 확인 가능성이 높아진다

곽씨의 경우 양쪽 광대뼈 부분에서
일정한 두께로 절단된 다음 치유
흔적을 통해 광대뼈 축소 수술을
받았다는 것을 알 수 있었다

안면윤곽 성형수술이 이뤄진
두개골 모형

치아
마모된 정도,
치아 내부 조직
노출 정도에 따라
나이 추정이 가능하다

아래턱
각도로 나이 추측이 가능하다.
갓 태어난 아이는 170도지만,
크면서 100도까지 서서히
줄어들다 다시 커진다.
35세에는 110도, 55세에는 120도,
70세에는 130도 정도다

넓적다리
대퇴골 크기에 3.9를 곱하면
생전 키를 알 수 있다.
여기에 요골(아래팔),
골(종아리) 등 다른 뼈에
기반한 추정을
더하면 더 정확한 키를
산출해낼 수 있다

골반
성별 구분을 할 수 있다.
분만을 하는 여성이 남성보다
튼튼하고 폭이 넓은
골반뼈를 가진다

사건 일지 _____

2006년 11월 서울 강남 유흥주점에서 일하던 곽씨와 고객이던 고씨
　　　　가 알게 된다.

2007년 5월 논현동 오피스텔에서 동거하던 중 생활비 문제로 말다
　　　　툼하다 우발적으로 고씨가 곽씨를 벽에 밀쳐 살해한다.
　　　　그 후 고씨는 곽씨 통장에서 자기 통장으로 6000만 원
　　　　을 이체한다.

2007년 10월 고씨는 곽씨의 시신을 유기하는 데 사용한 그랜저 승용
　　　　차를 중고로 처분한다.

2008년 11월 4일 경기 화성 송산면 우음도 고속도로 공사 현장 인
　　　　근 갈대밭에서 백골화 된, 20대~30대 여성으로 추정되
　　　　는 변사체가 발견된다.

2008년 11월 한 달간 경찰은 인근 대도시와 강남 지역의 성형외과를
　　　　방문 조사하고, 광대뼈 성형수술을 한 여성의 명단을
　　　　토대로 탐문 수사한다.

2008년 11월 18일 공개수사로 전환한다. 500만 원 신고 포상금.

2009년 1월 12일 압구정동 성형외과에서 안면 윤곽 수술을 받은 곽씨
　　　　가 2년 전부터 실종 상태인 것으로 파악된다. 곽씨 부모
　　　　의 DNA와 시신 DNA를 비교 대조해본다.

2009년 1월 21일 국립과학수사연구원에서 백골 변사체와 곽씨 부모
　　　　의 DNA가 일치한다는 결과가 나온다.

2009년 1월 28일 고씨가 처분한 승용차를 찾아내 흔적을 조사한 결과, 트렁크에서 혈흔이 발견된다. 곽씨의 것으로 확인된다.

2009년 2월 2일 고씨를 검거한다.

뼈

성별, 나이, 키, 인종… 206개 뼈는 모든 걸 알고 있다

비교적 온전한 형태로 발견되는 시신에 비해 백골화가 진행된 사체로는 파악할 수 있는 것이 많지 않다. 그럼에도 '뼈'는 생각보다 많은 정보를 담고 있다. 미국에는 뼈를 활용한 법의학으로 살인 사건을 풀어내는 '본즈Bones'라는 TV 드라마가 있을 정도다.

가장 손쉽게 파악할 수 있는 정보는 성별이다. 머리뼈(두개골)와 골반뼈를 보면 남성인지 여성인지 알 수 있다. 남성은 대체적으로 여성보다 크고 단단한 뼈를 가졌는데, 특히 두개골이 여성보다 두껍고 요철(울퉁불퉁한 정도)이 심하다. 골반뼈는 반대로 여성이 남성보다 튼튼하고 폭이 넓은데, 분만을 위해 골반 아래쪽에서 이루는 구멍이 남성보다 크다.

나이는 턱뼈와 대퇴골 등으로 알 수 있다. 일단 갓 태어난 아기는 뼈가 300개 이상이지만, 다 자란 성인은 206개다. 뼈 개수로 대략적인 나이대를 예측할 수 있다는 얘기다. 또 사람의 뼈는 25세 정도에 가장 무겁고 40대 이후부터는 뼛속에 공간이 많아져 가벼워지기 때문에, 뼈 조직의 밀도를 통해 나이를 추측하는 것이 가능하다.

아래턱 각도로도 나이를 추측할 수 있는데, 갓 태어난 아기의 아래턱 각은 170도이지만 이후 배냇니가 빠질 때 150도, 영구치가 완성될 때는 100도까지 줄어든다. 이후에는 다시 커져 35세쯤에 110도, 55세에는 120도, 70세에는 130도가 된다. 치아가 마모되고, 치아 내부 조직이 노출된 정도에 따라서도 나이를 추측할 수도 있다.

키는 넓적다리뼈(대퇴골)로 짐작할 수 있다. 대퇴골 크기에 3.9를 곱하면 생전 키가 도출된다. 우음도 백골 시신의 경우 현장에서 발견된 대퇴골 크기는 43.6센티였는데, 여기에 3.9를 곱하면 170.04센티미터라는 숫자가 나온다. 여기에 다른 뼈에 토대한 추정을 더해 파악된 키는 162~170센티미터. 실제 곽씨 키는 165센티미터였다.

인종도 알 수 있다. 두개골의 콧구멍, 안와(눈구멍), 치아를 통해서다. 대개 동양인은 서양인보다 콧구멍 모양이 둥근 편이고, 눈구멍 역시 둥근 모양을 띤다. 흑인은 눈구멍이 네모나고, 서양인은 갸름한 모양을 띤다.

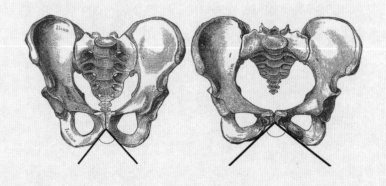

남성과 여성의 골반뼈 차이. 폭이 좁은 왼쪽이 남성, 폭이 넓은 오른쪽이 여성. 사진 위키피디아

　관절염이나 골절 등 뼈가 손상된 흔적이 있거나, 아예 시술을
거쳐 인위적으로 모양이 바뀌었다면 신원을 확인할 가능성이 높
아진다. 생전의 '나'는 사라지더라도 '뼈'에 새겨진 나의 '역사'와
'흔적'은 사라지지 않는다.

34

환경미화원 살인 사건

___

**매달 용돈 보내고 안부 묻던, 그날은
그 아버지가 아니었다**

평소와 다를 게 없었다. 용돈을 보내달라는 문자메시지를 보내
자 딸의 통장에 50만 원이 바로 입금됐다. '돈 보냈다. 아껴 써라.'
되돌아온 문자메시지 답변도 여전했다. 아버지 A(59세)씨는 언제
나 그랬다.

A씨는 1999년 이혼했다. 그 후 딸과는 떨어져 지내야 했지만,
꾸준히 용돈을 보내고 안부를 물어왔다. 용돈을 달라, 용돈을 보
냈다는 짧은 문자메시지에 별다른 통화가 필요하지는 않았다. 몸
만 떨어져 있을 뿐 여느 부녀와 다른 건 없었다. 2018년 3월 5일
그 일이 있기 전까지는.

'채무 독촉장'과 '신용카드 내역'이 딸에게 날아왔다. 처음이었

고, 느닷없었다. 금리가 높은 저축은행에서 아버지가 돈을 빌렸다는 사실이 딸은 놀라웠다. 유흥주점에서 신용카드로 한 번에 200만 원가량 결제했다는 건 더욱 믿기 어려웠다. 술을 즐기기는 했어도 씀씀이가 크지 않아 기껏해야 막걸리에 간단한 안주 정도 마시고 먹던 게 딸이 기억하는 아버지의 모습이었다. 딸은 고모를 찾았다. 이혼한 이후 아버지의 근황을 제일 잘 아는 이는 고모였다.

"고모, 갑자기 아버지가 돈을 너무 많이 쓰는 것 같아서요. 혹시 아는 것 있으세요?"

조심스레 물었다.

"안 그래도 네 아버지가 연락이 안 돼 경찰에 가출 신고를 해놨는데. 그건 무슨 소리냐?"

딸이 시작한 질문이 고모의 귀를 거쳐 더 많은 질문으로 돌아왔다. 2017년 12월 29일, 벌써 석 달 전 아버지는 가출 신고가 돼 있었다. 신용카드 내역에 찍힌 유흥주점 술값은 2018년 2월의 것이었다. '그렇다면 아버지는 가출한 상태에서 유흥주점에서 그 많은 돈을 썼단 말이야?' 머리가 혼란스러웠다.

곧장 경찰을 찾았다. 신고를 받은 전북 전주완산경찰서 여성청소년수사팀도 고개를 갸웃하기는 마찬가지였다. 경찰은 가출 신고가 된 뒤에도 A씨가 휴대폰으로 누군가에게 전화를 걸고 문자 메시지를 보낸 사실을 파악하고 있었다. 심지어 A씨의 휴대폰 번호로 전화를 걸어 직접 통화도 했다.

"네네. 가족들한테 연락할게요."

그 답을 듣고 일이 마무리된 줄 알았던 경찰은 재차 신고가 들어오자 이해가 되지 않았다. '아직 집에 돌아가지 않았다는 건가? 그럼, 통화한 그 사람은 누구지?'

가출 신고가 된 뒤에도 의문의 씁쓸이가 이어진다고? 경찰은 A씨의 휴대폰을 사용해 경찰과 통화하고 딸에게 문자메시지와 용돈을 보내는 인물이 과연 '신고한 딸의 아버지가 맞는지'부터 확인해보기로 했다. 우선 A씨 주변을 빠르게 훑어나갔다. 그러다 전주 완산구청에서 A씨와 환경미화원으로 함께 일한 이 모(50세) 씨의 집 주소로 A씨가 택배를 보낸 흔적을 발견했다.

이씨를 경찰서로 불러들였다. 그는 "최근에도 보기는 봤는데 지금은 A씨가 어디에 있는지 모르겠다"는 말만 반복했다. 더 물어봐야 그 답 말고는 들을 수 있는 게 없었다. 이씨를 돌려보낼 수밖에 없었다.

"어, 근데 이게 뭐지?"

돌아간 이씨의 자리에 가방이 놓여 있었다. 실수로? 혹은 의도적으로? 이유는 알 수 없지만, 가방에서 놀라운 물건이 나왔다. A씨 명의로 된 통장이었다.

"이거, 심상치 않습니다."

여성청소년수사팀장이 강력1팀장에게 말했다. 단순 실종 사건이 아닐 수 있겠다 싶었다.

"딸이랑 연락하고 용돈도 보내던 사람의 통장이 갑자기 이씨 가방에서 나왔다는 게 이상하지 않아요? 범죄와 연결됐을 가능성이 높아 보입니다."

강력팀장의 눈빛이 순간 반짝였다.

사건은 바로 강력팀으로 넘어갔다. 경찰은 다음날 이씨를 다시 불렀지만 이씨는 나타나지 않았다. 이씨 집을 가봤지만 아무도 없었다. 집 근처에 있는 폐쇄회로 TV를 확인하던 팀원이 소리를 질렀다.

"짐 싸서 나갔습니다. 아무래도 도망간 것 같습니다!"

몸은 떠났지만 단서는 남았다. 집을 수색하면서 A씨의 '휴직계'와 '병원 진단서'를 발견했다. A씨는 2017년 5월 27일부터 척추 디스크로 휴직 상태였다. 경찰은 진단서를 발부한 것으로 돼 있는 경기 광명의 한 병원과 휴직계를 받은 완산구청에, 본인이 직접 진단을 받고 서류를 제출했는지 확인했다. 구청은 휴직계를 팩스로 받아 A씨가 직접 서류를 냈는지는 알 수 없다는 답을 보내왔다. 하지만 병원은 "A씨가 병원에 온 적이 없다"고 했다. 진단서 양식 자체가 병원에서 평소 사용하는 것과 달랐다. 척추 디스크 진단은 허위였고, 진단서는 위조된 것이었다.

"사문서 위조 혐의로 일단 체포까지는 가능하니 신병부터 빨리 확보합시다."

팀장의 목소리가 높아졌다.

이씨가 시내버스를 타고 시외버스터미널로 간 뒤 서울을 거쳐 인천 부평의 지하철 1호선 백운역으로 이동한 흔적이 폐쇄회로TV 등에 고스란히 남아 있었다. 백운역 근처에서 이씨의 행적을 뒤쫓던 경찰은 한 피시방 앞에 다다랐다. 그 순간 이씨의 인상착의와 비슷한 남성이 걸어 들어갔다. 경찰은 피시방 구석진 자리에 앉아 있는 이씨에게 다가갔다. "이○○." 이름을 부르자 이씨는 대답은 않고 경찰을 빤히 쳐다봤다.

당장 경찰서로 이씨를 데려왔지만 수사팀의 머릿속은 복잡했다.

"A씨의 부탁을 받고 일부러 자취를 숨기는 게 아니라면 이씨가 A씨를 죽였을 가능성이 높다고 봤죠."

관건은 진술을 받아내는 것이었다. 살인 현장이 나온 것도, A씨 시신이 발견된 것도, 이씨 집에서 살인 도구가 나타난 것도 아니었다. '증거는 없는데 냄새가 고약히 풍기고, 이걸 어쩐다….'

"(시신) 어디에 묻었어?"

밑도 끝도 없는 갑작스런 질문이었다. 사문서 위조로 잡혀 온 피의자라면 그냥 무시하면 될 일이었다. 하지만 이씨는 당황했다. 허둥지둥하는 모습이 역력했다. 그럴수록 수사팀의 질문은 강도가 세졌다.

"어디에 묻었어? 빨리 털어놔."

잠시 후 이씨가 입을 뗐다.

"제가 죽였습니다."

가끔은 꼬일 대로 꼬인 실타래는 중간에 끊어버리는 것이 나을 수도 있다. 새로 잡은 시작점이 바로 실마리가 되곤 한다. 강력1팀장의 느닷없는 질문이 이번 사건에서는 단절이고 실마리였다. 이씨가 마침내 범행을 털어놓았다. 실마리가 한번 잡히니 실타래가 술술 풀려나갔다.

2017년 4월 4일 오후 5시. 완산구청에서 15년가량 함께 환경미화원으로 일하면서 알게 된 이씨와 A씨는 이날도 여느 때처럼 이씨 집 근처의 중국집에서 술을 한잔 기울였다. 그러곤 1시간 30분 뒤, 술을 한잔 더 하기 위해 둘은 이씨 집으로 향했다. 그런데 갑자기 A씨가 이씨가 쓰고 있던 가발을 잡아당기며 욕설을 했다는 것이다. 이씨가 홧김에 주먹을 휘둘렀고, 둘은 몸싸움을 벌였다. 싸움은 이씨가 A씨의 목을 조르면서 끝이 났다.

"정말 홧김에 죽였습니다."

A씨는 우발적인 범행이었다고 강조했다. 그런데 경찰은 이씨의 '홧김에 죽였다'는 진술이 의심스러웠다. 그러기엔 시신을 유기하는 과정이 너무 치밀했다. 이씨는 A씨의 시신을 자신이 사는 원룸에 다음날인 5일 오후 6시쯤까지 그대로 뒀다. 철물점에서 사온 50리터짜리 검은색 비닐봉투 15장으로 시신의 상반신과 하반신을 몇 겹으로 싸고, 이불로 시신을 감쌌다. 그리고 결정적으로 이불 위에 다시 100리터짜리 종량제 쓰레기봉투 2장을 덧씌웠다. 겉으로 보면 누가 이불을 쓰레기봉투에 담아 버리는 걸로 볼 수밖에 없었다.

환경미화원은 크게 둘로 나뉜다. 쓰레기 수거 차량을 운전하는 사람, 차량에 쓰레기를 던져 넣는 사람. 이씨는 '쓰레기를 던져 넣는 사람'이었다. 그리고 각자 매일 새벽 쓰레기를 수거하는 구역이 정해져 있었다. 이씨는 이 구역에 '쓰레기'로 위장한 시신을 미리 가져다 놓았다. 이튿날인 6일 아침 6시 10분쯤 이씨는 평소처럼 자신이 담당하는 구역을 돌며 쓰레기를 수거했다. 자신이 전날 가져다 놓은 A씨 시신 역시 함께 일하는 동료와 함께 쓰레기 수거 차량에 던져 넣었다. 심지어 혼자 들기는 어려워 동료에게 "이게 좀 무겁네. 같이 좀 들지"라고 하면서.

쓰레기 차량은 그대로 전주 시내의 한 소각장으로 이동했다. 소각장에 도착한 차량들은 널따란 입구에 싣고 온 쓰레기를 그대로 쏟아낸다. 그러면 대형 기계가 쓰레기를 집어 그대로 불구덩이로 집어넣는다. 당연히 이 과정에서 쓰레기 사이에 시신이 있는지 확인하기는 쉽지 않다. 더더구나 소각한 이후에 가끔 동물 뼈가 나오기도 해, 혹여 '뼈'가 나온다 해도 소각장에서는 심각히 받아들이지 않는다.

"이씨가 이런 걸 다 알고, 시신을 그곳에 처리한 거죠. 환경미화원 일만 15년을 했으니."

시신은 더 이상 찾아볼 수 없게 됐다.

시신을 유기하는 데 성공한 이씨는 본격적으로 A씨가 '살아 있는 것처럼' 꾸며냈다. 시신을 처리한 4월 6일 바로 A씨인 척하면서 '병가'를 냈다. 5월 27일에는 위조한 병원 진단서와 휴직계 서류를 완산구청에 팩스로 제출한 뒤 전화를 걸어 1년 휴직을 신청했다.

"허리 디스크 때문에 일을 쉬어야 할 것 같습니다."

당장 1년 동안 직장에서는 A씨가 출근하지 않아도 누구 하나 의심할 사람이 없게 됐다.

A씨의 휴대폰을 사용해 딸과도 연락했다. 딸에게 정기적으로 용돈을 보내고 문자메시지를 한 것 외에도, 딸에게 "아빠가 연말 정산을 해야 하는데 통장 비밀번호가 기억이 안 나네. 혹시 기억 나니?"라고 물어 A씨가 사용하던 비밀번호를 알아냈다. A씨 이름으로 금융 거래를 하려면 계좌 비밀번호가 필요했다. A씨의 신분증, 신용카드, 휴대폰을 이용해 은행 대출을 받고 신용카드 결제를 하는 등 5700여 만 원을 쓰면서 1년 가까이 '위장극'을 펼친 것이다. 이씨는 그렇게 A씨로, 두 사람으로 살아갔다.

경찰은 이씨가 '돈' 때문에 A씨를 계획적으로 죽였다고 봤다. 사건이 일어나기 전 이씨는 A씨에게 8700만 원을 빌렸고, 다른 지인들에게도 돈을 빌려 이미 월급의 절반이 압류된 상태였다. 돈을 갚으라는 독촉이 살인으로 이어졌다는 것이다. 이씨는 끝까지 채무 관계로 벌어진 살인이 아니라고 발뺌했다.

경찰은 이씨에게 살인 및 사체 유기 혐의에다, 강도 살인을 예비 혐의로 적용해 검찰에 송치했다. 강도 살인은 단순 강도뿐 아니라, 채무자가 자신의 채무를 갚지 않으려고 채권자를 살인했을 때도 적용 가능한 혐의다. 이후 검찰은 경찰의 판단을 받아들여

범인은 쓰레기봉투를 이용해 시신을 쓰레기처럼 위장했다.

강도 살인까지 적용해 총 8개 혐의로 사형을 구형했고, 2018년 8월 17일 전주지방법원은 강도 살인 혐의 등을 인정해 이씨에게 무기징역을 선고했다. 재판부는 "범행을 뉘우치거나 후회하는 모습을 피고인에게서 전혀 찾아볼 수 없다"고 밝혔다. 항소심을 맡은 광주고등법원도 2019년 1월 22일 무기징역을 선고했다.

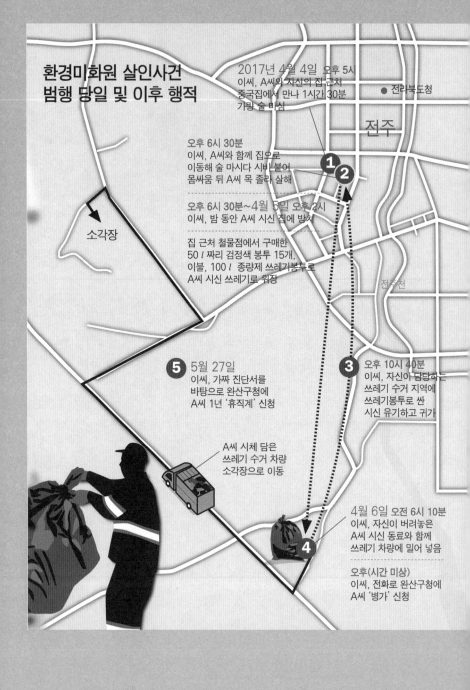

환경미화원 살인사건
범행 당일 및 이후 행적

2017년 4월 4일 오후 5시
이씨, A씨와 자신의 집 근처
중국집에서 만나 1시간 30분
가량 술 마심

● 전라북도청

전주

오후 6시 30분
이씨, A씨와 함께 집으로
이동해 술 마시다 시비 붙어
몸싸움 뒤 A씨 목 졸라 살해

오후 6시 30분~4월 5일 오후 2시
이씨, 밤 동안 A씨 시신 집에 방치

집 근처 철물점에서 구매한
50ℓ짜리 검정색 봉투 15개,
이불, 100ℓ 종량제 쓰레기봉투로
A씨 시신 쓰레기로 위장

소각장

전주천

5 5월 27일
이씨, 가짜 진단서를
바탕으로 완산구청에
A씨 1년 '휴직계' 신청

3 오후 10시 40분
이씨, 자신이 담당하는
쓰레기 수거 지역에
쓰레기봉투로 싼
시신 유기하고 귀가

A씨 시체 담은
쓰레기 수거 차량
소각장으로 이동

4 4월 6일 오전 6시 10분
이씨, 자신이 버려놓은
A씨 시신 동료와 함께
쓰레기 차량에 밀어 넣음

오후(시간 미상)
이씨, 전화로 완산구청에
A씨 '병가' 신청

범행 행적

1. 2017년 4월 4일 오후 5시 범인 이씨와 피해자 A씨가 이씨 집 근처의 중국집에서 만나 1시간 30분가량 술을 마신다.

2. 4월 4일 오후 6시 30분 두 사람은 A씨 집으로 자리를 옮겨 술을 마시다가, 시비가 붙어 몸싸움이 벌어진다. 이때 이씨가 A씨의 목을 졸라 살해한다.

4월 4일 오후 6시 30분부터 4월 5일 오후 2시까지 이씨는 그날 밤 A씨 시신을 집에 그대로 방치한다. 그 후 집 근처 철물점에서 구매한 50리터짜리 검은색 봉투 15장, 이불, 100리터 종량제 쓰레기봉투를 이용해 시신을 쓰레기처럼 위장한다.

3. 4월 5일 밤 10시 40분 이씨는 자신이 담당하는 쓰레기 수거 지역에 쓰레기봉투에 싼 시신을 유기하고 귀가한다.

4. 4월 6일 아침 6시 10분 이씨는 자신이 버려놓은 A씨 시신을 다른 동료와 함께 수거해 쓰레기 차량에 던져 넣는다. A씨 시체를 담은 쓰레기 수거 차량은 그 길로 소각장으로 이동하고, 이후 시신은 쓰레기와 함께 소각되면서 찾을 수 없게 된다. 그날 오후(시간 미상), 이씨는 A씨 근무지인 완산구청에 전화해 자신이 A씨인 것처럼 행세하며 A씨 병가를 신청한다.

5. 5월 27일 이씨는 A씨의 가짜 진단서를 만들어 완산구청에 A씨 1년 휴직계를 신청한다.

실종·가출

실종·가출 신고 들어오면 '수색+강력사건' 수사 병행

"여성청소년수사팀과 강력팀 사이에 원활한 정보 교류와 정확한 판단이 없었다면 피해자의 억울한 죽음의 진실은 밝혀지지 않았을 겁니다."

환경미화원 살인 사건을 수사한 전주완산경찰서 강력1팀장 신두원 경위는 사건을 해결한 동력으로 두 팀 간의 공조를 꼽았다. 여성청소년수사팀에서 가출 신고를 받고 확보한 피해자 A씨의 관련 정보들이 강력팀으로 넘어오는 순간, 어찌 보면 미궁에 빠질 법한 사건이 새로운 전환점을 맞이했다는 것이다. 신경위는 이렇게 말했다.

"여성청소년수사팀에서 A씨 가출 신고를 받고 계속 수집한 A

씨의 휴대폰 사용 내역이나 금융 거래 기록 등 생활 반응들이 결국엔 모두 이씨가 위장극을 벌이며 했던 행동들이었다. 이를 바탕으로 강력팀에서 이씨와의 관련성을 하나하나 맞춰나가면서 수사를 빠르게 진행할 수 있었다."

이번처럼 '시신 없는 살인 사건'은 증거를 확보하기가 쉽지 않아 정황증거와 관련 진술이 없으면 대부분의 경우 범행을 입증하기 어렵다. 구체적인 정황이 없으니 용의자 후보군을 좁혀나가는 것부터가 난제가 되고, 혹시 유력 용의자를 확보한다 해도 자백이나 결정적 진술을 받아내지 못하면 사건은 미궁 속에 빠지기 십상이다. 그 점에서 신경위는 여성청소년수사팀의 공을 인정했다.

"여성청소년수사팀에서 1차 참고인 조사를 진행했는데, 이후 나타난 이씨의 수상한 행적과 위조 진단서가 이씨를 압박하는 데 큰 도움이 됐다."

이런 공조 수사를 체계화해 경찰은 2017년 10월 실종 수사 체계 개선 방안을 내놨다. 실종·가출 신고가 들어오면 범죄 피해 가능성까지 염두에 두고 수사를 진행하도록 한다는 게 개선안의 골자다. 그간 경찰은 실종·가출 신고가 접수되면 실종자를 찾는 수색을 위주로 초동 대응한 다음, 그 과정에서 범죄 의심점이 있을 때에 한해 '실종수사조정위원회'를 열어 강력 사건으로 전환할지를 결정했다. 그러다 보니 2017년 10월 발생한 '이영학 여중생 성폭력 및 살인' 사건과 같이, 범죄 혐의점을 발견하는 것이 늦어지고 초동수사가 형식적인 수색에 그친다는 지적이 제기됐다.

딸 친구를 살해하고 시신을 유기한 혐의로 구속된 이영학이 1심 선고 공판에 출석하기 위해 2018년 2월 21일 서울북부지방법원으로 향하고 있다. 사진 배우한

　　개선안이 나온 이후 모든 실종 사건은 경찰서 여성청소년과장에게 보고되고 범죄가 의심되는 경우 경찰서장에게도 즉시 보고된다. 수사에 착수하게 되면 4~6시간 내에 합동심의위원회도 열어 각 기능별 초동 조치 사항을 공유하고 수사 방향을 재설정한다. 실종·가출 사건에서 범죄 의심점이 있는 경우 수사 전환을 얼마나 신속히 하냐가 성패를 가른다고 신경위는 설명했다.

　　"이번 사건은 가출 신고가 들어오기 전에 피해자가 사망한 상태였지만, 여성청소년수사팀에서 범죄 의심점을 즉시 보고해 신속히 용의자를 찾아내고 검거까지 할 수 있었다."

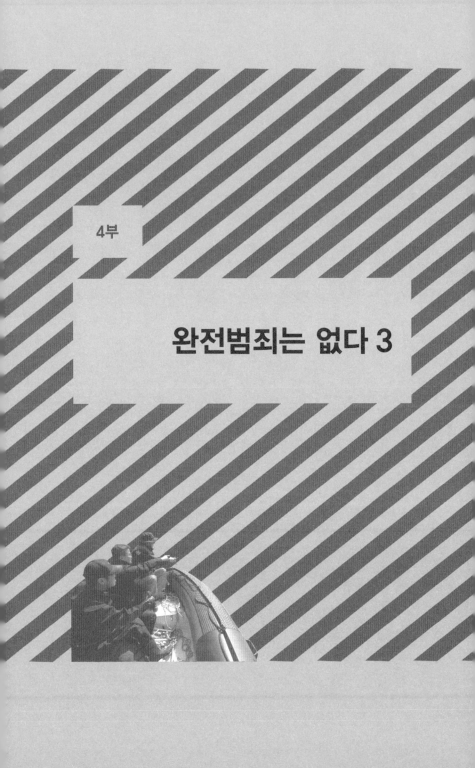

4부

완전범죄는 없다 3

35

고양 여관 여종업원 살인 사건

12년 전 사라진 살인 피의자
'동사무소 김장 김치' 미끼를 물었다

"너는 날 잊었겠지만, 나는 널 잊지 않았어."

꼬박 12년이 흘렀다. 윤광상 경사(현 경기북부지방경찰청 과학수사
계 경감)는 고양경찰서 강력반 막내 순경이었던 시절 1995년 10월
7일을 결코 잊을 수 없다. 오전 10시 30분경 '종업원이 칼에 찔려
숨졌다'는 신고를 받고 출동한 고양의 한 여관, 그곳에서 객실 청
소원 오 모(당시 68세) 씨의 싸늘한 시신을 목격했다. 과격한 몸싸
움이라도 벌인 듯 방은 엉망진창이었고 바닥엔 오씨가 흘린 피가
낭자했다. 시간이 지날수록 그날 그곳의 기억은 희미해지기는커
녕 더욱 선명해져갔다. 살인, 그러나 범인이 잡히지 않은 미제 사
건이었다. 2007년 11월, 잠적했던 범인이 마침내 윤곽을 드러낸

그때까지 그 기억은 '고통'이었다.

오씨는 당시 과다 출혈로 경찰이 현장에 출동하기도 전에 숨을 거뒀다. 날카로운 흉기에 목에 있는 정맥과 동맥을 두 번이나 찔려, 한눈에도 누군가에게 살해된 처참한 모습이었다.

단서는 현장에서 쉽게 발견됐다. 쓰러진 오씨의 주변을 둘러보던 윤경사의 눈에 피가 흥건히 묻은 외투가 포착됐다. 옷 주머니에는 '김희철'이라는 이름이 새겨진 도장이 들어 있었다. 마침 여관 주인과 다른 투숙객들도 그를 알고 있었다. 두 달 전부터 106호에 장기 투숙하던 인물이었다. 그때는 몰랐다. 이름까지 드러난 유력한 피의자의 얼굴을 보기까지 그렇게 오랜 시간이 걸릴 줄은.

경찰들 사이에서는 신원이 확보됐으니 '다 잡은 것이나 다름없다'는 얘기가 나왔다. 그런데 정작 도주한 김씨의 행방은 오리무중이었다. 통신 수사는 언감생심이고, 현장에 남은 흔적으로는 혈액형이나 겨우 알 수 있는 게 1990년대 과학수사의 수준이었다. 형사과 전 직원이 참여한 수사본부가 설치되어 김씨를 추적했지만 성과가 나오지 않았다. 전국에 수배 전단을 1만 여장이나 뿌리고, MBC '경찰청 사람들' 같은 지상파 공개 수배 프로그램을 통해 두 차례나 사건을 방송했지만, 작은 실마리 하나 잡히지 않았다. 설상가상 김씨는 거주지 불명으로 주민등록이 말소돼버렸다.

사건이 발생하고 석 달이 지나자 수사본부는 해체됐다. 윤경사와 양호승 경장(현 인천지방경찰청 과학수사계 경위) 둘이 남아 수사를 해나가기로 결정이 났다. 김씨의 본적인 전남 여수 한 작은 섬에 찾아가기도 수차례, 그의 가족까지 만나 탐문 수사를 한 건 셀수조차 없을 정도였다. 하지만 되돌아오는 건 "우리도 연락 안 하고 지낸 지 십수 년째'라는 대답뿐이었다. 그렇게 사건은 조금씩 잊혀져갔다. 윤경사에게만 빼고.

"살아 있다면 말이죠. 언젠가는 말소된 주민등록을 되살릴 수밖에 없을 거라고 생각했습니다."

윤경사는 매달 동사무소를 찾았다. 김씨가 혹시나 주민등록을 살렸는지 확인해야 했다. 경찰의 온라인 신원 조회 시스템으로도 김씨 이름을 수없이 검색했다. 그사이 윤경사는 강력반을 떠나 현장 감식 업무를 맡게 됐다. 그래도 포기할 수 없는 일이었다. 틈틈이 근무가 없는 비번 날이면 마치 또 다른 출근을 하듯 몸에 밴 습관처럼 김씨를 쫓았다. 휴가 때면 김씨의 기록상 마지막 주소지인 경기 평택과 여수로 여행을 떠날 정도였다.

"당신, 대체 언제까지 그럴 거야!"

아내의 핀잔을 들으면서도 윤경사는 "한 번만 참아줘. 올해 안엔 잡겠지" 너스레를 떨며 가족들을 달랬다. 물론 진척 없는 수사에 지쳐가는 몸과 마음은 어쩔 수 없었다.

"범인이 누군지 뻔히 아는 상황에서 찾지 못해 못 잡는다면 피해자가 얼마나 한스러울까' 하는 생각에 도무지 포기할 수가 없었어요. 지치지 말고 꼭 내 손으로 잡아야겠다고 다짐했죠."

윤경사는 막막했던 당시를 그렇게 떠올렸다.

2007년 11월 14일, 드디어 그가 나타났다. 평소와 다름없이 김씨의 신원을 조회하던 중 윤경사의 입에서 "아!" 작은 탄성이 터져 나왔다.

"김희철, 김희철이 떴어."

12년 동안 기다렸던 순간이었다. 평택을 마지막으로 그동안 말소됐던 김씨의 주민등록이 그해 9월 28일, 충남 천안 원성동에서 되살아났다. 윤경사는 흥분을 주체하지 못해 동사무소에 전화를 걸었고, 생활고를 겪던 김씨가 기초생활수급자로 등록해 보조금을 받기 위해 주소를 이전한 사실을 확인했다. 그리고 김씨는 동사무소에서 오는 연락을 받기 위해 휴대폰도 개통했다.

"이번에 잡지 못하면, 또 어디로 꽁꽁 숨을지 모를 일이었죠."

전담팀도 사라지고 혼자 사건에 매달려온 지 12년, 외로운 추격의 끝이 보였다. 다음날 윤경사는 바로 나흘 휴가를 내고 김씨의 천안 주소지로 내려가 양경장과 함께 잠복을 시작했다.

결과는 썩 좋지 않았다. 김씨가 쉽게 나타나지 않을 거라 짐작은 했다. 주소지를 찾아가보니 다 쓰러져가는 폐가였다. 물론 성과가 아주 없지는 않았다. 동사무소를 통해 60대 중반의 김씨 사진을 확보할 수 있었다. 그가 살아 있다는 것, 또 현재 실제 얼굴을 확인한 것만으로도 실패는 아니었다. 12년 만에 비로소 눈으로 확인한 김씨 사진을 만지작거리며, 윤경사는 그와 곧 조우할 것을 직감했다.

또 다른 단서도 손에 들어왔다. 잠복하던 윤경사의 눈에 우체통에 꽂힌 휴대폰 요금청구서가 들어왔다. 기본료를 겨우 넘긴 청구 내역은 김씨의 빈약한 사회생활과 관계를 고스란히 드러내 보였다. 사건이 일어났던 1995년과는 판이하게 다른 발전된 수사 역량도 든든했다. 김씨의 휴대폰 번호로 통화 내역을 조회하고 실시간 위치 추적을 실시한 결과, 김씨는 주소지에서 3킬로미터 떨어진 천안중앙시장 인근에서 주로 활동하는 것으로 드러났다.

"중앙시장이 평소 유동 인구가 평일 3만 명, 주말 6만 명이 넘는 번화가라는 점에서 나 혼자 힘으로는 어림없는 일이었지만, 지난 12년을 생각하면 힘이 절로 났습니다."

김씨가 거쳐 간 약국도 파악 가능했다. 남양주, 천안, 서울 동대문구, 충북 예산. 병원 한 번 제대로 가지 못하고 약국을 전전하며 떠돌이로 살아온 모습이 단박에 그려졌다. 한 달 동안 단 '두 번' 사용하기는 했지만 김씨의 통화 내역도 유의미한 정보였다. 게다가 두 번은 다름 아니라 기초생활수급자에게 주는 물품을 받기 위해 동사무소 직원과 나눈 통화였다.

"이놈을 어떻게 유인한담."

윤경사의 셈법이 복잡해졌다. 아직 수사팀을 꾸리기에는 '결정적 단서'가 부족했다. 여전히 비번인 날을 이용해 수사를 해야 하는 처지였다. 공소시효는 3년이 채 남지 않았다. 연고도 가족도 없이 평생 떠돌며 산 김씨라 '여기서 놓치면 정말 끝이다'라는 직감이 어깨를 무겁게 눌렀다.

고민 끝에 김씨를 제 발로 찾아오게 만들자는 결론이 내려졌다. 12년간 꽁꽁 숨어 지내던 김씨가 모습을 드러낸 것도 기초생활수급자 보조금을 타기 위해 주민등록을 복원한 것이므로. 마침 12월을 보름가량 앞둔 11월 중순, 슬슬 연말연시를 맞아 불우 이웃을 돕기 위한 성금을 모금하고 동사무소에서는 형편이 좋지 못한 이웃에게 두꺼운 겉옷이나 연탄, 김장 김치 따위를 지급하는 때였다. 목마른 자가 우물을 파듯 배고픈 김씨가 도움의 손길을 기다릴 게 뻔했다.

"12년 동안 쫓았던 놈입니다. 한 번만 도와주십시오."

윤경사가 천안 원성1동 동사무소의 사회복지 담당 공무원에게 상황을 설명하며 간청했다. 처음에는 무뚝뚝하기만 하던 담당 공무원이 조심스레 김씨에게 전화를 걸었다. 뚜, 뚜, 뚜, 딸깍!

"여보세요? 김희철 씨 되시죠? 여기 동사무소인데요. 김장 김치 받으러 오늘 오후에 오세요. 기초생활수급자 분들에게 드릴 김치를 준비했어요."

김씨를 유인할 처음이자 마지막이 될 미끼였다.

"네. 알겠습니다."

김씨에 대해선 낱낱이 알았지만 정작 목소리는 처음 듣는 순간이었다. 터질 듯한 심장 박동을 숨긴 채, 윤경사와 양경장 두 추격자는 동사무소 인근에 잠복했다.

이윽고 오후 4시 13분, 김씨가 택시에서 내렸다.

"김희철 씨, 당신을 12년 전 오○○ 씨 살인 혐의로 긴급 체포

김씨는 노숙 생활을 하고 막일을 하며 정처 없이 떠돌았다.

합니다."

　겨울을 날 김장 김치를 받기 위해 동사무소를 찾은 김씨는 당황한 기색을 감추지 못하다, 이내 체념한 듯 어깨를 아래로 늘어뜨렸다.

　김씨가 밝힌 범행 동기는 '치정'이었다. 김씨는 범행을 저지른 해 여관에 머물며 오씨와 친밀한 관계로 지내고 있었다. 하지만 오씨의 태도가 갑자기 싸늘해지자 남자관계를 의심하게 됐고, "이제 아저씨와는 끝났어요"라는 말에 격분해 살인을 했다는 게 김씨의 얘기다.

　"12년 동안 정말 세상에 없는 사람인 것처럼 버텼는데… 아직까지 나를 쫓고 있을 줄 어느 누가 알았겠어요."

김씨는 믿기지 않는다는 듯 말했다.

경찰의 눈을 피해 도망쳤던 김씨는 서울역과 천안역 등 전국 도처의 역을 전전하며 여러 해 노숙 생활을 이어갔고, 혹시나 들킬까 봐 서류상에도 나오지 않게 조심하며 세상에 없는 사람처럼 쥐죽은 듯 지냈다. 돈이 필요할 때마다 건설 현장 등에서 하루 벌어하루 먹고사는 인생을 반복하며 정처 없이 떠돌다, 결국 천안 시내에 정착했다. 일흔을 앞둔 김씨와 함께 막일을 하던 일꾼들이 "김형! 나이도 많으니, 동사무소에 가서 생계가 어려운 사람들에게주는 쌀이나 연탄이나 받아요" 하는 소리에 혹하지만 않았다면…. 그리고 기초생활수급자로 등록하겠다며 주민등록만 되살리지 않았다면…. 김씨는 한숨을 내쉬었지만, 늦은 후회였다.

2008년 1월, 1심 재판부는 "피해자를 계획적으로 살해한 점 등을 미루어 중형을 선고함이 불가피하다. 김씨가 초범인 데다 범행을 순순히 자백하고, 체포되기 전까지 12년가량 노숙과 구걸로힘들게 살아온 점을 고려해 징역 12년의 실형을 선고한다"고 밝혔다. 김씨는 이후 탄원서를 제출하며 항소와 상고를 이어갔지만, 같은 해 7월 대법원에서 원심이 그대로 확정됐다.

1995년 10월 7일

(범) 오전 10시 30분쯤,
경기 고양시 한 여관에서
종업원 오모(당시 68세)씨 목을
흉기로 두 번 찔러 살해

(경) 현장에서 피 묻은 옷 주머니 속
도장을 보고 여관 장기 투숙객
김희철(가명·당시 54세)씨
유력한 용의자로 추적

- - - - - - - - - - - - - - - - - - -

(경) **10월 9일** 김씨 공개 수배

- - - - - - - - - - - - - - - - - - -

1995년 말

(범) 주민등록 말소

고양시
여종업원
살인사건 일지   (범) 범인
                (경) 경찰

공개수배

▶▶▶

1996년~
(범) 교회에서 구걸하거나 서울역과
천안역 등 전전하며 노숙 생활

1996년 1월
(경) 경기 고양경찰서 수사본부 해체

8월
(경) SBS '추적 사건과 사람들' 공개수배 방송

1997년 10월
(경) MBC '경찰청 사람들' 공개수배 방송

2007년 9월 28일
(범) 충남 천안시에서 주민등록 회복
기초생활보호대상자 신청

2007년 9월 말~
(범) 천안 중앙시장 일대에서 일용직

2007년 11월 14일
(경) 용의자 김희철 주소 변동사항 전산 조회 확인
윤 경사(현재 경감), 4일간 휴가

11월 15~18일
(경) 윤 경사, 김씨 천안 주소지 근처에서
잠복했으나 실패
우체통에 꽂혀 있는 휴대폰 요금 청구서 확보

11월 19일
(경) 국민건강보험공단 통해 김씨 약국 내역서 확보
휴대폰 기지국 추적 결과, 김씨 천안 중앙시장
인근에서 생활하는 것으로 확인

11월 21일
(경) 천안 원성1동 동사무소 직원 통해 기초생활보호
대상자들에게 김장김치를 지급한다며 유인
오후 4시 30분 김치 받기 위해 동사무소에
도착한 김씨 긴급체포

동사무소

사건 일지 _____

1995년 10월 7일 범인은 오전 10시 30분쯤, 경기 고양의 한 여관에서 종업원 오씨의 목을 흉기로 두 번 찔러 살해한다. 경찰은 현장에서 발견된 피 묻은 옷과 그 안에서 나온 도장을 보고, 여관의 장기 투숙객인 김희철(당시 54세)을 유력한 용의자로 지목해 추적한다.

10월 9일 김씨를 공개 수배한다.

1995년 말 주소지 불명으로 범인 김씨의 주민등록이 말소된다.

1996년 이후 김씨는 교회에서 구걸하거나 서울역과 천안역 등을 전전하며 노숙 생활을 이어간다.

1996년 1월 고양경찰서는 수사본부를 해체한다.

1996년 8월 SBS 프로그램 '추적 사건과 사람들'에 사건이 소개된다.

1997년 10월 MBC 공개 수배 프로그램 '경찰청 사람들'에도 소개되어 다시 한 번 방송이 나간다.

2007년 9월 28일 김씨가 충남 천안에서 기초생활수급자를 신청하면서 주민등록을 회복한다.

2007년 9월 말 김씨는 천안중앙시장 일대에서 일용직 노동자로 일한다.

2007년 11월 14일 당시 범인을 쫓던 윤경사가 전산상에서 조회하다가 김씨가 주민등록을 회복한 사실을 확인한다. 곧바로 나흘 휴가를 내고 천안으로 내려간다.

11월 15일부터 18일까지 윤경사가 김씨의 천안 주소지 근처에서 잠복했으나 김씨가 나타나지 않아 검거에 실패한다. 그때 우체통에 꽂혀 있는 휴대폰 요금 청구서를 확보한다.

11월 19일 경찰은 국민건강보험공단을 통해 김씨의 약국 조제 내역도 확보한다. 그리고 통신사 기지국에서 위치를 추적한 결과, 김씨는 천안중앙시장 인근에서 생활하는 것으로 확인된다.

11월 21일 경찰은 천안 원성1동 동사무소 직원에게 전화를 걸게 해, 기초생활수급자들에게 김장 김치를 지급한다며 범인을 유인한다. 오후 4시 30분 김치를 받기 위해 동사무소에 도착한 김씨를 긴급 체포한다.

공개 수배

슈퍼·여관 담벼락 전단에서
스마트폰 앱으로 '공개 수배의 진화'

'여러분의 신고는 사건 해결의 결정적 열쇠!'

1990년대까지만 해도 고속도로 휴게소에서, 동네 슈퍼와 여관 담벼락에서 '중요 지명 피의자 종합 공개 수배' 전단을 지금보다 훨씬 쉽게 발견할 수 있었다. 20명 정도 용의자 정보가 담긴 수배 포스터에는, 다양한 죄목 아래 용의자 사진과 '호리호리한 체격' '경상도 말씨' 같은 특징이 나열돼 있었다.

수사기관의 'A급 지명수배'는 형사사건과 관련한 기소 중지자나 출석 요구에 불응한 피의자에게 적용되는 조치다. 고양 여관 여종업원 살인 사건은 피의자가 특정되었지만 연고 없이 노숙 생활을 오래해왔기에, 경찰은 사건이 발생하고 이틀 만에 수배령을 내렸다. 전국에 뿌려진 수배 전단이 1만여 장에 달했고 공개 수배 프로그램에서도 두 차례 방송됐다.

누가 사진과 정보를 한눈에 다 외워 제보하겠는가 싶겠지만, 1979년부터 40년 가까이 이어진 공개 수배 제도는 여전히 수사에 결정적 단서를 제공할 때가 많다. 경찰청에 따르면, 2010년부터 2018년 상반기까지 종합 공개 수배 전단으로 수배한 총 142명(중복자 제외) 중 77명이 검거됐다.

TV 시청이 보편화되면서는 지상파 방송국의 공개 수배 방송이 범인을 검거하는 데 효자 노릇을 했다. 1993년 방송을 시작해 1999년 272부작으로 종영할 때까지 전 국민의 사랑을 받은 MBC '경찰청 사람들'은 평균 시청률이 20퍼센트에 달하는 인기 프로그램이었다. 1998년부터 2001년까지 방송한 KBS '공개 수배 사건 25시'는 100여 회 방송되는 동안 용의자 370명 중 182명이 검거됐다. 검거 비율로 따지면 49.45퍼센트, 둘 중 하나는 결국 경찰에 덜미가 잡혔다는 얘기다.

공개 수배도 진화하고 있다. 2016년 부산지방경찰청은 15년 전 '다방 여종업원 살인 사건'의 용의자가 찍힌 폐쇄회로 TV 영상을 지방경찰청 공식 페이스북에 올렸는데, 한 달도 안 돼 영상 속 인물 셋 중 한 명을 안다는 제보가 들어왔다. 결국 범인은 2017년 검거됐다. 자칫 미제로 남을 뻔한 사건의 실마리를 푸는 데 이 같은 공개 수배에 의한 시민 제보가 결정적 역할을 했다는 평가가 내려졌다. 수배 전단에 이름을 올린 20명의 죄목과 사진, 이름 등을

KBS에서 방영한 '공개 수배 사건 25시'의 방송 화면. 이를 통해 용의자 182명이 실제 경찰에 검거됐다.
사진 인터넷 커뮤니티 캡처

볼 수 있게 안내하는 '스마트 국민 제보, 목격자를 찾습니다' 어플리케이션(앱)도 있다.

하지만 용의자의 얼굴과 인적 사항을 가감 없이 공개한다는 점에서 인권 침해 여지는 항상 존재한다. 박한호 극동대 경찰행정학과 교수는 이렇게 지적했다.

"사회관계망서비스나 앱을 통해 용의자를 수배하는 것은 변화한 시대상을 반영한 것이다. 하지만 검거하고 나면 떼어버리면 됐던 전단과 달리, 이는 검거하고 처벌한 후에도 온라인상에서 인적 사항과 사진이 떠돌게 되므로 인권 침해 요소가 있다. 보완이 필요하다."

36

강서구 건설업자 청부 살인 사건

폐쇄회로 TV 속 얼굴 없는 용의자의 걸음걸이를 쫓았다

"저놈, 저놈, 누가 저놈 좀 잡아줘요!"

2014년 3월 20일 저녁 7시 20분. 서울 강서구 방화동 대로변으로 한 남성의 절규가 울려 퍼졌다. 마지막 남은 힘까지 쥐어짠 듯 목소리는 몹시 힘겨웠다. 가까운 건물의 4층 창문이 열렸다. 창문 밖으로 차 모 씨가 얼굴을 내밀었다. 건물 앞에 피투성이로 쓰러진 한 중년 남성이 보였다.

흉기에 찔린 듯 남성의 목과 가슴, 배 여기저기서 피가 쏟아지고 있었다. 지혈을 하고 싶었지만 어디서부터 어떻게 막아야 할지 모를 정도로 상태는 심각했다. 쓰러진 남성이 무언가를 말하고 싶은 듯 계속 중얼거렸다. 하지만 목소리는 이내 들리지 않았다. 차씨의 신고를 받고 급히 달려온 119구조대에 의식을 잃은 채 실려 병원으로 이송된 남성은, 결국 숨을 거뒀다.

숨진 남성은 목격자 차씨가 사는 건물에 함께 입주해 중소 건설업체를 운영하던 경 모(59세) 씨로 밝혀졌다. 신고를 받고 현장에 가장 먼저 도착한 서울강서경찰서 강상철 형사(현 강력6팀장)는 우선 '원한 관계에 의한 살해'를 떠올렸다.

"건설사 사장이 피해자고, 살해 장소가 사무실 앞이라는 게 일단 예사롭지 않았습니다. 게다가 원한 관계가 아니라면 저 정도로 잔혹하게 흉기를 여러 번 쓸 일이 없었을 겁니다."

물론 짐작이자 추정이었다. 증거는 그때까지 확보된 게 전혀 없었다. 현장에서 건진 단서라고 해봐야 건물 근처 공터에서 발견된 지문 없는 흉기, 범인으로 추정되는 사람이 나오기는 했지만 얼굴은 물론이고 체형조차 쉽게 알아보기 어려운 폐쇄회로 TV 영상 정도가 전부였다. 사건이 발생한 지점이 구식 다세대주택이 밀집한 낙후된 주택가이고, 사건 장소 인근에선 마곡 신도시 조성을 위해 아파트와 오피스텔 공사가 한창 진행 중인 터라 추가로 폐쇄회로 TV 화면을 확보하기도 어려워 보였다.

"이럴 때일수록 수사 단서를 초기에 잡는 게 중요하다고 봤습니다."

류중국 당시 강력1팀장이 초반 총력전을 선언했다.

"투 트랙(두 갈래)으로 수사해야겠습니다. 증거물 분석을 꼼꼼히 하고, 피해자 주변 사람들에 대한 탐문을 최대한 빨리, 많이 해 놓도록 합시다."

전담 수사팀이 50명 규모로 꾸려졌다. 팀원들은 현장 주변에 있는 폐쇄회로 TV를 정밀 분석하고, 피해자 주변 인물과 사건 장소 인근에 사는 이들을 대상으로 탐문 수사를 진행해나갔다. 밤 낮이 따로 없었다.

초반은 나쁘지 않았다. 사건이 발생한 다음날, 피해자의 회사에서 일하는 20대 사무직원에게서 '어쩌면 중요 단서가 될지 모를' 진술을 받아내는 데 성공했다.

"최근 사장님과 다툰 사람이 있었어요."

직원이 수원에 거주하는 건축가 양 모 씨를 콕 짚었다.

경씨는 당초 건축사 자격이 있는 양씨의 명의를 빌려 건물을 짓기로 했다. 하지만 공사가 진행되던 중 금전 문제로 다툼이 생겼고, 급기야 둘은 법정에서 얼굴을 붉혀야 했다.

"양씨가 사건 당일에 우리 사무실을 찾아오기로 했는데 오지도 않고 연락도 닿지 않았어요."

직원의 말이 더해질수록 양씨 행적에 대한 의심은 커져갔다.

경찰은 양씨를 곧바로 용의자로 지목해 그의 통신 내역과 행적을 수집해나갔다. 하지만 결과는 생각과 달랐다. 헛물이었다. 양씨가 진술한 사건 당일 행적은 경찰이 따로 조사한 통신 수사와 폐쇄회로 TV 영상을 통해 입증됐다. 그는 사건 당일 현장에서 자동차로 1시간 이상 떨어진 수원의 회사와 집에 있었고, 휴대폰 등 통신 기기 또한 그 지역에서 이용한 것으로 나왔다. 양씨가 범인일 가능성은 0퍼센트였다.

수사는 원점으로 돌아갔다. '사건 해결이 코앞'이라고 잔뜩 기대했던 수사팀원들은 허탈함과 막막함을 감추려고 무던히 애썼지만 쉽지 않았다. 사건이 발생한 시각이 주민들의 이동이 많은 저녁 시간이었는데도 목격자는 나타나지 않았다. 주변 폐쇄회로 TV에서도 용의자의 뚜렷한 생김새나 구체적인 이동 경로가 잡히지 않았다. 그나마 손에 든 단서라면 폐쇄회로 TV상에선 '점' 정도로 보이는 범인 추정 인물이 지하철 9호선 신방화역 방향으로 뛰어가는 모습 정도였다.

"분명 현장 주변에 있는 폐쇄회로 TV의 위치와 각도 등을 파악해 도주로를 치밀하게 구상했다는 것일 텐데…. 그뿐이었습니다."

지푸라기라도 잡고 싶었다. 하지만 그런 지푸라기조차 보이지 않았다. 수사팀은 사건 현장 주변과 도주로로 추정되는 길목에 설치된 폐쇄회로 TV 120개에서 몇 달치 파일을 확보해 꼼꼼히 들여다봤다. 방화동과 공항로 일대에 사는 637가구 1600여 명을 포함해 예상 도주로에서 확인된 거주자와 전출자까지 1500세대 6000명을 만나 조사했다. 여기에 더해 피해자와 통화한 인물부터 금전 거래자, 소송 상대까지 1870여 명을 탐문 수사했다. 전력을 다했지만 용의자는 여전히 오리무중이었다.

경찰 수사력에 대한 질타가 외부에서 쏟아졌다. 수사팀의 사기는 바닥을 쳤다. '강력 사건 베테랑'인 류팀장과 강형사조차 조금씩 지쳐갔다. 팀원 중에는 화장실에 갔다 눈이 시뻘개져 돌아오는 이들이 있었다.

"억울했겠죠. 말은 안 해도 화장실에 가서 펑펑 울다 겨우 분을 가라앉히고 왔다는 걸 알 수 있었죠."

당시 신혼이던 형사 둘은 몇 달 동안 단 두 번 퇴근했다. 또 다른 형사는 사건을 맡은 뒤 대학 시절부터 7년 넘게 만나온 여자 친구와 헤어졌다. 류팀장과 강형사가 나서서 "조금만 힘 내자, 힌트는 꼭 나타난다"고 후배들을 다독였지만, 그들도 울고 싶기는 매한가지였다. 하루하루 지나는 시간이 원망스러웠다.

사건이 발생하고 석 달쯤 됐을 때, '꼭 나타난다'던 '힌트'가 등장했다. 확보한 폐쇄회로 TV 화면을 뚫어지게 쳐다보던 강형사가 무릎을 쳤다. 사건 당일 17일 전부터 방화동과 공항 도로 일대를 소형 자전거(미니벨로)를 타고 돌아다니는 한 사람이 눈에 들어왔다.

"마치 폐쇄회로 TV의 위치나 도주로를 파악하려는 듯한 모습이었어요. 게다가 며칠을 그렇게 돌아다니다가 정작 사건 당일에는 현장 주변에 나타나지 않았어요."

어쩌면 지푸라기가 될 수도 있다고 봤다. 아직까지 용의자로 특정할 만한 수상한 행적은 없었지만 면밀히 추적해볼 필요가 있었다.

화면을 몇 백 번은 돌려 봤다. 보고 또 보고, 생각하고 또 생각했다. 그러자 결정적인 '그만의' 특징이 보였다. 흔히 안짱걸음이라 부르는 내족지 보행.

"그래, 이게 힌트다."

사건 당일 방화동 일대의 폐쇄회로 TV를 며칠에 걸쳐 다시 돌려 보며 얼굴이나 체형이 아닌 '걸음걸이'를 살폈다.

사건 당일 신고 시각으로부터 10분이 지난 시점, 현장에서 2.6킬로미터 떨어진 지하철 5호선 발산역 부근 신발 매장과 발산 119 안전센터에 설치된 폐쇄회로 TV에서 비슷한 걸음걸이가 포착됐다. 사건 장소에서 곧장 택시를 탔다면 충분히 닿을 수 있는 거리다. '그놈'의 흔적이 점점 선명해지고 있었다. 계절이 한 번 바뀌고 7월이 왔다.

"신상부터 파악해보자."

류팀장이 지시를 내렸다. 사건 14일 전인 3월 6일, 공항동에서 안짱걸음을 걷던 남성이 현금인출기와 공중전화가 함께 위치한 길가에서 2분 35초간 멈춘 화면이 확보됐다. 수사팀은 그 시각 현금인출기에서 돈을 인출한 남성의 신원을 파악하기로 했다.

현금을 인출한 신용카드 주인은 중국 옌볜 출신의 한국계 중국인 김 모(48세) 씨였다. 수사팀이 경찰청 과학수사센터와 법보행 전문가들에게 폐쇄회로 TV에서 나온, 그의 것으로 보이는 안짱걸음 영상들을 보내 분석한 결과, 범행 당일 발산역 인근에 출현한 인물과 2주 전 공항동에서 현금을 인출한 인물이 같을 가능성이 매우 높다는 결론이 나왔다. 경찰은 즉시 김씨를 피의자로 전환하고, 통신 내역과 금융 거래를 추적하는 등 추가 수사에 전력을 기울였다. 그렇게 10월, 또 한 번 계절이 바뀌었다.

경찰이 마침내 경기 안산 단원구의 거주지 앞에서 김씨를 체포했다. 그간 통신 기록에는 김씨가 사건 당일까지 아무런 연고도 없는 강서구 일대에서 휴대폰을 사용한 흔적이 나왔지만, 사건 직후로는 강서구는커녕 서울을 찾은 날조차 거의 없는 것으로 나왔다. 수사팀은 그가 범인임을 확신했다.

김씨는 경찰이 차곡차곡 쌓아온 수사 기록 앞에서 손쉽게 무너졌다. '발주자'에게서 3100만 원을 받고 경씨를 죽였다는 사실을 털어놨다.

"아는 형님이 (경씨를) '보내버리라'고 했습니다. 한국에서 취업을 못 하고 돈이 바닥나 거절을 못 했어요."

청부 살인이었다.

김씨를 조사하면서 경찰은 사건의 실체에 한 걸음 더 다가갔다. 사건은 두 단계로 이뤄졌다. 사건 꼭대기엔 경기 수원에서 S건설을 운영하는 이 모(54세) 씨, 그 밑엔 이씨의 오랜 지인이자 지역 무술 단체 이사를 맡고 있는 박 모(59세) 씨가 있었다. 둘은 1986년부터 30년 가까이 무술을 계기로 쌓아온 인연으로, 이씨의 재력과 박씨의 주먹을 잇는 협력 관계를 유지해왔다. 주변에서는 신의라는 미명하에 한 치의 흐트러짐 없는 친밀함이라고 했다. 청부 살해까지 협력한 악의 고리, 여기에 조선족 자치주 공수도협회장인 김씨가 박씨에 의해 '살해 민원'을 해결할 적임자로 선택돼 합류한 것이다.

박씨는 당시 김씨가 상당한 생활고를 겪고 있다는 걸 알고 있었다. 문화(무술 등) 교류 목적으로 김씨가 발급받아온 F4 비자는 3년마다 갱신하면 영구 거주까지 가능하지만, 다른 직업은 가질 수 없었다. 단순 노무 업종이라도 일을 하다 단속에 걸리면 강제 추방을 당할 처지였다. 김씨는 함께 건너온 아내가 동네 아이들에게 한자를 가르쳐 번 돈으로 근근이 생활해오고 있었다.

또 하나 놀라운 사실은 이씨가 원래 죽이고 싶었던 '제거 대상'이 경씨가 아니라 그의 부하 직원인 홍 모(40세) 씨였다는 점이다. 이씨와 경씨가 각각 운영하던 S건설과 K건설은 2009년 12월부터 2014년까지 5년여 동안 총 11건의 민형사 소송을 주고받았는데, 이 과정에서 핵심 역할을 한 이가 바로 K건설의 법률 대리인이던 홍씨였다. 7개 송사 가운데 핵심이던 5억 원 규모의 손해배상 청구 소송에서 졌을 때 이씨가 홍씨에게 "(5억 원 가운데) 2억 원을 줄 테니 더 이상 소송을 진행하지 말라. 말을 듣지 않으면 죽여버리겠다"고 협박을 하기도 했지만, 홍씨는 2013년 7월 또 다시 사기 등 혐의로 이씨를 고소했고, 이때 이씨가 폭발을 한 것이다.

"다만 홍씨가 2014년 초 회사를 그만두면서, 표적을 경씨로 바꾼 겁니다. 회사를 떠난 사람을 죽일 필요가 없었을 테니까요."

이씨와 박씨는 "(경씨를) 죽이라고 한 적은 없다"며 혐의를 끝까지 부인했다. 실제 1심 재판부가 "살인을 청부했다는 직접적인 증

사건 당일 저녁 7시 30분쯤 피의자 김씨가 범행 후 발산역 근처를 걷는 모습이 폐쇄회로 TV에 찍혔다. 사진 서울강서경찰서

거가 없다"고 판단하면서, 이씨는 상해 교사 혐의만 인정돼 징역 7년을 선고받기도 했다. 상급심의 판단은 달랐다. 2심 재판부는 "1심 판단대로라면 박씨가 김씨에게 '경씨를 살해하라'고 지시했다는 건데, 박씨에겐 경씨를 살해할 만한 합당한 사유가 보이지 않는다"며 원심 판단을 뒤집고 무기징역을 선고했다.

2016년 11월 대법원은 2심 판단대로 이씨에게 무기징역, 브로커 박씨와 살인범 김씨에게 각각 징역 20년을 확정 판결했다.

강서구 건축업자 청부살인사건

사건 당일 김씨 행적
(2014년 3월 20일)

신방화역
7번출구 앞
대로변으로 나와
택시 탑승후
발산역으로 이동

신방화역

자신
승용차로
사건현장
맞은편
대기

영상 → **프로그램**

영상에 담긴 보행자의 관절 각도와
각 관절 간 거리를 계산해 분석하는
프로그램

경씨
살해

발산역 7번 출구부근서
발산119안전센터 쪽으로 도보 이동
신발매장 및 발산119안전센터
폐쇄회로(CC)TV에 '안짱 걸음' 포착.
앞서 사건 현장 배회하던 범인
추정인들 걸음과 일치

강서구

택시 탑승 후 사건 장소 맞은편
자신 승용차로 이동
자신 차량으로 안산 단원구
자택 귀가

서울

발산역

청부살인사건 관계도

브로커 **피의자**

살인
교사

살인
교사

이모씨(58)
S건설 사장

박모씨(62)
세계 무에타이·
킥복싱연맹
수원지역 이사

김모씨(54)
중국 옌볜
공수도협회장

5년간
11건의
민·형사
소송

피해자

살인

경모씨(사망·당시 59)
K건설 사장

청부 살인 사건 관계도:
3단계 청부 살해의 실체, 악의 고리

이씨(S건설 사장): 교사 → 브로커 박씨(세계 무에타
이·킥복싱연맹 수원 지역 이사): 교사 → 피의자 김씨
(중국 옌볜 공수도협회장): 살인 → 피해자 경씨(K건설
사장): 이씨와 5년간 11건의 민형사 소송

사건 당일 김씨 행적(2014년 3월 20일)

1. 사건 현장 맞은편에 차를 세워놓고 승용차 안에서 대기한다.

2. 경씨를 살해한다.

3. 신방화역 7번 출구 앞 대로변으로 나와 택시를 잡아 탄 후 발산역으로 이동한다.

4. 발산역 7번 출구 부근에서 발산 119안전센터 방향으로 걸어서 이동한다. 이때 신발 매장과 발산 119안전센터의 폐쇄회로 TV에 그의 '안짱걸음'이 포착된다. 앞서 사건 현장을 배회하던 범인 추정 인물의 걸음걸이와 일치했다. 영상에 담긴 보행자의 관절 각도와 각 관절 간 거리를 계산해 분석하는 프로그램을 통해서였다.

5. 다시 택시를 타고 사건 현장 맞은편에 세워놓은 자신의 승용차 쪽으로 이동한다. 자기 차로 경기 안산 단원구의 자택으로 귀가한다.

법보행

걸음걸이 특성 살피는 분석, 하반신 몽타주로 불려

강서구 건설업자 청부 살인 사건에서 해결의 주요 단서가 된 것은 경씨를 살해한 김씨의 안짱걸음이다. 사건 당일 현장에 있는 폐쇄회로 TV에 포착된 김씨의 모습은 '점'만큼이나 작았다. 얼굴을 파악하는 일은 애당초 불가능했다. 주로 모자를 쓰고 다니는 바람에 현장 주변의 폐쇄회로 TV에 잡힌 모습도 얼굴 형태를 특정하기 어려웠다. '하반신 몽타주'라 불리는 법보행法步行 분석이 없었다면 경찰은 김씨를 검거하지 못했을 수도 있다.

법보행 분석은 갈수록 수법이 치밀해지는 범죄에 대응하기 위해 걸음걸이로 용의자를 특정하는 과학수사 기법이다. 사람마다 다른 걸음걸이의 특성을 분석해 동일인 여부를 가려주는 식이다.

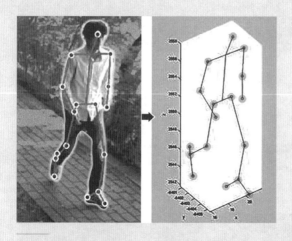

걸을 때 사용하는 주요 관절점을 추출해 걸음걸이의 특성을 분석한다. 사진 경찰청

사람이 걸을 때 사용하는 발목, 무릎, 고관절 등 주요 관절점의 특성을 추출하면, 서로 다른 영상에 찍힌 인물이 동일인인지 아닌지확인할 수 있다고 한다.

이번 사건처럼 범인이 얼굴을 가리거나 옷을 갈아입어도 보행특성을 살펴 동일 인물인지를 가려낼 수 있다. 얼굴이 폐쇄회로TV에 잡혔지만 '폐쇄회로 TV 속 인물은 내가 아니다'라며 잡아떼는 용의자의 주장을 반박할 근거가 되기도 한다.

법보행 분석 기법은 2013년 원세훈 전 국가정보원장 자택에 화염병을 투척한 사건에서 피의자를 검거할 때 활용되면서 주목받았다. 고작해야 5년여, 국내에서 수사에 활용된 역사는 그만큼 길지 않다는 얘기다.

하지만 최근 들어서는 법보행 분석이 법정에서 증거로 채택되는 등 역할이 커지는 추세다. 장성윤 경찰청 과학수사기법 계장은 현재 상황을 이렇게 설명했다.

"과학수사를 하는 과정에서 자체적으로 법보행 분석을 실시하지만, 좀 더 정확한 판단을 내리기 위해 의학·공학 전문가로 구성된 '법보행 분석 전문가 협의체'에 검증을 맡기는 경우가 많다. 사건을 해결하는 데 도움이 되는 더 나은 분석 시스템을 만들기 위해 많은 학자들이 노력 중이다."

37

신촌 퍽치기 살인 사건

비 오는 날 여성만 노린 '홍대 살인마'…
골목 곳곳에 덫을 놓다

추석 연휴 마지막 날인 2003년 9월 14일 새벽 5시. 어슴푸레 밝아오는 빛에 어울려 여름 습기를 잔뜩 머금은 비가 보슬보슬 내리고 있었다. 누군가는 연휴의 피곤함에, 또 다른 누군가는 곧 닥칠 이른 출근을 불평하며 각자 집에서 곤히 잠들어 있었다. 그 시각 서울 홍익대에서 미술을 공부하는 한 모(23세) 씨는 고향에서 추석을 막 쇠고 서울에 도착해, 연희동 자취방으로 총총걸음을 치고 있었다.

'뚜벅뚜벅.' 한씨가 발걸음을 뗄 때마다 또 다른 낯선 소리가 들려왔다. 뒤를 한 번 돌아봤지만 보이는 건 없었다. 극도로 팽팽해진 긴장은 점점 공포로 바뀌어갔다. 선택이 필요한 순간이었다. 온몸에 힘을 주고 달음박질을 치려는 찰나, 퍽 하는 둔탁한 소리와 비명 소리가 한데 뒤섞여 연희동의 눅눅한 길거리를 어지럽혔다.

병원으로 옮겨진 한씨는 이틀 뒤인 9월 16일 숨을 거뒀다. 누가, 왜 그랬을까. 마침 인터넷에는 신촌 대학가 인근에 여성을 대상으로 하는 '살인마'가 출몰한다는 흉흉한 소문이 돌고 있었다. 대부분 비가 오는 날에 당했다는 '홍대 괴담'이 입에서 입으로 전해졌다. 연세대와 홍익대 등은 여학생들에게 혼자 밤거리를 돌아다니지 말라는 주의보를 내렸다.

신촌 대학가를 맡은 경찰서가 눈에 띄게 분주해졌다. 한씨 사건 이전에도 7월부터 연희동과 북아현동 일대에서 혼자 걸어가는 여성을 습격해 지갑이나 가방을 빼앗는 '픽치기' 사건이 6건이나 발생한 상황이었다. 그중 3건이 비 오는 날 벌어졌고, 피해자는 모두 둔기로 머리를 맞았다. 반항하기 힘든, 힘이 약한 여성만을 골라 벌이는 동일범의 연쇄 범행이 분명했다.

무엇보다 사망 사건인 한씨 건은 더 이상 단순 픽치기 사건이 아니라는 뜻이었다. 범인을 잡지 못하면 언제든 또 다른 사망자가 생길 수 있다는 긴장이 경찰들 사이에 엄습했다. 이전 연쇄 사건의 관할지인 서울서대문경찰서, 한씨 사건 관할지인 서울마포경찰서에서 형사 50명이 공조 수사를 위해 투입됐다.

"단서도, 목격자도 전혀 없었어요. 괴담과 소문은 퍼지는데 정작 범인의 흔적은 털끝만큼도 찾을 수가 없었어요."

당시 사건을 담당했던 서울마포경찰서 강력계 김문상 경감은 지금도 당시를 떠올리면 고개를 젓는다.

"은밀히 다가와 순식간에 뒤에서 내려치고는 도망가니까 피해자들도 범인 얼굴을 전혀 볼 수가 없었겠죠. 게다가 인적이 드물고 후미진 골목길에서 벌어진 사건이라 목격자도, 그 흔한 폐쇄회로 TV 하나 없었죠."

그만큼 수사 여건은 최악이었다.

"그뿐인가요. 비가 내리는 날만 골라 범행을 저지르니 족적이나 지문 같은 것도 남아 있지 않았죠. 불특정 다수를 대상으로 한 범죄니까 원한 관계나 지인 조사도 의미가 없었고요. 정말 아무것도 없는 무의 상태에서부터 시작해야 했습니다."

그렇다고 손을 놓고 있을 수는 없었다. 먼저 피해자들의 두개골이 함몰된 모양과 상처를 분석해 범인이 매번 같은 둔기를 사용한다는 사실을 알아냈다. 장도리 혹은 벽돌공이 사용하는 다용도 해머, 즉 한쪽은 뭉툭하고 다른 한쪽은 날카로운 연장을 사용했을 가능성이 높다는 분석이 수사팀에 전해졌다. 흉기의 출처를 파악하는 게 우선이었다. 그러나 을지로처럼 철물점이 모인 곳을 며칠이나 수소문하고 다녔지만, '기억나지 않는다'는 맥 빠지는 답만 돌아왔다.

수사가 제자리를 맴돌면서 모방 범죄 얘기가 나왔다.

"증거가 없으니까요. 매일같이 모여 머리를 맞대고 이런저런 궁리를 할 수밖에 없는 상황이었는데, '범인이 영화를 보고 흉내 낸 게 아니겠느냐' 그런 말이 오갔어요."

실제 비 오는 날 여성만을 대상으로 하는 범죄는 그해 연초에 개봉한 영화 '살인의 추억'에 나오는 에피소드와 같았고, 미리 준비한 도구(쇠구슬)로 연쇄 퍽치기 범죄를 저지르는 수법은 역시 비슷한 시기에 상영된 '와일드카드'에 나오는 수법과 닮았다.

"지푸라기라도 잡아야겠다는 마음으로 근처 동네의 비디오 가게를 샅샅이 뒤졌어요. 인근에 있는 우범자들이 빌려 보는 비디오 목록을 훑었고, 두 영화를 모두 빌려 본 남성들을 대상으로 쫓기도 했죠."

그런데 여전히 그 어디에도 범인의 자취는 드러나는 게 없었다. 경찰들 속이 타 들어갔다. 범행 수법을 볼 때 추가 피해자가 나올 것이 불을 보듯 뻔했다. 하루라도 빨리 잡아야 한다는 초조함이 커져갔다. 그렇게 시간이 흘렀고, 한씨가 사망한 날로부터 3주가 채 되지 않은 10월 1일. 우려는 현실이 됐다. 또 다시 비가 내리던 새벽, 연세대 인근에서 여덟 번째 피해자가 나왔다. 사망 사건이 아니었다는 게 그나마 다행이라면 다행이었다.

수사팀 사기가 바닥으로 곤두박질치던 10월 13일, 그날도 어김없이 비가 내렸다. 김경감은 팀원 몇몇과 함께 서대문 근처에서 잠복하고 있었다. 이미 괴담이 퍼질 대로 퍼져 후미진 골목길에는 혼자 걸어가는 여성을 찾기 어려울 정도였다. 가만히 앉아 있을 수만은 없다는 생각에 일행과 차를 타고 이곳저곳을 수색하던 김경감이 연희나들목 방면으로 가던 도중 황급히 몸을 곤추세웠다. 새벽 4시 30분이었다.

차창 밖으로 한 여성이 우산을 쓰고 걸어가는 모습이 보였다.

"소문을 못 들은 건가, 이 시간에 혼자 다니면 어쩌나' 하는 생각이 먼저 들었는데….'

김경감이 말끝을 흐렸다.

"차창에 빗물이 번지면서 여자 뒷모습이 희미하게 보이는 겁니다. 근데 이상한 것이, 우산 아래로 금색 머리칼이 반짝 빛나는 게 보이더라고요. 아! 외국 사람이라 소문을 못 들은 거구나. 갑작스레 '어쩌면 오늘 범인을 볼 수도 있겠구나' 생각이 들었습니다."

여자가 한 건물 앞에 잠시 걸음을 멈췄다. 그러곤 누군가를 기다리는 듯 담배에 불을 붙였다. 라이터에서 솟은 작은 불길이 얼굴을 비추던 바로 그 순간, 건물 주차장에 세워진 차량 사이에서 뭔가 움직이는 것이었다. 방망이처럼 보이는 물건을 손에 들고 여성 앞으로 천천히 다가가는 남자, 그해 7월부터 10월까지 신촌 일대를 겁에 질리게 했던 그놈이 분명했다.

김경감 일행이 있는 곳에서 그들 간의 거리는 50미터 정도였다. 반면 여성과 범인 사이는 5미터가 채 안 됐다. 죽을힘을 다해 뛰어도, 범인이 여성에게 쇠방망이를 휘두르는 것을 막기는 불가능해 보였다. 경찰 코앞에서 또 다른 피해자가 생길 수 있는 위험천만한 순간, 갑자기 '부웅' 하는 소리가 들려왔다. 범인은 멈칫하며 뒤로 물러섰다. 자신이 범죄를 막았다는 사실을 알 턱이 없는 신문 배달부는 그렇게 범죄가 발생하기 바로 직전, 새벽 공기를 가르는 오토바이 소리를 내며 비를 뚫고 범인과 경찰 사이를 스쳐 지나갔다.

경찰과 범인의 추격전이 벌어졌다. 연희동 후미진 골목길들 사이를 전력 질주하는 경찰과 범인 사이가 한 번은 멀어졌다 또 한 번은 가까워졌다. 100미터 남짓 도망가던 범인이 경찰 손에 붙잡히기까지 그리 오랜 시간이 걸리지는 않았다. 석 달 동안 신촌 일대를 공포에 떨게 했던 퍽치기범, 김 모(32세) 씨가 마침내 검거됐다.

김씨는 범행 현장에서 가까운 곳에 살고 있었다. 다용도 해머로 추정되던 범행 도구는 김씨가 청계천 공구 상가에서 직접 주문 제작한 쇠로 된 야구방망이었다. 무게가 5킬로그램쯤 되는 방망이를 그는 항상 두 개씩 가방에 넣어 다녔다고 했다. 한 개가 아니라 굳이 두 개를 갖고 다닌 이유도 있었다. 누군가 미심쩍은 눈초리를 보내면 '야구 연습하러 간다'는 핑계를 대려 했다는 게 그의 진술이었다.

범인은 잡혔지만 사건이 끝난 건 아니었다. 범인 집에서 그동안 뺏은 여성들의 지갑과 신분증이 발견되었지만, 정작 숨진 한씨의 지갑과 신분증은 나오지 않았다. 경찰에게 한씨에 대한 살인을 입증하는 건 중요했다. 단순 퍽치기, 즉 강도 상해 및 치상죄로 끝낼 수는 없었다.

"김씨는 한씨가 숨졌다는 사실도 모르더군요. 애초 돈을 뺏는 게 목적이었지 죽이려는 게 아니었으니까. 한씨 지갑도 숨긴 게 아니라 그냥 버렸다더군요. 경찰에서는 일단 한씨가 죽었다는 사실을 숨기기로 했습니다. 증거가 없는 상황에서 범인이 발뺌을 할 수 있었으니까요."

경찰의 집요한 추궁에 결국 김씨가 입을 열었다. 범행한 직후 한씨의 지갑과 휴대폰을 버렸다고 털어놓으면서 지목한 곳은 연희동 철길이었다. 지금은 공원으로 조성돼 '연트럴 파크'로 불리는 곳이다. 당시에는 철길 옆으로 풀숲이 우거져 있었다.

풀숲을 샅샅이 헤집고 다니기 며칠이 됐을 무렵 철길 아래에서 반쯤 부서진 폴더형 휴대폰이 눈에 띄었다. 액정 부분은 없고, 아래쪽 본체만 남아 있었다. 하지만 액정이 날아간 휴대폰 단말기는 놀랍게도 멀쩡히 작동되었다. 사용 내역과 단말기 번호 등 휴대폰의 주인을 추정할 정보가 그 안에 모두 담겨 있었다. 한씨 휴대폰이 확실했다.

"그런데 한씨는 왜 죽였어? 지갑만 뺏어 가면 되지."

김경감이 묻자 김씨는 망설임 없이 답했다.

"계속 저항을 해서요. 보통은 한 대 맞으면 순순히 가방을 내주는데, 그 여자는 한 대 맞고도 가방을 안 뺏기려고 버둥대기에 몇 대 더 때린 건데…."

김경감의 맥이 탁 하고 풀렸다.

일반인들은 형사 하면 곧 잠복 수사를 떠올린다.

김씨는 한때 동대문에서 재단 장사를 하다가 사업에 실패한 후 2억 5000만 원가량 빚을 지고 쫓기던 상태였다. 아내와 별거하고 연희동 한 옥탑방에서 애인과 동거를 하던 그는 생활고에 여성을 대상으로 한 퍽치기를 떠올렸다. 영화에서 범죄를 모방했을 것이라는 경찰의 추측과 달리, 그는 7년 전 구치소 동기에게 배운 기술이라고 털어놨다. 그렇게 한 명을 살해하고 7명을 중태에 빠뜨린 범행으로 그는 총 89만 원을 주머니에 채웠다. 그 돈으로 이혼으로 떨어져 지내던 아이들에게 장난감을 사준 게 전부였다.

법원은 김씨에게 징역 15년을 선고했다. 검찰은 무기징역을 구형했지만, "사업에 실패한 뒤 빚 독촉에 시달리며 생활비가 떨어지자 범행을 저지르게 됐고, 범행한 후 깊이 반성하고 있는 점을 감안한다"는 이유가 판결문에 적시됐다.

"그런 생각을 해요. 고인이 된 피해자도 안타깝지만, 살아남은 피해자 중에는 여전히 후유증으로 일상생활이 불가능한 사람도 있어요. 피해자의 삶은 완전히 망가졌는데 범인은 15년 감옥에서 지내고 다시 사회로 복귀할 거라고 생각하면, 피가 거꾸로 솟죠. 그런데 어떡하겠어요. 법이 피해자의 남은 삶까지 책임지지는 않는 거겠죠."

김경감의 목소리가 잠겨 들어갔다. 김씨는 2004년부터 복역 중이다. 2019년이면 15년 형을 채운 그가 사회로 돌아온다.

연희IC

한산로

경찰 잠복

중앙선

외국인
여성

① ✕ 범인

오토바이
진행방향

②

범인도주
방향

③ 범인
검거

연희동
성당

범인집

휴대폰
버린 곳

연희로

의중앙선

9번째
범행시도

연세대

1. 연희 나들목 부근에서 잠복하던 경찰, 우산을 쓰고
새벽 거리를 걸어가던 외국인 여성을 발견하고 주시하던 중
인근 건물 주차장에서 또 다시 범죄 저지르기 위해
여성을 향해 다가가는 범인 목격

2. 경찰과 범인 거리는 50m, 범인과 여성 거리는 5m. 범행을
막을 수 없을 것이라는 생각이 드는 찰나 신문배달 오토바이가
맞은편에서 다가오며 범행 막아내

3. 범인과 경찰의 쫓고 쫓기는 추격전. 100m 남짓 도망가던
범인, 자신의 주거지에 다다라 결국 경찰에 검거

범인 검거 과정 _____

1. 연희나들목 부근에서 잠복하던 경찰은, 우산을 쓰고 새벽 거리를 걸어가던 외국인 여성을 발견한다. 주시하던 중 인근 건물 주차장에서 또 다시 범죄를 저지르려고 여성을 향해 다가가는 범인을 목격한다.
2. 경찰과 범인 간의 거리는 50미터, 범인과 여성 간의 거리는 5미터였다. 경찰로서는 범행을 막을 수 없을 것 같다는 생각이 드는 찰나, 신문 배달을 하는 오토바이가 맞은편에서 다가오는 바람에 범인이 행동을 멈춘다.
3. 범인과 경찰의 쫓고 쫓기는 추격전이 벌어진다. 100미터 남짓 도망가던 범인은 자신의 주거지에 다다라 결국 경찰에 검거되고 만다.

사건 일지 _____

2003년 9월 14일 새벽 5시 추석 연휴 마지막 날 고향에 다녀와 연희3동 자취방으로 귀가하던 홍익대 여대생 한씨를 둔기로 내려쳐 살해한다. 동일범이 저지른 일곱 번째 범행이었다.

10월 13일 새벽 4시 30분 연희나들목 인근 주택가에서 또 다른 범행을 시도하다가 잠복 중이던 경찰에 의해 검거된다. 같은 날 범인의 주거지인 연희동 옥탑방에서, 사망한 한씨의 물건을 제외한 다른 피해자들의 지갑 등 소지품이 발견된다.

10월 14일　경찰이 추궁하자 범인은 한씨 소지품을 버린 장소를 자백한다. 연희동 철길 부근에서 결정적 증거인 한씨 휴대폰이 발견된다.

잠복 수사

최첨단 과학수사 발달해도 '잠복'은 수사의 기본 중 기본

짙게 선팅한 차량, 밖을 주시하느라 붉게 충혈된 눈. 행여 시동을 켰다가는 들킬 수 있으니 한여름과 한겨울에도 에어컨이나 난방은 금물이다. 자리를 비울 수도 없으니 식사도 차 안에서 해야한다. 대부분의 경우 짜장면을 시켜 먹기 마련이다. 입으로는 면을 우물거릴지라도 용의자가 나타나는 순간 곧장 차에서 튀어 나갈 수 있도록 몸은 늘 긴장 또 긴장 상태여야 한다.

경찰이 범인이 있거나 출몰할 것으로 예상하는 장소에 몰래 숨어 지키는 '잠복 수사'는 기초적이면서도 일반적인 수사 기법이다. 경찰이 등장하는 영화에는 빠지지 않는 장면이고, 심지어 '잠복근무'라는 동명의 영화가 있을 정도다. 그러니 일반인들은 형사 하면 곧 잠복 수사를 떠올리게 된다. 실제 잠복 수사는 최신 과학수사 기법들이 발달한 오늘날에도 '현장'을 지켜내는 경찰들로선 절대 빼놓지 않는 수사 기법이다.

특히 범인을 특정할 단서가 적은 상황에서 범인이 일정한 수단이나 습벽을 보이며 반복적인 범행을 저지를 때 잠복 수사는 유용하다. 강도나 절도, 사기나 약취유인 같은 범죄에서도 '반복성'이 강한 연쇄 사건의 경우 범행 시간이나 장소를 추적해 '그곳을 지키고 있으면' 범인을 검거할 가능성도 높아진다.

잠복 수사는 외부 잠복 감시와 내부 잠복 감시로 나눌 수 있다. 외부 잠복 감시란 대상자(용의자)가 배회하는 곳, 즉 인근의 상점이나 주택 등을 이용하는 방법이다. 감시에 간격이 생기지 않도록 조를 짜 곳곳에 2명 이상을 배치하고, 장시간 일정 장소에 머물러야 하므로 의심을 피하기 위한 행동 위장도 필수다. 몸을 숨길 적당한 장소가 없을 때는 상인이나 노숙자같이 지역 환경에 알맞은 인물로 변장하기도 한다.

내부 잠복 감시는 외부 잠복 감시에 비해 조금은 예외적이다. 용의자의 집이나 거주지에 직접 들어가는 내부 잠복 감시의 경우 체포 직전 상황에서 주로 이용된다. 이동 여부에 따라 고정 잠복 감시와 유동 잠복 감시로 나눌 수도 있다. 건물 안에서 망원경을 통해 상대편 건물을 감시하는 것을 고정 잠복 감시, 변장을 하고 이동하면서 범인 자취를 쫓는 것을 유동 잠복 감시라고 한다.

잠복 수사가 범인을 검거하는 데 기여한 사례는 요즘도 쉽게 찾

잠복한 상태에서 타깃을 쫓는 모습. 사진 신동준

아볼 수 있다. 2018년 3월 경기 의정부경찰서는 무려 5개월간 잠복 수사를 통해 오피스텔에서 성매매 하는 남성 100여 명을 일망타진했다. 같은 달 전북 전주완산경찰서에서는 잠복 형사들이 타고 있던 차량을 사람 없는 일반 승용차로 오인해, 절도를 시도하던 '차량 털이범'이 현장에서 덜미가 붙잡힌 일도 있었다.

38

대구 살인범 밀항 사건

상하이 총영사관에 자수한 밀항 커플,
공소시효 만료 노린 살인범이었다

"올겨울은 유난히 춥네."

야간 당직을 마치고 퇴근할 준비를 하던 대구지방경찰청 국제범죄수사대 오성환 경사가 오한에 잠시 몸을 떨었다. 집에 가서 잠시 눈 좀 붙이고 나면 바로 가족과 함께 따뜻한 시간을 보낼 수 있는 2015년 12월 30일 오전이었다.

사무실 분위기가 영 안 좋았다. 중국으로 밀항했던 이가 곧 인천국제공항을 통해 들어오는데 누군가 가서 그를 체포해 데려와야 한다는 지시가 내려왔다. 청사에서 공항까지는 300킬로미터가 족히 넘는 거리였다. 일을 맡으면 이후 신병 처리까지 모두 마무리해야 했다. 가족과 함께 연말을 보낼 계획은 당연히 포기할 수밖에 없는 업무였다.

주변의 눈치를 살피던 오경사가 못 이긴 척 손을 들었다. 누군가는 해야 할 일이었다. 중국 상하이에 있는 한국 총영사관에 40대 남녀가 찾아와 '10년 넘도록 도피 생활을 했다'며 밀입국을 자진 신고했다는 게 전해진 사건의 내용이었다. 두 사람 중 남성이 이 날 공항으로 들어오기로 했다는 것이다. 머릿속에는 '빨리 신병을 처리하고 퇴근하면 되겠다'는 생각뿐이었다.

고속도로를 4시간 달려 인천국제공항에 도착했다. 사건 당사자 주 모(41세) 씨가 모습을 드러냈다. 예상대로 수염을 덥수룩하게 기른 얼굴이었는데 뭔가에 쫓기듯 불안한 기색이 역력했다. 그런데 그 정도가 좀 과해 보였다. 손과 발을 계속 떨었다. 밀항을 자진 신고했으니 법정 최고형을 받아도 3년 이상 징역은 살지 않는다는 걸 충분히 알 텐데, 불안해하는 이유를 짐작하기 어려웠다.

'긴장해 그렇겠지' 싶어 몇 마디 툭툭 질문을 던졌지만 그럴수록 의문은 의심으로 변해갔다. '숨기는 뭔가가 있나'라는 의구심이 들었다. 수많은 범죄자들을 만나 표정을 살피고 대화를 하면서 쌓인 경험에 따른 직감이었다. 주씨는 밀항을 왜 했느냐는 물음에 아예 입을 닫았고, 지금 우리 대통령이 누구인지조차 쉽사리 답하지 못했다.

"혹시 간첩이 아닌가 하는 의심까지 들 정도였어요. 정말 몰라서 답을 내놓지 못한다는 느낌이요. '집에 빨리 들어가기는 글렀구나' 불안한 생각이 자꾸 들더군요."

두 남녀의 신상부터 파악해둘 필요가 있었다. 직감을 그냥 넘길 수는 없는 노릇이었다. 사망한 가족 관계까지 나오는 제적등본을 뒤적였다. 주씨에겐 별달리 의심스러운 점이 없었다. 하지만 함께 자수를 한 여성에 대한 기록을 훑어보는데 한 가지가 눈에 띄었다.

여성은 49세 유 모 씨다. 국내에서는 장기 실종된 나머지 사망자로 처리돼 있었다. 그런데 그 시점이 공교로웠다. 19년 전인 1996년 가족이 유씨가 실종됐다고 경찰에 신고한 것으로 기록돼 있는데, 그해 유씨의 남편 A씨도 사망했다고 나와 있었다. 무엇보다 시신이 발견된 곳이 구마고속도로(현 중부내륙고속도로 지선) 옆 수로였다.

"남편이 사망하기 직전이었단 말이죠. 유씨가 그때 실종됐는데, 실종된 사람이 20년 가까이 시간이 지난 뒤에 갑자기 중국에서 나타난 겁니다. 참, 이상하다 싶었죠. '셋의 관계가 심상치 않구나' 하는 감이 왔죠."

A씨 사건을 되짚어 나가보기로 했다. 기록상 사건은 발생지에서 가까운 대구달성경찰서에서 맡았었다. 뭔가 단서가 있지 않을까 싶어 찾아갔지만, 사건 기록을 찾는 건 사실상 불가능했다. 타자기로 기록을 남기던 시절이었기에 전산상에는 아무런 자료도 남아 있지 않았다. 문서로 된 기록 역시 시간이 지나면서 오래전 폐기 처분된 뒤였다. 국립과학수사연구원에 그나마 남아 있는 부

검 기록도 큰 도움이 되지 않았다. 사망하고 6, 7개월 지난 시점에 등산객에 의해 발견됐는데, 이미 부패가 상당히 진행됐고 전신 90퍼센트가 불에 탄 상태였다. 누군가 A씨를 살해한 후 시신을 불 태운 것으로 보인다는 결론이 내려졌지만, 시신에서 타인의 DNA 같은 단서는 아무것도 추출되지 않았다. '미제(미해결 사건)'였다.

그냥 포기할 수는 없었다. A씨와 관련해 남아 있는 기록을 죄 다 끌어모았다. 책상 위에 기록을 쌓아놓고 한 줄씩 읽어 내려갔 다. 그러다 단서 하나를 찾아냈다. 실종과 관련한 자료에서 눈이 번쩍 뜨일 문구가 눈에 들어왔다.

딱 한 줄이었다. 어떤 부연 설명도, 첨부된 자료도 없었다. '창 원경찰서(현 창원중부경찰서)에서 살인 의심자로 소재 불명 상태 인 주씨를 수사하고 있다'는 문장이 전부였다. 주씨가 등장한 것 이다. 의심스러운 세 사람의 연결 고리를 밝혀낼 실마리가 될 것 같았다.

오경사는 그길로 창원중부경찰서로 달려갔다. 하지만 그곳 사 정도 다를 것이 없었다. 해당 사건은 기소 중지된 뒤, 2011년 공소 시효 15년이 지나면서 자료도 폐기해버린 상태였다. 주씨가 살인 을 했다는 첩보는 입수했지만 정작 주씨의 행방이 묘연해지면서 수사는 난항을 겪었고 결국 아무것도 밝히지 못했다는 허탈한 얘 기만 들을 수 있었다. 그나마 사건을 아는 이들도 모두 퇴직을 해 자리에 없었다. 빈손으로 돌아오는 내내 "이제 어떡하지?"라는 말 만 읊조려야 했다.

"그나마 다행인 건 주씨를 구속할 수 있었다는 겁니다. 밀항 사건에서는 영장을 발부하지 않는 게 보통인데, 구속이 필요한 이유로 A씨를 살인했을 가능성을 언급했더니 그걸 법원이 받아들인 겁니다."

2주가량 시간이 더 주어진 셈이었다. 그렇지만 어디에서부터 뭘 다시 조사해야 할지 난감한 상황은 크게 달라지지 않았다.

도움은 의외의 곳에서 다가왔다. 1997년 8월 당시 MBC 방송국의 간판 프로그램이었던 '경찰청 사람들'에서 이 사건이 소개됐다는 사실을 알게 됐다. 당시 방송에선 주씨가 유씨와 공모해 A씨를 살해하고 시체를 고속도로 주변에 유기했다며 두 사람을 경찰이 공개 수배 중이라고 했다. 주씨가 유씨와 눈이 맞아 바람을 피웠고, A씨를 살해한 뒤 둘이 도망쳤다는 주장을 폈다. 게다가 방송에서는 당시 경찰이 갖고 있던, 지금은 폐기된 자료들이 상세히 소개돼 있었다. 방송 자료는 공소시효와 무관했던 까닭에 무사히 오경사 손에 건네질 수 있었다.

어렵게 확보한 자료를 들고 당시 살인 첩보를 입수했던 수사관 이 모 씨를 수소문해 찾아갔다. 그는 은퇴한 후 경남 창녕에서 숙박업을 하고 있었다. 처음에는 어렴풋이 사건을 기억한다는 정도라며 시큰둥했다. 하지만 직접 찾아가 만나 방송 자료 등을 보여주니 의외로 얘기가 술술 쏟아져 나왔다.

첩보를 제보한 사람은 다름 아닌 주씨 누나였다. 당시 파출소에서 일을 하고 있었는데, 동생한테서 직접 "사람을 죽였다"는 얘기를 들었다는 내용이었다. A씨를 살해한 뒤 도피하려 했지만 돈이 없었고, 누나와 매형을 불러 도움을 요청했다는 것이다. "왜 도망을 가려 하냐"고 캐묻자, 술에 취해 살인 범행을 자세히 털어놨다는 상당히 구체적인 제보였다.

주씨에게 직접 얘기를 들을 필요가 있었다. 차곡차곡 모은 사건 자료를 들이밀자, 주씨 표정이 눈에 띄게 일그러졌다. 특히 누나의 제보 내용이 결정적이었다. 한 번, 두 번, 세 번. 몇 번을 다시 묻자 이내 입을 열었다.

"내가 죽였습니다."

대구 한 구청 소속의 양궁선수였던 주씨는 달서구에 위치한 숙소 인근에서 슈퍼마켓을 운영하던 유씨와 1996년 7월부터 가까워졌다고 했다. 마침 유씨는 남편 A씨의 잦은 폭력에 시달리는 등 부부 관계가 좋지 않던 때였다. 둘 사이는 급속도로 가까워졌다.

하지만 은밀한 불륜은 오래가지 못했다. 둘 사이를 금세 눈치챈 A씨는 슈퍼마켓을 정리하고 15킬로미터 떨어진 달성군 현풍면으로 이사를 갔다. 둘 사이를 떼어 놓으려는 의도였지만 주씨와 유씨의 관계는 끊어지지 않았다.

그해 12월 8일 급기야 주씨가 A씨를 찾아왔다. "우리는 사랑하는 사이이니 당신이 이혼하라"는 협박인지 부탁인지 모를 통보를 했다. 집 근처 포장마차에서 만난 둘은 나중에는 격렬한 몸싸움을 벌였다. 결국 주씨가 A씨를 인근 공터에서 손으로 목을 졸라 살해하고 말았다. 그리고 증거를 없애기 위해 시신에 휘발유를 뿌려 불태운 뒤 야산 배수로에 버렸다.

범행을 털어놓은 주씨는 이제 재개발돼 흔적도 없이 사라진 살해 장소에서 현장검증을 진행하는 것까지 순순히 응했다.

"그런데 말입니다. 제가 죽인 건 맞는데, 사건은 공소시효가 끝난 거 아닌가요?"

생각지 못했던 기습이었다. 그때까지 한껏 긴장하며 말까지 더듬던 주씨가 그렇게 말하며 오경사 앞에서 묘하게 뒤틀린 웃음을 지어 보였다. 마치 때를 기다렸다는 듯, 자신의 기습에 당황하는 오경사의 모습을 예상이라도 한 듯. 그는 이어 자신이 2014년부터 밀항 생활을 했다고 주장했다. 사실 그의 말대로 공소시효가 끝난 2011년 이후에 해외로 나갔다면 처벌할 방법이 없었다.

"공소시효가 끝나기 전에 밀항을 한 것이라면 처벌을 고의로 피해 도망을 갔다고 볼 수 있는 겁니다. 그렇게 되면 시효가 중지되기 때문에 살인에 대한 책임을 물을 수 있죠. 그 질문을 들으니 머릿속이 하얘지더군요."

해가 지난 2016년 1월 6일 유씨도 입국했다. 그녀 역시 주씨와 말을 맞춘 듯 같은 말을 되풀이했다. 겨우 수사를 마무리했다고 생각했던 오경사는 머리가 지끈거렸다.

반격이 필요했다. 만약 두 사람이 2014년에 밀항을 했다면 그전에는 한국에 살았다는 증거가 있어야 했다.

"증거가 있으면 하나라도 내놔봐라."

오경사가 둘을 불러놓고 추궁에 들어갔다. 예상대로 둘은 제대로 된 대답을 내놓지 못했다. "도피 생활 중이라 일부러 기록을 안 남기려고 했으니 아마 찾아도 없을 겁니다"라는 말만 반복했다. 실제 범행 직후인 1997년 초 이후에는 금융 기록은 물론이거니와 공공요금 사용 내역 하나 존재하지 않았다. 하지만 기록이 없더라도 자신들이 18년간 살았던 곳의 주소 정도는 밝혀야 했다.

"둘은 그런 기본적인 사실에조차 침묵했습니다. 결국 두 사람의 말이 거짓말이라고 볼 수밖에 없었습니다."

경찰은 주씨에게 살인 혐의를 적용해 기소 의견으로 사건을 검찰에 송치했다. 유씨도 살인에 도움을 준 것 아니냐는 의심이 들기는 했지만, 증거가 없었다. 주씨 역시 유씨의 도움을 받았다는 부분에 대해 완강히 부인하면서, 결국 밀항단속법 위반만 적용해야 했다.

이들이 거짓말을 했다는 건 금세 들통 났다. 경찰이 사건을 송치한 후 검찰이 추가 수사를 진행하면서. 주씨와 유씨가 자수하기 직전 주씨 누나가 중국에 입국한 사실이 파악됐다. 대구에 있는 주씨 누나의 집을 압수수색했더니 주씨와 유씨가 쓰던 위조 여권부터 시작해 둘이 지난 19년간 함께 찍었던 사진까지, 결정적 증거들이 쏟아져 나왔다. 특히 위조 여권에는 1998년 4월 1일 일본 공항에서 받은 입국 심사 도장이 찍혀 있었다. 밀항 시점은 그들이 말한 2014년이 아니라 1998년이었다.

피의자는 18년간 한국에서 살았다는 증거를 대지 못했다.

주씨와 유씨는 A씨를 살해한 뒤 경북 경주와 전북 군산을 돌면서 도피 생활을 했다고 했다. 이후 주씨가 서울에 올라가 1000만 원을 주고 '김민수' '이혜란'이라는 이름으로 위조 여권을 만들었고, 김포공항에서 비행기를 탄 뒤 일본을 거쳐 중국 상하이로 도망을 갔다는 게 둘이 털어놓은 도피 행각의 전말이다. 그곳에서 주씨는 일용직을 하고 가족과 지인들의 도움을 받으며 근근이 생활을 하다 자진 신고를 하고 국내로 들어온 것이다. 공소시효가 완전히 풀렸으니 밀입국으로만 처벌을 받겠다는 생각이었다.

2016년 5월 대구지방법원은 살인 및 사체 유기, 밀항 등 혐의를 인정해 주씨에게 징역 22년을 선고했다. 유씨는 끝내 살인 공모 혐의가 입증되지 않아 여권 위조와 밀항 등 혐의만 적용돼 징역 2년을 받았다.

대구
살인범
밀항 사건

위조여권 구매한 뒤 1998년 4월 1일
김포공항 통해 유씨와 함께 일본 밀항

서울

인천 ⑦ ④

한국

대구 달성군
살해 후 누나에게
돈 받아 유씨와 함께 도피

군산 ③

⑤ 일본

① ②

경주

12월 30일
강제송환

중국

2015년 11월
상하이
총영사관 통해
밀항 자수

상하이 ⑥

2002년
중국 상하이로
재밀항

수사일지 ★ 경찰 수사

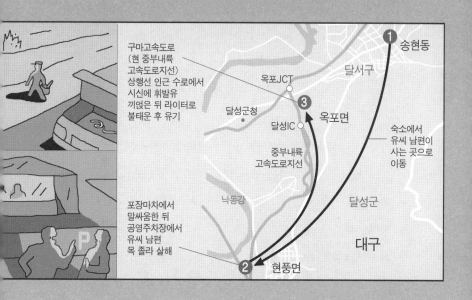

1996년   주씨가 숙소가 있던 대구 송현동에서 유씨 남편인 A씨
가 사는 현풍면으로 이동한다. 둘은 포장마차에서 말싸
움을 벌이게 되고, 급기야 공영주차장에서 주씨가 A씨
를 목 졸라 살해한다. 구마고속도로 상행선 인근 수로
에서 시신에 휘발유를 끼얹고 라이터로 불태운 다음 유
기한다. 살해한 후 주씨는 누나에게 도피금을 받아 유
씨와 함께 경주와 군산 등으로 도피한다. 주씨가 서울
로 올라가 위조 여권을 구매한 뒤, 1998년 4월 1일 김포
공항을 통해 유씨와 함께 일본으로 밀항한다.

2002년   두 사람은 일본에서 중국 상하이로 다시 밀항한다.

2015년 11월 두 사람은 상하이 총영사관을 통해 밀항을 자수한다.

2015년 12월 30일 경찰은 주씨를 밀항단속법 위반 혐의로 긴급 체포
한다. 이때 내연녀인 유씨의 남편이 살해된 사실을 확
인하고 주씨를 유력 용의자로 주목한다.

2016년 1월 1일 밀항단속법 위반으로 주씨에 대한 구속영장이 발부
된다. 이때 경찰은 사건 당시 MBC 프로그램 '경찰청 사
람들'에 소개됐던 A씨 사건 자료 등을 확보한다.

1월 5일   경찰은 당시 주씨를 살인 혐의로 조사했던 전 창원경찰
서 형사를 찾아가 자초지종을 듣는다. 이후 사건 자료
와 주씨 누나의 진술 등을 들이미는 경찰 앞에서 주씨

는 자신의 범행을 자백한다. 하지만 자신은 "2014년에 밀항했으니 공소시효가 만료됐다"고 주장한다.

1월 6일 중국에서 추방된 내연녀 유씨를 밀항단속법 위반 혐의로 긴급 체포한다. 유씨 또한 "2014년 출국했다"고 주장한다. 하지만 경찰은 두 사람이 1998년부터 2014년 사이 국내에 거주한 증거가 없다고 판단한다.

1월 8일 경찰은 주씨를 살인 혐의 등으로 검찰에 송치한다.

1월 10일 검찰이 대구 달서구에 있는 주씨 누나의 집을 압수수색해 위조 여권을 발견하고, 두 사람이 1998년 일본에 입국한 사실을 밝혀낸다.

1월 15일 경찰은 유씨를 밀항단속법 위반 혐의로 검찰에 송치한다.

공소시효

살인죄 공소시효는 폐지, 다시 주목받는 미제 사건

"역설적으로 들리겠지만, 공소시효 덕분에 범인을 잡을 수 있었죠."

대구지방경찰청 국제범죄수사대 오성환 경사는 1996년 살인을 저지르고 외국으로 밀항 도주한 주씨를 잡을 수 있었던 이유를 그렇게 간단히 설명했다. 만일 공소시효(살인죄 15년)가 없었다면 주씨는 평생 해외로 도피하며 자수할 생각을 안 했을 일이다. 그랬다면 당연히 범인을 영영 잡을 수 없었을 것이라는 얘기다.

죄를 짓고 일정 기간이 경과한 사건에 대해 공소 제기가 불가능해지는, 즉 처벌을 할 수 없는 공소시효 제도를 두고 많은 이들이 의문을 제기한다. 범죄 혐의가 명확한데도 단지 장기간 도피에 성

대구 황산 테러 사건으로 숨진 김태완 군의 어머니 박정숙 씨가 2014년 7월 대구지방검찰청 앞에서 살인죄 공소시효 폐지를 요구하며 1인 시위를 하는 모습. 사진 박정숙

공해 수사기관에 잡히지 않았다는 이유로 처벌을 면한다는 게 과연 사회 정의에 부합하냐는 것이다. 주씨 사건처럼 이례적으로 공소시효 덕분에 범인을 잡는 경우도 더러 있지만, 실제는 그보다 더 많은 사건이 공소시효 앞에서 무력해지는 게 현실이다.

이러한 여론 덕에 공소시효가 점차 폐지되는 추세다. 2015년 '태완이법'이 국회에서 의결되면서 살인죄는 공소시효가 폐지됐다. 1999년 5월 20일 대구 효목동에서 학원에 가던 김태완(6세)군이 누군가 끼얹은 황산을 뒤집어쓰고 사망한 '대구 어린이 황산 테러 사건'은 수사 당국이 범인을 잡지 못하면서 오랫동안 미제 사건으로 남았다. 2014년 공소시효가 만료될 것을 앞두고 경찰이 초동수사에 미흡했다는 의혹이 나오고 김군 부모가 용의자를 지목하면서, 2013년 재수사가 이뤄졌다. 하지만 결국 증거 불충분으로 무산됐다. 범인을 잡아도 처벌할 수 없는 영구 미제 사건이 된 것이다.

공소시효가 폐지되면서 실제 주요 장기 미제 사건들이 속속 해결되기도 했다. 2001년 6월 경기 '용인 교수부인 살인', 2001년 2월 전남 '나주 드들강 여고생 성폭행 살인' 등이 대표적이다. 시간이 오래 지나도 언젠가는 범인이 잡힌다는 점이 부각되었다.

일각에서는 공소시효가 폐지되는 추세를 두고 신중히 검토해야 한다는 주장도 나온다. 정승환 고려대 법학전문대학원 교수는 문제점을 지적했다.

"(공소시효가 폐지되면) 수사 역량에 한계가 있어 미제 사건이 쌓일 가능성이 크다. 현행 범죄를 오히려 제대로 수사하지 못하는 등의 문제가 생길 수 있기에, 모든 범죄에 대한 공소시효를 전면 폐지하는 안건엔 신중히 접근해야 한다."

** 용인 교수부인 살해 사건: 2001년 6월 28일 김 모(37세) 씨는 B씨와 함께 대학교수 A씨의 용인 단독주택에 침입해, A씨의 부인을 흉기로 찔러 살해하고 달아났다. 이후 경찰이 단서를 찾지 못하면서 사건은 미제로 분류됐다. 태완이법이 의결되면서 경찰은 다시 이 사건 수사에 착수하게 됐고, 과거 수사 대상자를 확인하던 중 김씨와 B씨가 사건 직전 같은 교도소에서 수감 생활을 한 지인 사이였다는 사실을 밝혀냈다. 공범으로 지목된 B씨는 경찰의 출석요구서를 받은 뒤 가족에게 범행 사실을 털어놓고 목숨을 끊고, 김씨는 경찰 조사에서 자백했다.

** **나주 드들강 여고생 성폭행 살인 사건:** 2001년 2월 4일 전남 나주 남평읍 드들강에서 여고생 박 모(17세) 양이 알몸 상태로 숨진 채 발견됐다. 성폭행을 당하고 목이 졸린 흔적이 나왔다. 주검에서 범인의 DNA를 확보했지만 초동 수사의 실패로 여러 의혹을 남긴 채 사건은 장기 미제로 남았다. DNA법이 제정된 뒤, 검찰은 2012년 9월 이 사건의 DNA가 복역 중인 김 모 씨의 것과 일치한다는 사실을 확인했다. 하지만 김씨는 결백을 주장했고, 검찰은 증거가 불충분하다며 불기소 처분했다. 2015년 3월 재수사가 본격화됐고, 검찰은 현장 사진을 재조사하면서 박양의 생리혈과 범인의 정액이 서로 섞이지 않았다는 중요한 단서를 잡았다. 박양이 성폭행 직후 몸을 움직이지 않은 것을 보면, 그 자리에서 실해됐다는 것, 즉 성폭행한 이가 살인을 저질렀을 가능성이 컸다. 2017년 1월 11일 광주지방법원은 김씨에게 강간 등 살인죄로 무기징역을 선고했다.

39

신혼여행 니코틴 살인 사건

새신랑의 무덤덤한 목소리
"아내가 일주일 전 자살했으니, 보험금 주세요"

"사망 보험금 좀 받으려고 하는데요."

2017년 5월 4일 S화재 대전충청보상센터로 전화가 걸려 왔다. 발신자는 22세 우 모 씨였다. 한 달 전 일본 오사카로 신혼여행을 떠났다가 현지에서 아내가 사망했다고 하면서, 보험금 1억 5000만 원을 내달라고 요구했다. '구체적인 사망 경위를 설명해달라'는 보험사 직원의 요청엔 얼버무릴 뿐 명확한 답을 내놓지 않았다. "어쨌든 여행자보험에 가입했고 여행지에서 사망했으니까, 보험금을 줘야 하는 것 아니냐"는 말만 반복했다.

"그런 전화는 처음이었어요. 보험금을 달라고 하는 목소리가 어찌나 찜찜하던지…."

전화를 받은 보험조사관 A씨는 단순한 사망 사고가 아닐 수 있다는 생각이 들었다. 가족을, 그것도 평생의 반려자를 신혼여행지에서 잃었는데 일주일 만에 연락해서 사망 보험금을 달라고 하는 유족은 흔치 않았다. 사망 장소도 외국이었다. 처리해야 할 일이 산더미 같을 텐데, 서두른다는 기색이 역력했다. 게다가 아내를 잃은 남편이라고 하기엔 목소리가 너무 건조했다. 슬픔이 전혀 느껴지지 않는 어투였다. 오히려 "자살은 보험금 지급 사유가 아니다"는 직원의 말에 노골적으로 실망하는 티가 났다.

전직 경찰이었던 A씨는 전화를 받고 닷새 후에 현직에 있을 때 함께 일한 충남 세종경찰서 형사1팀장 유제욱 경위를 찾았다. 의심되는 이유를 상세히 설명하고는 관련 보험 자료를 모두 넘겼다. 유경위는 받은 자료를 차근차근 훑어보았다.

사망자는 19세 김 모 씨였다. 남편과 함께 신혼여행을 떠나던 당일인 4월 24일 인천국제공항에 있는 S화재 영업점에서 여행자 보험에 가입했다. 김씨가 사망하면 우씨가 1억 5000만 원을 받고, 우씨가 사망하면 김씨가 5억 원을 받는다는 계약 내용이었다.

"여행을 떠나기 직전에 공항에서 보험에 가입한 것도 그렇고, 사망한 뒤에 바로 보험금을 받으려 했다고 하니 의심스러울 수밖에요."

유경위는 바로 두 사람에 대해 따져보기로 했다.

다음날 유경위는 곧장 김씨 어머니를 만났다. 김씨 어머니는 어안이 벙벙한 상태였다.

"사망했다는 연락이 왔는데, 그전에 딸이 일본으로 신혼여행을 갔다는 얘기는커녕 결혼했다는 소식도 못 들었어요. 딸이 자기 부모에게 그런 얘기도 안 한다는 게 말이 안 되잖아요."

우씨는 작은 커피숍을 운영하다 아르바이트를 하는 김씨를 만나 2015년 교제를 시작했다고 했다. 여러 차례 결혼을 하겠다고 얘기해왔지만, 아직 김씨가 미성년자였던 탓에 가족이 완강히 반대했다. 그런데 우씨는 김씨가 임신을 했다고 거짓말할 정도로 결혼에 집착했다. 그렇게 시간이 흘렀고, 김씨가 법적으로 성인(19세)이 된 지 이틀이 지난 4월 14일, 두 사람은 가족 몰래 혼인신고를 했다. 그로부터 열흘이 흐른 뒤 신혼여행을 떠났다.

김씨 어머니는 유경위에게 "우씨가 의심스러웠다"는 말을 반복했다.

"4월 25일 오전에 딸이 사망했다는 문자메시지를 받고 다음날 새벽에 오사카에 도착했어요. 그런데 남자 친구, 아니 남편이라는 사람이 실실 웃으면서 저희를 맞더라고요. 그러더니 친구와의 약속이 있다면서 가버렸어요."

김씨 시신을 처리하는 일도 유난히 서둘렀다. 우씨는 사망 다음날 부검을 마치고 바로 화장을 한 뒤 장례를 치렀다. 시신을 그대로 한국으로 옮겨오는 데 드는 비용(2000만 원)이 부담스러웠던 탓에 '우씨가 의심스럽던' 가족들도 별달리 반대를 하지 않았다.

우씨는 김씨 가족에게, 즉 처가 식구들에게 "평소 우울증을 앓고 있던 아내가 스스로 목숨을 끊었다"고 했다. 일본 현지 경찰도 자살로 결론을 내렸다. 남편의 진술이 일관된 데다가 시신에 별다른 몸싸움 흔적이나 상처가 없다는 이유에서다.

"우울증 약을 먹거나 병원을 다닌 적도 없어요. 새 직장에 취업하려고 아르바이트 자리도 알아보던 애가 왜 갑자기 그런 선택을 했겠어요?"

김씨 어머니가 울먹였다.

우씨는 경찰에 불려 나와서도 김씨의 죽음이 '자살'이라고 주장했다.

"숙소 욕실에서 쿵 하는 소리가 나서 욕실 문을 열어보니까 아내가 바닥에 쓰러져 있었어요. 그 옆에 니코틴 원액과 주사기 두 대가 있었고요. 그래서 신고했어요. 제가 직접 일본 경찰에다가요."

유경위는 별다른 말을 더 하지 않고 우씨를 쳐다보고만 있었다.

"제가 일본어를 독학해서 좀 할 줄 알거든요. 일본 경찰이 전화로 이것저것 물어보고 지시를 하더라고요. 근처에 있는 편의점을 찾아가 아르바이트생한테 전화를 바꿔줘서 숙소 위치를 정확히 알려줄 수 있었고요."

아내가 니코틴 원액을 주사해 자살을 했다는 것, 그 말은 끊어짐이 없었다. 청산유수처럼 말이 흘러 나왔고 논리도 정연했다.

유경위는 그때 '우씨가 범인일 수 있겠다'는 감이 왔다.

"자기 아내가 죽었는데 너무나 태연히 말하는 게 정상적인 건 아니잖아요. 오히려 나중에는 신이 나서 말을 하더군요. 설사 아내가 스스로 목숨을 끊었다고 하더라도 남편이라면 말이죠, 왜 내가 죽음을 막지 못했을까, 일말의 자책이라도 해야 하는 것 아닌가요?"

하지만 김씨 시신은 이미 화장으로 없어진 뒤였고, 일본 현지에서 별다른 부검 결과도 내놓지 않은 상황이었다.

감은 그저 감일 뿐, 남편이 범인이라면 이를 입증할 구체적인 정황이 필요했다. 먼저 김씨 가족이 우씨 친구에게서 받았다는 메신저 단체 대화방 캡처 화면을 전달받았다. 남성들만 30명 가까이 모인 대화방에서 우씨는 김씨에 대해 입에 담지 못할 험담을 늘어놓고 있었다. 결혼을 불과 몇 달 앞두고서. '목표가 있어 데리고 있어야 한다'는 말도 덧붙여졌다. '그 목표가 뭔지 궁금하다'는 친구의 질문에는 '두 달만 데리고 있으면 된다. 그 후에 알려주겠다'고 답했다. '목표' '결혼' '사망 보험금' 이런 단어들이 유경위의 머릿속을 헤집고 다녔다.

의미 있는 진술도 여럿 확보했다. 우씨 지인은 "우씨가 '여자 친구가 우울증을 앓고 있다'고 소문을 내고 다녔다"고 진술했다. 두 사람을 모두 알고 있다는 또 다른 이는 "우씨가 친구들과 다 같이 있을 땐 김씨에게 다정히 굴다가, 단둘이 있을 땐 욕설을 일삼았다는 얘기를 들었다"고 했다. 아내가 사망한 것을 구실 삼아 다른 여자 아르바이트생에게 접근하고, 온라인 커뮤니티에 10대 여학생들 사진을 올린다는 얘기도 전해졌다.

　무엇보다 부검감정서가 필요했다. 자살이 맞는지가 당장 궁금했다. 하지만 사건이 발생하고 반년이 지나도록 일본에서는 부검감정서가 나오지 않고 있었다. 더 이상 기다리기 어려웠다. 우씨를 살인 혐의 피의자로 전환한 뒤 지금까지 모은 증거를 토대로 압수수색 영장을 발부받았다. 11월 29일, 수사팀은 부모와 함께 살고 있던 우씨의 거처를 급습했다.

　유경위는 계획적 살인이라 믿었다. 보험금을 노린 살인인 만큼, 범행 계획이 적힌 '무엇'이 있을 것이라 확신했다. 추리소설이나 수사 관련 전문서 등 범죄 관련 서적이 다수 꽂힌 책장을 샅샅이 뒤지기를 3시간, 우씨의 일기로 보이는 스프링노트 5권을 손에 넣었다.

　일기장엔 '예쁘고 현명한 아내 얻기, 세계 여러 곳을 여행하기, 좋은 지인을 두기, 인터넷에서 유명해지기' 등 20대라면 누구나 꿈꿀 버킷 리스트가 잔뜩 적혀 있었다. 그중 한 문장이 유경위의 눈길을 끌었다. '40세 전까지 10억 원 모으기.' 실제 일기장 구석구석엔 그 돈을 벌기 위한 계획들이 상세히 담겨 있었다.

　우씨는 보험금을 타낼 계획을 2016년 3월부터 세워두고 있었다. 일기장에 '여자 친구와 싸우고 설득해 보험에 가입시킨다. 예상 금액 10억'이라고 메모하고, '한 달에 한 번씩 싸워줘야 할 것 같다' '나 없이는 못 살게 만들어야 한다' 등 심리적으로 본인에게 의지하도록 만들기 위한 방법을 적어놓기도 했다. '주사기를 구하고 얼른 (니코틴을) 이○○에게 받아 오자' '동물을 어디서 구할지 그게 제일 걱정이다. 어디에 실험을 해봐야 하는데' 등 니코틴 주사를 준비한 흔적도 나왔다. '아내가 니코틴 원액으로 자살을 했다'는 우씨의 주장과는 상반되는 대목이었다.

우씨가 니코틴을 받아 왔다는 22세 여성 이 모 씨는 경찰이 압수한 우씨 휴대폰의 통화 내역에도 등장했다.

"니코틴을 받아 왔다는 말에 당연히 공범이라고 생각했습니다."

하지만 막상 이씨를 직접 만나보니 전혀 예상치 못한 말이 돌아왔다.

"제가 니코틴을 대신 사준 건 맞는데요. 지금 형사님 얘기를 듣고 보니 저도 그걸로 죽을 뻔했던 것 같아요."

이씨가 털어놓은 사연은 이랬다. 우씨와 이씨는 고등학교 동창 사이였는데 2016년 12월 충남 아산 시내에서 우연히 다시 만나 그 후로 연락을 주고받았다. 어느 날 우씨가 이씨에게 일본 여행을 제안하며 "여행 경비를 다 대주겠다. 그 대신 전자담배에 사용하려고 하니까 퓨어 니코틴(원액)을 인터넷에서 구매해달라"고 부탁했다. 이씨는 중국 사이트를 통해 퓨어 니코틴(1밀리리터당 990밀리그램) 10밀리리터 두 병, 아산에 위치한 전자담배 상점에서 퓨어 니코틴 5밀리리터 한 병을 사줬다.

이후 행적은 사건이 벌어졌던 신혼여행과 판박이다. 두 사람은 인천국제공항에서 해외여행보험에 가입한 뒤 일본으로 떠났다. 차이는 니코틴 주입 방법에 있다.

"(우씨가) 저한텐 주사를 놓지는 않았고요. 숙취 해소제라면서 종이컵에 뭘 따라 주더라고요. 너무 역해 한 입 마시려다가 다 뱉어냈어요. 그런데도 온몸이 욱신거려 죽는 줄 알았어요."

수사팀은 프로파일러들에게도 도움을 청했다. 프로파일러들은 김씨가 스스로 목숨을 끊을 만한 동기가 전무하며 우씨가 타살한 것으로 보인다는 소견을 내놨다. 거기에 우씨가 사이코패스 검사 (PCL-R)에서 26점(40점 만점) 정도로 높은 수준의 반사회성을 보인다는 상담 결과도 알려왔다. 25점 이상이면 사실상 사이코패스로 봐도 무방한 점수다.

우씨는 여전히 '아내의 죽음은 자살'이라고 고집했다. 일기장을 들이밀자 "보험금을 타려고 살인 계획을 세운 건 맞지만 실행은 하지 않았다"고 맞섰다. 김씨 몸에 우씨가 니코틴을 주입했다는 확실한 증거가 필요했다. 부검감정서가 더욱 절실했다.

2018년 3월, 김씨가 사망하고 11개월이 지나 부검감정서가 일본에서 도착했다. 경찰 → 검찰청 → 법무부 → 외교부 → 일본 외무성 → 일본 법무성 → 일본 검찰 → 일본 경찰을 거쳐 요청 서류가 가고, 다시 같은 단계를 밟아 서류를 전달받았다. 국제 형사 사법 공조 시스템상 어쩔 수 없었다. 특히 일본은 국제 형사 공조에 비협조적인 나라로 유명했다.

"늦어서 답답하기는 했는데, 부검 결과는 딱 예상대로였습니다."

우씨가 김씨를 살해하는 데 이용한 니코틴 원액. 사진 세종경찰서

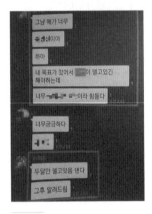

우씨가 피해자에 대해 험담한 메신저 단체 대화방 캡처 화면. 사진 세종경찰서

일본에서 보내온 부검감정서는 살인범으로 우씨를 지목했다. 김씨의 사인은 혈관 내 다량으로 투여된 니코틴에 따른 급성 니코틴 중독이었다. 시신의 왼쪽 팔에서 두 곳, 오른쪽 팔에서 한 곳, 총 세 곳에서 주사 바늘 자국이 발견됐다. 부검 결과에 대한 법의학자들의 의견은 한결같았다.

"처음 주사했을 때 바로 독성이 나타났을 텐데, 그다음 오른팔

이든 왼팔이든 나머지 두 곳에 스스로 주사를 놓는다는 건 불가능합니다."

스스로가 아니라면 타인이 주사를 놨다는 것이고, 사망 장소에는 남편밖에 다른 이는 없었다.

우씨는 완강했다. 부검 결과와 전문가 의견을 듣자 이번에는 '자살 방조'로 전략을 수정했다. 아내가 스스로 목숨을 끊기 원해서 팔에 주사기를 꽂는 것까지는 도왔지만, 피스톤을 직접 누른 사람은 아내였다고 주장했다. 유경위는 우씨를 긴급 체포한 뒤 살인 및 살인 방조, 보험사기방지특별법 위반 등 혐의로 구속한 다음 사건을 검찰로 넘겼다. 2018년 8월 30일, 1심 법원은 살인 혐의를 인정해 우씨에게 무기징역을 선고했다. 우씨는 예상대로 판결에 불복했는데, 2019년 5월 17일 2심 재판부 또한 무기징역을 선고했다.

오사카
신혼여행 살인사건

피의자 우씨 범행 일지

2015년 9월~ 우씨, 미성년자인 김씨와 연인 관계. 부모 반대로 결혼 무산

2017년 4월 14일 법적으로 성인이 된 김씨와 몰래 혼인

24일 여행자보험 가입, 일본 오사카로 신혼여행

25일 오사카 숙소 화장실에서
김씨 양 팔에 니코틴 원액 투여 살해

5월 4일 귀국 후 보험사에 보험금 수령 요구

9일 보험사 제보로 경찰 내사 착수

11월 29일 경찰, 압수수색으로 우씨 일기장, 휴대폰 확보. 살인 계획 정황 파악

2018년 3월 8일 일본에서 김씨 변사기록 및 부검감정서 도착

22일 우씨 구속

8월 30일 1심 법원 우씨 혐의 인정 무기징역 선고

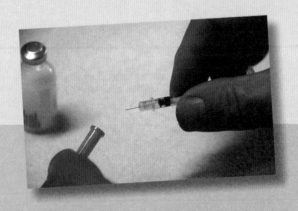

범행 일지 _____

2015년 9월 이후 우씨는 미성년자인 김씨와 연인 관계로 지내다 결혼
하려 했으나, 김씨 부모가 반대한 탓에 무산된다.

2017년 4월 14일 김씨가 법적 성인이 되자 둘은 김씨 부모 몰래 결
혼한다.

4월 24일 출국하기 전 공항에서 여행자보험에 둘 모두 가입하고
신혼여행지인 일본 오사카로 떠난다.

4월 25일 우씨가 오사카 숙소의 욕실에서 김씨 팔에 니코틴 원액
을 주사해 살해한다.

5월 4일 귀국한 후 보험사에 전화해 사망 보험금을 내달라고 요
구한다.

5월 9일 보험사 측의 제보를 받고 경찰이 내사에 착수한다.

11월 29일 경찰은 우씨를 살인 혐의자로 전환해 압수수색 영장을
발부받는다. 우씨 집을 압수수색해 우씨의 일기장과 휴
대폰을 확보한다. 일기장 등에서 살인 계획을 세운 정
황을 파악한다.

2018년 3월 8일 일본에서 김씨의 변사 기록 및 부검감정서가 도착
한다.

3월 22일 우씨를 구속한다.

8월 30일 1심 법원은 살인 혐의를 인정해 우씨에게 무기징역을
선고한다.

경찰 주장과 우씨의 반박

정황증거 우씨 부부는 신혼여행 당일 여행자보험에 가입한 후 출국했다.

메신저 단체 대화방에 우씨가 올린 글 "목표가 있어 (김씨를) 데리고 있는 것"

프로파일러의 결론 "김씨가 자살한 정황 없다."

우씨의 반박 "우울증을 앓던 아내가 스스로 목숨을 끊었다."

범인 일기장 속 살해 계획 "곧 오사카로 갈 것이고 그녀를 찌를 것이다"

"주사기를 구하고 니코틴을 받아 오자."

우씨의 반박 "살인을 계획했으나 실행하지는 않았다."

시체 부검감정서에 대한 법의학자 의견 "혼자 정맥주사를 놓을 수는 없다."

우씨의 반박 "자살을 도왔을 뿐 주사는 아내가 직접 놨다."

사이코패스

25점 이상이면 재범 가능성 높다:
유영철 38점, 이영학 25점

"살인을 저지른 범인을 잡았다는 점도 의미가 있지만, 추후 이어질 수 있었던 또 다른 살인을 막았다는 데 더 큰 의미가 있습니다."

2017년 일본 오사카 신혼여행에서 아내를 살해한 우씨를 검거한 세종경찰서 형사1팀장 유제욱 경위에게 전문 프로파일러들이 한 말이다. 20대 초반 어린 나이에 사이코패스 검사에서 26점이라는 높은 점수를 받았기에 재범 가능성이 높다는 판단에서다.

사이코패스인지 진단하는 검사인 PCL-R는 2004년 20명을 살해한 연쇄살인범 유영철 사건 이후 한국에 본격적으로 알려졌다. 한국에선 25점 이상이면 재범 가능성이 높고 사이코패스 성향이 있는 것으로 보는데, 유영철은 38점, 아동 성범죄범 조두순은 29점, 연쇄살인범 강호순은 27점을 받았다. 2017년 딸 친구를 성추행한 뒤 살해하고 사체를 유기한 이영학은 25점을 받았다.

PCL-R는 1991년 캐나다 심리학자 로버트 헤어가 만들었고, 조은경 한림대 심리학과 교수와 이수정 경기대 범죄심리학과 교수가 한국판으로 표준화했다. '거짓말을 입에 달고 산다' '자기의 가치에 대해 자랑하고 다닌다' 등 20개 문항에 피검사자가 '아니다(0점), 아마도(1점), 그렇다(2점)'로 나눠 답하는 방식으로 이뤄져 있으며, 40점 만점으로 계산한다.

범죄 심리 전문가들은 사이코패스를 조현병 같은 정신 질환과 혼동해선 안 된다고 강조한다. 사이코패스는 현실감각이 떨어지거나 인식능력이 부족하지 않고, 대부분의 정신이상자에게 나타나는 환상이나 망상도 경험하지 않는다. 매우 이성적이며 자신이 무슨 행동을 하는지 명확히 인식한다는 점에서 뚜렷한 차이를 보인다.

이는 재판 결과의 차이로도 이어진다. 조현병을 겪는 정신이상자가 범죄를 저질렀을 때 '심신 미약'이나 '심신 상실'이 인정되면, 범행 당시 의사를 결정하거나 사물을 변별할 능력이 부족했다는 이유로 감형되는 경우가 적지 않다. 하지만 사이코패스는 이와 무관하다. 우씨 사건을 담당한 재판부 역시 "피고인에 대한 사이코패스 검사 결과 높은 수준의 반사회성 성향이 드러나기는 했지만, 피고인이 망상 장애, 조현 관련 장애 등 정신이상과 밀접한 관

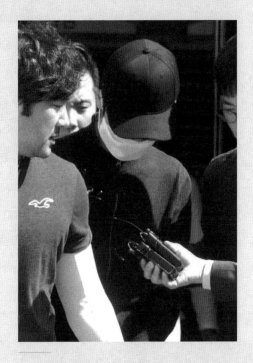

강남역 20대 여성 살인 사건의 범인 김 모 씨가 2016년 5월 19일 서울중앙지방법원에서 영장실질심사를 받기 위해 서울서초경찰서를 나서고 있다. 1심 재판부는 "조현병의 영향에 의한 심신 미약 상태"에서 저지른 범행으로 결론 내리고 김씨에게 징역 30년을 선고했다. 사진 신상순

련이 있는 정신장애를 앓은 적이 없다"라며 피고 측의 '심신 상실' 주장을 인정하지 않고 무기징역을 선고했다.

40

충남 서천 50대 실종 살인 사건

"날 독살하려고 해서…"
댄스학원 절친 김씨의 황당한 자백

2018년 1월 21일 오전. 아들 이 모(34세) 씨의 마음은 어지러웠다. 작은 마을이라 평소 같으면 동네 한 바퀴 도는 것쯤은 일도 아니었지만 발걸음에 속도가 나지 않았다. 이날처럼 몸과 마음이 따로 논 적이 없었다.

"혹시 저희 아버지 못 보셨어요?"

만나는 사람마다 물어봤지만 돌아오는 답은 신통치 않았다. 아버지(57세)는 이틀 전 차를 몰고 나간 뒤 돌아오지 않았다. 가끔 친구를 만나거나 하면 하루 외박을 할 때가 있었지만, 이번처럼 말도 없이 며칠씩 집에 들어오지 않은 적은 없었다. 아버지의 휴대폰은 꺼져 있었다. 게다가 집을 나간 다음날인 1월 20일은 눈에 넣어도 아프지 않을 손녀의 돌잔치 날이었다.

시간이 갈수록 불안감은 커져갔다. 가족 모두 잔뜩 어두워진 낯빛으로 허둥지둥할 뿐이었다.

"마을로 들어오는 도로에서 이상한 걸 봤는데 말이지."

마을 이장이 수화기 너머에서 조심스레 말을 꺼냈다. 마을 어귀에서 핏자국을 봤는데 거기서 40미터쯤 떨어진 곳에 더 많은 핏자국이 있다고 했다.

"차에 치인 고라니의 피인가 싶었는데, 이씨 얘기를 듣고 보니 그게 아닐 수 있을 것 같아 말하는 거야."

그제야 아들은 충남 서천경찰서로 전화를 걸었다.

경찰은 단순 실종보다 강력 사건일 가능성이 높다고 봤다. 이장 말대로 마을 입구에 혈흔이 여러 군데 흩어져 있었다. 근처 도로변과 입구 쪽 수로에는 피 묻은 물티슈 여러 장이 버려져 있었다. 두 쪽으로 갈라진, 핏자국이 잔뜩 묻은 야구방망이까지 농수로에서 발견됐다.

병원에 입원해 있을지도 몰랐다. 서천과 군산, 익산까지 거의 모든 병원에 연락해봤지만 이씨를 치료했다는 기록은 없었다. 그 와중에 마을 입구 삼거리 농로에서 신발 한 켤레가 발견됐다. 가족들은 "아버지의 신발이 맞다"고 했다.

아버지 이씨가 집을 나간 1월 19일 밤에서 20일 새벽 사이 그와 함께 있었던 사람이 나왔다. 댄스학원을 같이 다니며 누구보다 친하게 지내던 친구(53세)였다. 이씨가 농민회장을 할 때 다른 동네에서 이장을 하던 인연으로 안면을 튼 사이였다.

친구는 경찰서에 나와 당시 행적을 조곤조곤 설명했다.

"그날 밤 군산에서 술을 마셨어요. 댄스학원에 같이 다니는 사람이 운영하는 곳이라 평소에도 자주 갔습니다. 이씨랑 모두 4명이었는데 술자리가 끝난 뒤에는 대리기사를 불러 이씨 차를 같이 타고 왔어요. 서천으로 넘어와 금강 하구둑에 있는 주차장에서 헤어졌습니다. 전 거기 세워둔 차를 타고 집으로 왔고, 이씨도 바로 집으로 간 걸로 알고 있어요."

경찰이 폐쇄회로 TV를 확인하는 작업에 들어갔다. 친구의 진술대로 20일로 넘어가는 밤 0시 35분쯤 금강 하구둑 인근을 지나는 이씨의 흰색 SUV(스포츠 유틸리티 차량)가 포착됐다. 차 안에는 운전석과 조수석에 두 사람이 나란히 앉아 있었다. 이씨와 대리운전 기사일 공산이 컸다.

그런데 마을로 갔어야 할 이씨 차량은 오전 2시쯤 다시 등장해 금강 하구둑을 빠져나가 군산 쪽으로 움직이고 있었다. 차 안에는 운전자 한 명뿐이었다. 폐쇄회로 TV 화면이 흐릿해 운전석에 앉아 있는 이가 이씨가 맞는지 가족도 알아볼 수 없었다.

경찰은 여전히 친구를 제일 유력한 용의자로 보았다. 사라진 이씨와 마지막까지 함께 있던 사람이었으므로. 진술이 구체적이었지만 거짓일 수도 있었다. 만일 거짓이라면?

하지만 새로운 변수가 등장했다. 폐쇄회로 TV에서 이씨 차량을 졸졸 따라다니는 회색 SUV의 존재가 드러난 것이다. 차적을 조회한 결과 차주는 군산에 사는 한 30대 남성이었다.

"1월 19일 밤부터 20일 새벽 사이에 혹시 차를 몰고 나간 적이 있습니까?"

경찰이 전화로 질문을 던졌다.

"제가 운전을 한 건 아니고, 장모님이 그때 차를 빌려가기는 했습니다."

경찰은 남성이 지목한 장모 두 모(54세) 씨를 찾아가 같은 질문을 던졌다. 두씨는 망설임이 전혀 없었다.

"그날 밤이요? 제가 차를 타고 나갔었어요."

경찰이 '그런 다음에는요?'라는 듯 눈썹을 한 번 치켜 올렸다.

"남편과 부부 싸움을 하고 혼자 바람을 쐬고 싶어서 사위 차를 빌려 서천 곳곳을 돌아다니다 왔는데, 무슨 일이죠? 당연히 혼자 운전했고요."

경찰은 이씨와 함께 있었다는 친구의 차량 행적을 쫓아가다 또 다른 의심스런 점을 포착했다. 이씨와 함께 술자리를 가졌다는 군산의 식당 근처, 그곳에 두씨가 운전했다는 회색 SUV가 주차돼 있었다. 두씨는 분명 서천 곳곳을 다녔다고 했지, 군산까지 넘어갔다고 말한 적은 없었다. 게다가 차량 뒷문으로 남성으로 보이는 누군가 내리는 장면이 폐쇄회로 TV에 찍혀 있었다. 차에서 내린 남성은 이씨가 차를 타고 출발하자 곧바로 두씨 차에 올라타

뒤를 쫓았다. 혼자 차를 타고 다녔다는 두씨의 말은 거짓이었다.

"이씨의 것으로 보이는 흰색 SUV가 군산에서 발견됐습니다. 불에 다 탔어요."

인근 경찰서에서 연락이 왔다. 이씨가 몰던 차량과 같은 종류였다. 불에 거의 녹아내려 형체조차 알아보기 쉽지 않았지만 천만다행으로 번호판을 식별할 수 있었다. 예상대로 이씨 차량이었다.

이씨의 행방은 묘연하고, 타고 나간 차량은 전소된 채로 발견됐다.

"살인 사건이라고 볼 수밖에 없었습니다."

1월 22일 경찰은 이씨가 다녔다는 댄스학원을 찾아갔다. 댄스학원 회원 명단을 조사하던 중 익숙한 이름을 발견했다. 바로 두씨의 남편, 김 모(56세) 씨였다. 두씨와 김씨의 휴대폰 통화 내역에는 1월 20일 오전 1시 이후에 짧은 간격으로 여러 차례 서로 통화한 기록이 남아 있었다. 문제의 1월 20일 자정을 넘긴 밤 시간이었다.

경찰은 곧바로 두씨 부부의 주거지를 압수수색하러 나섰다. 법원은 두 사람에 대한 체포영장도 내렸다.

"제가 죽였습니다. 이씨 차를 직접 운전해 시신을 새만금지구에 매장하고, 4킬로미터쯤 떨어진 곳에서 차량을 불태웠습니다."

경찰에 연행된 김씨는 순순히 범행을 자백했다.

문제는 그다음이었다. 태연히 범행을 털어놓은 김씨는 "그 사람이 저를 독살하려고 했습니다"라는 말을 반복했다. 어처구니없다는 표정이 된 경찰 앞에 그는 자신의 일기장을 펴 보였다. 일기장에는 김씨가 댄스학원에서 이씨를 만나 겪은 일들이 담겨 있었다. 이씨가 김씨에게 자주 술을 권했는데 그 술에는 병원에서도 검출되지 않는 특별한 독이 들어 있었다는 내용도 있었다. 그것 때문에 건강이 악화되고 말라 죽어간다는 내용도 구구절절 이어졌다. 그리고 이씨가 사라진 날인 1월 19일, 김씨는 '더 이상 참지 못할 것 같다. 내가 악마가 되어야겠다'는 메모를 일기장에 남겼다.

김씨는 "이씨에게 모욕을 당해 참을 수가 없었다"는 진술도 했다. 그는 군산의 한 식당 앞을 지나다 우연히 댄스학원에 다니는 여성 회원을 만나 이씨 등 지인들이 술을 마시고 있다는 말을 듣고 합류했다고 했다. 술자리를 하던 중 이씨가 자신에게 "노린내가 풍긴다"는 말을 했고, 그 말에 '살인을 결심했다'는 것이다.

경찰은 김씨를 데리고 이씨를 묻었다는 곳으로 갔다. 김씨는 새만금 벌판 한곳을 가리켰다. 90센티미터쯤 땅을 파내자 시신이 드러났다. 피해자의 머리와 얼굴에 스물여 곳 찢어진 상처가 있었다. 두개골이 3센티미터가량 함몰되고, 어깨와 왼쪽 아래팔 뼈도 골절돼 있었다. 군데군데 찢어진 피부와 파열된 근육. '둔기에 의한 다발성 손상, 과다 출혈'이었다.

경찰 조사 결과 김씨는 사건 당일 이씨 차량이 대리운전으로 서천 방향으로 움직이는 것을 보고 아내 두씨에게 운전을 시켜 뒤따르도록 했다. 금강 하구둑 주차장에서 대리운전 기사를 보낸 이씨가 혼자 집으로 차를 몰고 가는 모습까지 김씨는 조용히 지켜보기만 했다. 1월 20일 오전 1시쯤 마을 입구에 도착하자, 김씨는 이씨가 몰던 차량을 추월해 앞을 가로막았다.

차에서 내린 김씨는 품에 어린이용 야구방망이와 빠루(큰못을 뽑을 때 쓰는 연장)를 감추고 이씨에게 다가갔다.

"왜 나한테 약을 먹여. 빨리 해독제 내놔!"

이씨 머리를 야구방망이로 후려치고, 방망이가 부러지자 이번엔 빠루를 꺼냈다.

"해독제가 어떤 건지 빨리 말하란 말이야!"

고함이 이어지고 폭행도 계속됐다. 이씨가 축 늘어지고 나서야 폭행이 멈췄다.

경찰은 김씨가 '계획적으로' 범행을 저질렀다고 봤다. 이씨를 죽이겠다고 마음먹고 미행에 나섰으며, 사전에 야구방망이와 빠루 같은 범행 도구를 준비했던 게 그 근거다. 하지만 김씨는 인정하지 않았다. 야구방망이를 꺼내 피해자를 때린 건 사실이지만 빠루를 미리 준비해 가지는 않았다고 했다. 야구방망이에 맞은 이씨가 자신의 차량에서 빠루를 가져와 반격했으며, 그 과정에서 땅에 떨어진 빠루를 주워 때렸다는 주장이었다. 결정적으로 당시에 현장에서 사용된 빠루는 발견되지 않았다.

1심 법원은 "야구방망이 외 빠루를 준비해 사건을 저질렀다는 점이 충분히 증명되었다고 보기 힘들다"고 판단했다. 김씨의 주장을 받아들인 것이다. 법원은 김씨의 살인 혐의를 인정했지만 검

과학수사 요원들이 현장 감식을 하고 있다. 사진 서울지방경찰청

찰의 구형(무기징역)보다 낮은 징역 22년을 선고했다. 김씨 측은 망상 증상을 바탕으로 '심신 미약'을 주장했지만, 법원은 "사물을 변별하거나 의사를 결정할 능력이 미약하다고 보기 어렵다"며 받아들이지 않았다. 부인 두씨에 대해선 범행 현장에 도착한 뒤에는 차에서 내리지 않아 남편의 범행을 몰랐던 것으로 조사됐다. 재판부는 두씨가 적극적으로 범행에 가담했다고 볼 수 없다며 사체 유기 방조 혐의만 적용해, 징역 1년 6개월 형으로 결론 내렸다.

이씨 가족들은 반발했다. 아들은 목소리를 높였다.

"재판을 받는 동안 김씨에게서 반성하는 느낌을 받지 못했다. 아버지를 죽일 만한 이유가 있었다고 여전히 믿고 있고, 심지어 표정마저 편안해 보였다. 그 사람이 사전에 빠루를 준비했는지 안 했는지가 뭐가 그리 중요한지 모르겠다."

김씨에 대한 항소심이 현재 대전고등법원에서 진행되고 있다.

① 2017년 7월
김씨(범인),
원인을 알 수 없는
통증으로 괴로워하다
지인 이씨(피해자)가
소주에 독약을 섞어
먹였다는 망상을 시작

자신의 일기장에
'이씨가 먹이는 독약
때문에 말라 죽는다' 등
내용을 적어 내려감

② 2018년 1월 19일 오후 6시
김씨, 이씨와 함께 한 식당(군산시 소재)에서
살인 결심

일기장에 '더 이상 참지 못할 것 같다.
내가 악마가 되어야겠다'는 메모 남김

③ 1월 19일 오후 6시 50분
김씨부인에게 전화해 식당으로 가
이씨 미행하라고 지시

충남 서천
50대 실종 살인사건
범행 일지

경찰 · 검찰
김씨가 부인 두씨와 공모해
이씨를 계획적으로 살인하고
시신을 유기했다

김씨
우발적인 살인으로
살인을 계획하지 않았다

"계획적인
살인으로 보기
어렵다"

김씨에게
징역 22년 선고

충남

서천 - 공주
고속도로

○ 서천IC

기산면

● 서천군청

서천

마서면

동서천
JCT

금강대교

군산IC

이씨, 서천군 금강하구둑 주차장에서
지인 내려준 뒤 직접 운전해 집으로 출발

5

금강

20일 0시 25분
이씨, 단란주점에서 나와
대리운전 불러 함께 있던 지인과
서천으로 출발

이씨 차

김씨 차

김씨, 이씨 차 뒤를 따라감

4

군산
시청

1월 19일 오후 9시 25분
김씨, 단란주점 앞에서
부인이 몰고 온 차량에서 이씨 감시

서해안고속도로

전북

새만금
사업지

군산

회현면

20일 0시 40분
김씨, 마을 입구에 도착한
이씨 차량 추월해 가로 막음
미리 준비한 야구방망이와 빠루로
무차별 구타, 이씨 사망

7   **8**

20일 오전 2시
김씨, 이씨 차량 운전해
'새만금지구 농생명용지' 도착
깊이 90㎝ 넓이 85㎝ 구덩이 파
이씨 시신 밀어 놓고 흙으로 덮음

**20일
오전 4시 30분**
근처로 이동,
차량 방화해
증거 인멸

2017년 7월 범인 김씨는 원인을 알 수 없는 통증으로 괴로워하다
가, 지인인 피해자 이씨가 소주에 독약을 섞어 자신에
게 먹였다는 망상을 시작한다. 일기장에는 "이씨가 먹
이는 독약 때문에 말라 죽는다" 같은 내용을 적어 내려
간다.

2018년 1월 19일 오후 6시 김씨는 군산의 한 식당에서 이씨와 술자리
를 함께하다가 살인을 결심한다. 일기장에 "더 이상 참
지 못할 것 같다. 내가 악마가 되어야겠다"는 메모를 남
긴다.

같은 날 오후 6시 50분 김씨는 자신의 부인에게 전화해 식당으로 가
서 이씨를 미행하라고 지시한다.

같은 날 밤 9시 25분 김씨는 군산의 한 단란주점 앞에서 부인이 몰
고 온 차량에 탄 채 기다리며 이씨를 감시한다.

1월 20일 오전 0시 25분 단란주점에서 나온 이씨는 대리운전 기사를
불러, 지인과 함께 서천으로 출발한다. 이씨는 서천 금
강 하구둑 주차장에서 지인을 내려준 뒤 직접 차를 운
전해 집으로 출발한다.

같은 날 오전 0시 40분 김씨는 계속 미행하다가 이씨가 마을 입구에 도
착하자 이씨 차량을 추월해 가로막는다. 그리고 미리
준비한 야구방망이와 빠루를 꺼내 이씨를 무차별 구타

한다. 이씨가 사망한다.

같은 날 오전 2시 김씨는 이씨 차량을 운전해 새만금지구 농생명
용지에 도착한다. 깊이 90센티미터 넓이 85센티미터 구
덩이를 파 이씨 시신을 밀어 넣고 흙으로 덮는다.

같은 날 오전 4시 30분 김씨는 새만금지구 근처로 이동해 차량에 불
을 질러 증거를 인멸한다. 그리고 나서 부인 두씨를 불
러 그녀가 운전하는 차를 타고 귀가한다.

경찰·검찰 조사 김씨가 부인 두씨와 공모해 이씨를 계획적으로 살
인하고 시신을 유기했다.

김씨의 주장 우발적 살인이며 살인을 계획하지 않았다.

1심 법원 "계획적인 살인으로 보기 어렵다"며 김씨에게 징역 22
년을 선고했다.

피해망상

강력 범죄로 이어질 가능성 가장 커

"나를 독살하려 한다." "이미 독살에 성공한 사람이 있다." "해독제가 필요하다."

충남 서천 50대 남성 살인 사건의 피의자 김씨는 경찰 조사에서 줄곧 피해자 이씨가 자신을 죽이려 했다고 주장했다. 술을 함께 마실 때마다 자신에게 독을 먹였다는 것이다. 심지어 자신 말고도 독약을 먹여 죽인 다른 사람이 있다는 말도 꺼냈다.

사건을 맡은 서천경찰서 형사2팀장 서정원 경위는 김씨가 이씨를 죽인 이유를 아직도 이해하기 어렵다고 한다.

"독살을 주장하는 것부터가 터무니없는데 그 근거들은 더 황당하니까요."

이씨와 김씨는 술자리를 자주 가졌다. 김씨는 술을 잘 마시는 편이 아니었다. 그런데 이씨가 김씨에게 술을 권할 때마다 김씨는 "나 죽이려고?"라고 물었고, 이씨가 "응"이라고 장난처럼 답하는 것을 모두 '나를 죽이려고 하는구나'라고 생각했다는 것이다.

서팀장은 수사 과정에서 프로파일러들에게 김씨와 면담을 하도록 했다. 프로파일러들이 내린 결론은 '피해형 망상 장애'가 있다는 쪽으로 모아졌다. 망상 장애에는 크게 과대형(스스로 위대한 능력을 가졌다고 착각하는 것), 질투형(부부나 연인 관계에서 바람을 피울 가능성을 항상 의심하는 것), 신체형(자신의 건강이 정상임에도 불구하고 심각한 병에 걸렸다고 착각하는 것)이 있다. 이 중에서 피해형이 강력 범죄로 이어질 가능성이 가장 높다는 게 학계의 중론이다. 누군가 자신을 해치려 한다는 생각에 사로잡혀 '원인'을 제거하려 나선다는 것이다.

실제 사례도 여럿 있다. 2016년 직접 만든 총으로 경찰을 쏜 성병대(48세) 씨 경우가 대표적이다. 성씨는 경찰이 일반인을 시켜 자신을 폭력 사건에 연루하게 만들려는 음모를 꾸민다고 생각했다. 수사기관이 자신이 살인을 저지른 것처럼 꾸며 평생 감옥에 가두려 한다는 의심도 가졌다. 이런 망상은 경찰의 위협에 맞서 직접 싸우겠다는 생각으로 이어졌고, 급기야 총기를 직접 제작하기에 이르렀다. 성씨는 범행 이후 "독살 가능성이 있기 때문에 제가 총을 쐈다"는 등 경찰이 자신을 위협했기 때문에 어쩔 수 없었다는 주장을 계속했다.

사제 총기로 경찰을 살해한 성병대 씨가 2016년 10월 26일 오전 현장검증을 하기 위해 서울강북경찰서를 나서고 있다. 사진 서재훈

이웅혁 건국대 경찰행정학과 교수는 이렇게 설명했다.

"망상 범죄자들은 정상적인 사고 체계가 무너진 상태다. 망상 증세에는 우울증이나 과도한 감정 기복이 동반되는 경우가 많으므로 가족 등 가까운 사람들이 이를 알아채고 치료를 유도해나가야 한다. 그렇게 강력 범죄로 이어질 수 있는 상황을 미리 차단해야 한다."

** 오패산 총격 사건: 성병대는 2016년 10월 19일 서울 강북 오패산터널 인근에서 한 부동산업자를 쇠망치와 총기로 살해하려다 실패하고, 같은 날 신고를 받고 출동한 경찰 김경위를 사제 총기로 쏘아 숨지게 했다. 성씨는 김경위가 자신이 발포한 총알이 아니라 다른 탄환에 맞아 사망했는데 사건이 벌어진 이후 경찰이 시신에 박힌 탄환을 바꿔치기해 자신의 범행으로 위장했다고 주장했다. 전문가들은 성씨가 처음부터 경찰 등 수사기관을 공격 목표로 삼았을 가능성이 있고, 처음 범행 대상이었던 부동산업자 등은 일종의 미끼에 불과하다고 봤다.

41

포천 고무통 살인 사건

고무통 속에서 남성 2명의 시신…
똑같은 독극물로 살해 흔적

2014년 7월 29일. 경기 포천의 한 빌라에서 어린아이의 울음소리가 들린다는 주민 신고가 경찰에 접수됐다. 단순한 투정이 아니라 악에 받친 듯 비명에 가까운 울음이 저녁 시간까지 계속돼 더이상 참기 힘들다는 것, 한 번 가봐달라는 내용이었다.

밤 9시 40분, 경찰과 소방대가 신고된 집에 도착했다. 현관문은 안에서 굳게 닫혀 있었다. 여러 번 두드려봤지만 인기척이 없었다. 그사이에도 동네 주민들을 괴롭히는 아이 울음소리는 계속 들려왔다. '어떻게 해야 하지?' 주춤거리는 경찰 중 누군가 그때 문틈 사이로 고개를 기웃했다. 희미했지만 분명 고약한 냄새가 코를 찔렀다. 아이 울음소리에 이어 악취까지 문제였다. 확인이 꼭 필요했다.

소방대가 빌라 바깥에 사다리를 설치하자 경찰이 2층 창문으로 진입을 시도했다. 집은 조그만 거실에 큰방과 작은방이 딸린 흔하디흔한 빌라 가정집이었다.

거실과 방 곳곳에 정체불명의 푸른색 쓰레기 종량제 봉투가 어른 키만큼 쌓여 있었다. 봉투에는 쓰레기가 가득했다. 방문은 부서지고, 장판과 벽지는 곳곳이 뜯겨져나가 있었다. 책상과 책꽂이, 그나마 멀쩡해 보이는 가구들에도 눅진한 검은 때와 곰팡이가 잔뜩 내려 앉아 있었다. 방치된 세월을 짐작조차 하기 힘든, 지금 사람이 살고 있다고는 도저히 믿을 수 없는 충격적인 모습이었다.

아이는 태풍이 한차례 휩쓸고 지나간 듯한 쓰레기 더미 한가운데 앉아 있었다. 기껏해야 예닐곱 살 됐을까. 한동안 제대로 된 음식을 먹지 못한 듯 앙상한 팔다리는 뼈만 남아 말라붙어 있었다. 아이는 경찰을 보자 더더욱 '살려달라'고 기를 쓰며 울었다.

'도대체 무슨 일이 있었지?'

울음소리와 악취에 귀를 막고 코를 싸잡은 경찰과 소방대원들이 고개를 갸우뚱했다. 집 안 구석구석을 촘촘히 살펴보던 이들의 신음이 여기저기서 들렸다.

"처음에는 이불이 둘둘 쌓여 있어서 뭔가 했어요. 이불을 치우고 보니까 시신이 나왔고, 목에 스카프가 감겨 있었죠. 얼굴에 랩이 둘러진 백골이 다 된 시신이 튀어나온 건데…."

당시 현장에 출동했던 포천경찰서 강력2팀 서종천 경위는 아직도 당시를 또렷이 기억한다고 했다. 사실 그곳에서 시신이 발견되리라고는 현장에 있던 그 누구도 예상하지 못했다. 갑작스러운 충격이었다. 작은방에 있던 높이 80센티미터, 지름 84센티미터 고무통의 덮개를 열면서 몸서리쳤던 기억이 서경위는 여전히 생생하다.

충격은 그게 끝이 아니었다. 영안실로 통째 들고 온 고무통을 그대로 바닥에 들이붓자, 뭔지 모를 물컹한 액체가 쏟아졌다. 형체를 알아보기 어려웠다. 서경위의 표현대로라면 '젓갈' 혹은 '죽' 같아 보이는 그 액체에서 '또 다른 손'이 튀어나왔다. 백골 시신의 것이 아닌, 또 다른 이의 손. 죽은 이가 한 명이 아니라 두 명이라는 뜻이다.

"시신과 시신 사이에 있던 소금 포대 때문이 아닌가 싶어요. 그 때문에 일종의 발효가 일어나면서 시신이 액체 상태가 된 것 같았어요. 다만 손은 포대 밖으로 나온 바람에 그렇게 온전한 형태로 남아 있게 된 거죠."

'포천의 한 빌라에서, 그것도 고무통에서 시신 두 구가 발견됐다'는 소식이 언론을 통해 퍼져나갔다. 언론의 관심과 국민의 이목이 포천의 작은 동네로 온통 집중됐다. 경찰에겐 부담이었다. 지체하거나 망설일 틈이 없었고, 살인이 확실하다면 범인을 반드시 잡아야 했다. 다음날인 7월 30일 이른 아침부터 포천경찰서 지능팀을 비롯해 강력팀과 형사팀, 경기지방경찰청 광역수사대까지 68명에 달하는 인원이 한자리에 모였다.

용의자는 금세 한 사람으로 좁혀졌다. 집주인이면서 아이의 엄마. 며칠 전부터 행적이 묘연한 이 모(50세) 씨다. 휴대폰 위치를 추적해보니 포천 신북면 신평리 인근에서 마지막 신호가 잡혔다. 포천 내에서도 외국인 노동자들이 특히 많이 사는 곳이다.

"주변을 샅샅이 뒤졌는데 행적이 안 나오는 겁니다. 멀리는 못 갔을 테고, 아마 아는 사람에게 부탁해 몸을 숨기고 있지 않을까 싶었죠."

마침 휴대폰 통화 내역을 분석하다 수상한 흔적을 발견했다. 이 씨가 새벽만 되면 통화를 했던 전화번호가 기록에 남아 있었다. 일단 그 시간에 일과 관련해 전화를 할 리 없었다. 게다가 반복적으로 연락했다면…. 내연 관계의 남성일 가능성이 높았다. 몸을 숨기기에 적당한 사람이었다.

'새벽 통화'의 주인공은 포천 소흘읍에 있는 섬유공장 옆에서 컨테이너 박스에 살고 있었다. 경찰이 찾아가 문을 두드리자 동남아시아 지역 출신으로 보이는 외국인 남성이 문을 열었다. "살인 사건 용의자를 찾고 있으니 잠시 내부를 볼 수 있겠느냐"고 묻자 예상대로 "안 된다"는 답이 돌아왔다. 자초지종을 설명해도 계속 고개를 내젓기만 했다. "나는 한국말을 몰라요"라는 말을 반복할 뿐이었다.

경찰로선 그대로 물러날 수 없었다. 한참을 실랑이하다 "그렇다면 일단 당신이라도 경찰서로 가야겠다"고 엄포를 놓자 남성이 얼굴을 찡그렸다. 잠깐 망설이던 남성이 손을 들어 컨테이너를 가리켰다. '저 안에 있다'는 뜻이었다. 실제로 이씨는 컨테이너 안 부엌에 숨어 있었다.

때마침 국립과학수사연구원에서 시신 두 구의 신원을 분석한 결과를 전해왔다. 백골이 된 시신은 이씨의 직장 동료인 이 모(48세) 씨였고, 액체로 변한 시신의 것으로 보이는 '손'은 10년 전 행방불명이 된 남편 박 모(51세) 씨의 것이었다.

이씨는 의외로 직장 동료 이씨를 살인한 사실을 순순히 인정했다. 제과업체 공장을 함께 다니던 중 내연 관계를 맺었고, 둘의 관계가 직장에서 탄로 나면서 사이가 틀어지게 됐다고 털어났다. 급기야 남성이 "그동안 함께 써온 돈을 돌려달라"고 요구했고, 그 와중에 법적으로 남편이 있는 여자의 내연 관계를 용납하지 못한 사장이 그녀를 해고 조치했다. 이씨는 감정이 격해질 대로 격해진 상태에서 남성에게 수면제를 술에 타 먹인 뒤 목을 졸라 살해했다고 진술했다.

하지만 이씨는 남편의 죽음에 대해선 모른다고 완강히 부인했다. "10년 전 당시 자고 일어나보니 남편이 베란다에 쓰러져 죽어 있었고, 어떻게 처리해야 할지 몰라 고무통에 숨겼을 뿐"이라고 주장했다. 자신이 죽인 게 아니라 시신만 버려둔 것이라는 말을 반복했다.

경찰은 난감했다. 살인을 입증할 증거가 부족했다.

"내연남처럼 남편 역시 죽였을 거라는 심증이 확실히 있었어요. 그런데 그걸 증명할 방법이 없는 거예요. 너무 오래된 시신인 데다가 남은 거라고는 팔 하나뿐이니, 본인이 인정하지 않으면 어떻게 죽였는지를 알아낼 수가 없는 상황이었습니다."

경찰 수사는 어느덧 아홉 날째로 넘어가고 있었다. '나머지 수사는 검찰에서 알아서 할 테니 사건을 종결하고 넘겨라'는 상부 지시가 내려왔다.

수사를 개시하고 열흘이 되던 날, 사건 파일을 정리하던 서경위는 '혹시나' 하는 심정으로 국립과학수사연구원에 전화를 걸었다.

"새로 나온 사실 없습니까?"

서경위의 질문에 수화기 너머에서 머뭇거리는 답변이 돌아왔다.

"아직 공문이 나가기 전이라 말씀하면 안 되는 것인데⋯. 실은 내연남의 시신에서 발견된 것과 똑같은 '독실라민'이라는 독극물이 남편 시신에서도 검출됐습니다."

'똑같은 독극물.' 언론의 관심이 지나치게 쏠려 있던 사건이라 국립과학수사연구원에서는 작은 단서 하나도 조심스러워하던 때였다. 정식으로 공문을 통해 발표하기 전에는 아무리 담당 경찰이라 할지라도 알리지 않는 것이 원칙이었다. 그만큼 서경위의 질문에는 절박함이 담겨 있었다.

이씨는 오랫동안 우울증을 앓았다. 다량의 수면제를 복용했는데, 거기에 독실라민이라는 성분이 함유돼 있었다. 수면 유도와 진정에 효과가 있지만, 과량 복용할 경우 호흡 억제와 혼수상태를 유발하는 약품이다. 실제 이씨는 내연남을 죽이려 할 때 비염약이라고 속여 독실라민이 든 수면제를 먹게 했다. 국립과학수사연구원의 말대로라면 남편 시신에서도 그 약 성분이 나온 것이고, 무엇보다 남편이 사망한 10년 전에도 이씨가 인근 약국에서 독실라민 성분이 든 수면유도제를 구입한 사실까지 확인됐다.

'동일한 독극물을 이용한 두 건의 살인.' 경찰은 그렇게 결론짓고 사건을 검찰로 넘겼다. 이씨가 정말 남편까지 죽였는지 판단하는 건 검찰과 법원의 몫이었다.

이후 이씨는 사건의 전말을 이렇게 설명했다. 두 아이를 낳아 기르던 평범한 가정주부였던 그는 1995년 교통사고로 당시 여섯 살 난 둘째 아들을 잃었다. 사고로 입은 충격은 이후 이씨의 삶을 뒤틀어 났다. 아들을 잃은 상실감과 우울 증세가 덮쳐오자 신경안정제와 수면제를 찾게 됐고, 부부는 아들 사고를 서로의 탓으로 돌리며 다퉜다. 결정적으로, 별거 중이던 남편이 다른 여성과 바람을 피웠다. 그러면서 이씨의 우울증은 탈선으로 걷잡을 수 없이 번져갔다. 이씨는 인근 공장에서 일하는 외국인 노동자들과 만나는 것으로 감정의 기복을 달래곤 했다. 이 과정에서 아들까지 낳게 됐는데, 이씨는 이 아이를 쓰레기 더미의 집에 두 구의 시신과 함께 방치하고 가끔 들러 먹을 것을 던져 주는 것으로 엄마로서의 책임을 다했다.

2014년 8월 7일 포천 고무통 살인 사건 현장에서 경찰이 현장검증에 사용한 고무통. 사진 연합뉴스

2015년 2월 11일. 의정부지방법원은 남편과 내연남 둘을 살해하고 사체를 은닉한 혐의 그리고 아동복지법을 위반한 혐의를 인정해, 이씨에게 24년 형을 선고했다. 그러나 2심인 서울고등법원은 생각이 달랐다. 남편을 살해한 부분에 대해선 증거가 불충분하다고 보고 18년 형을 선고했다. 그해 12월 대법원 역시 고등법원의 판단과 같은 결론을 내렸다.

"물론 많은 것이 아쉬워요. 왜 좀 더 일찍 발견하지 못했을까, 주민들은 아이가 여덟 살이 되도록 왜 단 한 번도 신고하지 않았고, 왜 지역사회는 좀 더 신속히 아이를 구조해내지 못했을까. 만일 좀 더 일찍 알아차렸다면 이들 존재가 드러나는 데 10년이나 걸리지 않았을 텐데, 그랬다면 판결 역시 바뀌지 않았을까, 아쉽고 아쉽습니다."

이씨는 2016년부터 현재 4년째 복역 중이다. 그녀는 여전히 남편의 죽음을 법원의 판단 그대로 자연사라 주장할 가능성이 크다. 만기 출소하고 세상으로 나올 때는 2034년, 이씨는 일흔 살이 된다.

포천 고무통 시신 사건

내연남 이모(48)씨
2012년 12월 직장에서 맺어오던
내연관계가 탄로나면서 사이가 틀어짐
여기에 돈 문제로 인한 갈등이 더해지면서
2013년 7월 집에서 수면제와
술을 함께 먹인 뒤 목 졸라 살해.
이후 이불로 말아 고무통에 은닉

남편 박모(51)씨
2004년 사망해 10년간
고무통에 유기됐다가 2014년 발견

고무통에서
시신 2구
발견

작은방

안방

8세 남자아이
(영양실조 상태로 발견)

부엌

거실

출입구

17평
빌라

범행 일지

고무통에서 시신 두 구 발견

고무통 위쪽에서 내연남 이씨가 발견됐다. 2012년 12월 직장에서 맺어
오던 내연 관계가 탄로 나면서 둘 사이가 틀어진다. 여
기에 돈 문제가 불거져 갈등이 더해지자, 이씨는 2013년
7월 집에서 내연남에게 수면제와 술을 함께 먹인 뒤 목
졸라 살해한다. 이후 이불로 말아 고무통에 은닉한다.

고무통 아래쪽에서 남편 박씨가 발견됐다. 이씨는 2004년 자연사한 남
편을 고무통에 유기했다고 주장하는데, 그 시신이 10년
만인 2014년에 발견된 것이다.

1995년 둘째 아들이 교통사고를 당해 죽는 일을 겪으며 이씨는
우울증이 심해지고 신경안정제와 수면제를 복용한다.

2004년 베란다에 숨겨 있는 남편 박씨의 시신을 고무통에 유기
한다. 이후 이씨는 남편의 죽음을 자연사라고 주장한다.

2006년 외국인 내연남과의 사이에서 아들을 출산한다.

2013년 빌라에서 또 다른 내연남 이씨에게 수면제를 먹인 뒤
목 졸라 살해한다. 시신은 고무통에 유기한다.

2014년 7월 29일 어린아이의 울음소리가 들린다는 인근 주민들의 신
고로 경찰이 출동한다. 방치되어 영양실조가 된 아이를
발견하고, 집 안 고무통 속에서 시신 두 구를 찾아낸다.

7월 31일	포천 소흘읍 한 섬유공장 옆, 내연남이 거처하는 컨테이너에서 은신 중이던 이씨를 검거한다.
2015년 2월 11일	의정부지방법원은 남편과 내연남을 살해하고 사체를 은닉한 혐의, 아동복지법을 위반한 혐의를 인정해 이씨에게 징역 24년을 선고한다.
9월 17일	서울고등법원은 남편 살해 혐의는 증거 불충분으로 무죄라고 판단해 18년 형으로 감형한다.
12월 10일	대법원은 18년 형을 확정 판결한다.

독극물

오랜 시간 지나도 흔적 남아…
10억분의 1그램의 농약 검출돼 사건 해결

경찰이 포천 고무통 살인 사건의 범인 이씨가 남편과 내연남 둘을 모두 살해했다고 확신했던 이유는 두 시신에서 동일한 독극물 '독실라민'이 검출됐기 때문이다. 처음 발견될 당시 심하게 부패했던 남편 시신은 피부와 연부 조직, 내부 장기 등 신체의 상당 부분이 소실돼 있었다. 자연사인지, 자연사가 아니라면 누가 범인인지 밝혀낼 증거를 시신에서는 찾기 어려운 상태였다.

그런데 간으로 추정되는 조직에 여전히 독실라민 성분이 남아 있었다. 검출량은 치사 농도인 1킬로그램당 14~300밀리그램의 범위에 드는 52.97이었다. 더군다나 고혈압 치료제에 이용되는 아테놀롤도 1킬로그램당 62.70밀리그램 함께 검출됐다. 약과 약이 복합적으로 작용해 사망이라는 치명적인 결과를 냈을 것이라는 추정이 가능했다.

독극물은 아무리 오랜 세월이 흘러도 흔적이 남는다. 2015년 포천에서는 40대 여성이 2011년부터 제초제를 탄 음료와 음식을 조금씩 먹게 하는 수법으로 전 남편과 현 남편, 시어머니 등을 살해한 사건이 있었다(1권 '포천 농약 살인 사건'). 이 역시 매장한 시신을 다시 부검해 농약 성분인 '파라콰트'를 검출해냄으로써 사건의 전말을 밝혀낼 수 있었다. 피해자가 사망하고 오랜 시간이 흘렀고 제초제를 조금씩 섞어 먹였기 때문에 성분 검출이 쉽지 않을 것이라 예상했지만, 매장하고 2년 된 시어머니의 유해에서 나노그램(1나노그램은 10억분의 1그램) 단위의 농약 성분이 발견됐고 곧 사건을 해결하는 물꼬가 트였다.

독극물을 이용하는 범죄 수법은 경제·사회·문화적 배경에 따라 차이가 난다. 마약 거래가 성행하는 미국에서는 마약류를 이용한 독극물 범죄, 농업이 발달한 동남아 국가에서는 농약류를 사용한 범죄, 산업이 한창 발전하는 개발도상국에서는 화학물질을 통한 독극물 범죄가 주로 발생한다.

우리나라는 빠른 산업화 과정을 거치면서 독극물의 범주가 다양해졌고, 인터넷과 택배가 발달하면서 일반인이 독극물에 대한 정보를 쉽게 얻고 사용하는 게 가능해졌다. 과거에는 제초제에 이용되는 '그라목손(파라콰트)' '청산가리', 또는 복어 독으로 상징되는 '테트로도톡신' 등이 대표적인 독극물로 인식돼왔으나, 이제는

포천 가정집 빌라에서 발견된 고무통의 내부 모습. 사진 YTN 방송 캡처

진정제, 진통제, 수면제의 성분으로 사용되는 '브롬제', 의료 목적
으로 사용되는 인슐린과 모르핀, 담배에 포함된 니코틴 등이 독극
물로 악용된다.

42

강서 무속인 보험 사기 사건

장례 뒤 화장까지 했는데…
전화 너머로 들리는 죽은 자의 목소리

40대 무속인이 돌연 사망했다. 죽기 두 달 전 보험을 들어뒀다. 보험금은 30억 원이 넘었다. 그냥 그런 일이 있었구나 하고 흘려보낼 수도 있었다. 하지만 그녀의 죽음은 수상한 점이 한둘이 아니었다. 조금씩 죽음을 둘러싼 정보를 캐갈수록 의심을 부르는 냄새는 짙어갔다. 어쩌면 가족에게 보험금을 남기려는 목적으로 자살한 것일 수도 있고, 또 다른 살인과 연결됐을 가능성도 있었다.

2012년 4월 서울지방경찰청 장기미제팀에 제보가 접수됐다. 제보한 곳은 D보험사였다. 보험료를 내던 고객이 갑자기 집에서 쓰려져 숨졌다. 그녀는 죽기 전에 딱 두 달치 보험료를 냈다. 그 대가로 보험사는 유족에게 무려 33억 원에 달하는 보험금을 줘야 했다. 그런데 뭔가 미심쩍다는 게 보험사의 주장이다. 한마디로 보험 사기로 보인다는 얘기였고, 그러니까 수사를 좀 해달라는 요청이었다.

보험사는 일단 가입한 보험 자체가 의심스럽다고 했다. 33억 원짜리 생명보험인 만큼 매달 내야 하는 보험료가 124만 원에 달했다. 몇몇 자산가나 유명인이 아닌 바에야 사망자 같은 무속인이 감당하기에는 사실 무리가 있는 액수다. 게다가 그 같은 고액 보험에 가입하고 고작 두 달 만에 사망한 것을 보면 보험 사기로 의심할 만하지 않으냐고 했다.

"저희도 당연히 자체 조사를 했죠. 현장에도 나갔고요. 그런데 시신은 이미 한참 전에 화장을 했더군요. 구체적인 정황이나 증거는 물론 없습니다. 하지만 '뭔가 감춘 게 있겠다'는 생각이 자꾸 들어 이렇게 연락했습니다."

보험사 직원의 말에는 답답함이 잔뜩 묻어 있었다.

보험 사기 수사에 경험이 많은 강윤석 경위(현 서울지방경찰청 광역수사대 의료수사팀장)와 유영수 경사가 사건을 맡았다. 보험사에서 전한 사건 자료를 훑어보는 것으로 수사를 시작했다. '사망자 44세 무속인 안 모 씨. 2011년 11월 24일 보험 가입. 같은 해 12월 31일 서울 강서구 화곡동 자택에서 뇌출혈의 일종인 지주막하출혈로 사망. 보험금 수령 대상자는 안씨의 모친과 부친.'

"먼저 여러 가능성을 떠올려봤습니다. 기존에 다룬 사건을 갖고 유추해보면, 안씨가 가족을 위해 보험금을 남기려고 스스로 목숨을 끊은 다음에 이를 숨기려 했을 수 있겠다 싶었습니다. 자살을 한 경우 보험금이 지급되지 않으니까요. 이전에도 그런 사례들이 여럿 있었습니다."

그런데 장례 절차가 눈에 거슬렸다. 안씨는 사망한 다음날, 장례식도 거치지 않고 곧바로 화장됐다. 그것도 시신 검안을 받은 대학병원이 아니라 인근의 소규모 장례식장에서였다. 유족들이 장례식을 하지 않을 이유도, 군이 화장을 하기 위해 장례식장을 옮길 이유도 없었다. 심지어 서류상 분명 보험금을 받아 갈 안씨 부모는 화장하는 자리에 나타나지도 않았다. 확인해보니 부모는 딸이 죽었다는 사실조차 모르고 있었다.

부모가 참석하지 않은 장례식장에는 3명이 자리했다. 안씨의 친언니(47세), 남자친구 김 모(41세) 씨, 지인 최 모(42세) 씨. 그중 최씨는 마침 D보험사에서 일하는 보험설계사였다.

"말하자면 이들이 이 사건에 등장하는 '주요 등장인물'인 셈이죠. 그들이 무엇을 했는지, 왜 그토록 황급히 시신을 화장했는지 알아보자, 그렇게 마음먹었습니다."

언니에게 초점을 맞췄다. 죽은 이에 대한 정보를 제일 많이 알 수 있는 사람이었다. 무엇보다 안씨가 사망했을 때 집에서 119구조대에 전화를 걸어 "동생이 의식이 없으니 출동해달라"고 신고한 당사자다.

"그런데 아무리 봐도 사람을 죽이거나 할 사람은 아니고, 범죄와는 거리가 먼 사람처럼 보였습니다."

유경사는 경찰서로 나온 안씨 언니를 보자마자 '이 사람은 아니겠다'는 느낌을 강하게 받았다고 했다. 마포구 상암동에 살면서 성북구에서 어린이집을 운영하는 '평범하디평범한' 중년 여성이었다. 혹시나 하는 마음에 휴대폰 통화 내역도 훑어보고 사건 당시 위치도 파악해봤지만 역시나 의심스러운 정황은 하나도 나오지 않았다.

수사는 더뎠고 시간은 빠르게 흘렀다. 수사에 들어간 지도 어느새 두 달이 지났다.

"반장님, 지금 여기 지하철 6호선 보문역입니다. 언니가 지하철역에서 공중전화로 어디론가 전화를 하고 있습니다."

별다른 단서가 나오지 않으면서 수사팀은 2명씩 짝을 지어 언니를 따라다니고 있었다. '휴대폰을 가진 사람이 굳이 공중전화를 쓴다고?' 뭔가 뒤가 구린 구석이 있는 게 분명하다 싶었다.

강경위가 통신사에서 공중전화 통화 내역을 받아왔다. 공중전화를 사용하는 사람이 별로 없는 만큼 통화 내역에 등장하는 이도 몇 명 되지 않았다. 그중 안씨 언니가 통화를 한 이는 지금까지 단 한 번도 등장하지 않았던 인물이었다. 남성 A씨, 전남 광주 월산동에 살고 있었다.

수사팀이 광주로 급파됐다. A씨의 휴대폰 통화 내역부터 뒤져봤다. 2012년 1월 초에 휴대폰을 개통한 뒤 그달 중순 뜬금없이 도시가스공사에 전화를 건 기록이 남아 있었다. 공사에 문의하니 "해당 번호로 가정집에 도시가스를 설치해달라는 요청을 받았군요"라는 답이 돌아왔다.

"A씨는 원래 식당을 운영하면서 광주에서 죽 살던 사람이고 최근에 이사한 적이 없던 걸로 파악됐거든요. 도시가스를 새로 설치할 필요가 없었을 텐데, 왜 그런 전화를 했을까요?"

공사에선 다행히 당시 통화 내용이 녹음되어 남아 있다고 했다. 통화 내용을 들어봐야 했다.

뜻밖이었다. 도시가스공사에 전화를 한 사람은 A씨가 아니었다. 여성, 그것도 강경위와 유경사 모두 아는 이의 목소리가 들려왔다. 2011년 12월 마지막 날에 숨진 안씨, 그녀가 이듬해 1월 중순에 도시가스공사에 전화를 건 것이다.

A씨는 "친한 손님이 신용 불량자가 됐다면서 휴대폰 명의를 빌려달라고 했다"고 사실을 밝혔다. 그 친한 손님이 바로 안씨였다. 혹시나 해서 음성 분석을 맡겼는데 역시 '같은 사람의 목소리'라는 결론이 나왔다.

"죽은 건 사실이잖아요. 시신은 화장이 됐고, 사망진단서도 있고 검안서도 분명 있었어요. 그런데 정작 안씨는 멀쩡히 살아서, 도시가스를 설치해달라는 전화를 걸었단 말이죠."

가능성은 하나밖에 없었다. 다른 사람의 시신을 가져다 자신인 것처럼 속인 것이다.

"살아 있다는 게 확인됐으니, 안씨를 찾아야 했습니다."

수사팀은 즉시 도시가스공사가 안씨의 요청을 받고 도시가스를 설치한 곳으로 향했다. 집 앞에서 주차 문제를 핑계 삼아 초인종을 눌렀다. 안씨가 문을 열고 얼굴을 내밀었다. 예상대로 안씨는 그곳에 살고 있었다.

안씨는 보험 사기 혐의를 순순히 인정했다.

"건물(경기 평택)을 지으면서 빚을 지게 됐고, 결국 사채까지 끌어다 쓰면서 급전이 필요했어요. 다른 방법이 없었습니다."

그는 다른 보험사에서도 보험에 가입해 1억 원을 이미 받았다고 했다.

그러나 자기 대신 화장된 시신에 대해선 명확한 답을 내놓지 않았다.

"처음에는 인터넷에서 모르는 사람을 통해 시신을 샀다고 하더라고요. 그런데 그 인터넷 사이트가 어디인지 제대로 말하지 못하고, 나중에는 있지도 않은 사람을 지어내 그 사람을 통해 구했다고 말하고…."

강경위와 유경사는 안씨가 살인을 했을 가능성을 배제하지 않았다. 실제 이를 의심할 정황들이 속속 발견됐다. 우선 안씨가 사건 직전인 2011년 12월 24일과 27일 두 날에 걸쳐 화곡동 집 근처에 있는 내과 의원에서 언니 이름으로 수면제 14일분을 처방받은 사실을 확인했다. 또 안씨가 다른 사람들을 살해하려 했거나, 그들을 통해 살해 연습을 했던 것으로 보이는 정황도 파악했다. 피해자들은 공교롭게도 모두 안씨를 대신할 수 있는 40대 동년배 여성이었다.

조선족 백 모(47세) 씨는 2011년 12월 21일 안씨의 지인인 박 모 씨의 소개로 파출부로 일하기 위해 안씨 집을 찾았다고 했다.

"거기서 (안씨가) 보약이라고 준 음료를 마셨는데요. 마시고 나니 어지럽기도 하고 몸이 안 좋아서 파출부 일을 하지 않기로 하고 일당만 받고 나왔어요."

노래방 주인인 송 모(42세) 씨도 마찬가지로 아찔했던 경험을 털어놨다. 송씨는 노래방에 손님으로 찾아온 안씨와 갑자기 친해졌고, 그 후 12월 26일 안씨 집을 찾았다. 그날 안씨가 주는 녹차를 마시고 깊은 잠에 들었다 다음날 깨어나 귀가했다고 했다.

안씨가 사망 신고가 되기 하루 전날인 12월 30일 평소에 잘 가지 않던 영등포역에 간 사실도 경찰의 의심을 키웠다. 영등포역은 서울역과 함께 주변에서 노숙인을 쉽게 만날 수 있는 곳이다. 문득 강경위의 머릿속에는 시신을 염했던 장례지도사가 지나가듯 했던 말이 떠올랐다.

"이상한 게, 죽은 사람의 발이 너무 거칠고 더러웠어요. 꼭 맨발로 다니던 사람 같았는데, 무당이라 작두를 타서 그런가 싶었죠."

영등포역 인근 노숙인을 관리하는 관할 지구대에서도 '2011년 연말을 전후해 여성 노숙인 한 명이 사라졌다'는 말을 전했다. 사라진 노숙인을 아는 주변 사람들은 "맨발로 다니곤 했다"고 말했다.

안씨는 타인의 시신을 자신인 것처럼 둔갑시켜 보험금을 타내려 했다.

경찰로서는 더 망설일 이유가 없었다. 안씨가 살인을 했다는 쪽
으로 정리를 하니 사건의 퍼즐이 딱딱 들어맞았다. 안씨 언니는
안씨가 사망한 것처럼 119구조대에 신고한 뒤, 나중에는 병원에
서 안씨 이름으로 사체검안서를 발부받고 시신을 화장하는 역할
을 맡았다. 남자친구 김씨는 '이제 세상에 없는 사람이 된' 안씨를
도피시키는 일을 도왔다. 처음에는 안씨를 강원도로 데려가 몸을
숨기게 한 뒤, 광주로 함께 내려갔다. D보험사에서 보험설계사로
일하는 지인 최씨는 안씨가 고액 보험에 가입하도록 도왔다. 애초
에 빚에 쫓기던 안씨가 33억 원에 달하는 고액 보험에 가입할 수
있었던 건 최씨가 손을 쓴 덕이다.

"이 사람들 모두 안씨가 보험금을 손에 넣으면 1, 2억 원씩 나눠
먹기로 약속까지 했더군요."

경찰은 안씨에게 살인 및 사체 유기, 특별경제가중처벌법상 사

기 혐의를 적용해 검찰로 넘겼다.

2012년 1심 법원은 안씨에게 징역 7년을 선고했다. 보험금을 타내기 위해 다른 사람의 시신을 본인으로 속인 점은 인정되지만, 직접 살인을 했다고 보기는 어렵다는 게 재판부의 판단이었다. 2심도, 대법원도 같은 결론을 내렸다. 살인은 무죄였다. 강경위는 당시를 떠올리며 "안씨 이름으로 화장이 됐던 그 시신은 과연 누구였을까"라는 질문을 던졌다. 그 진실을 알고 있을 안씨는 2019년 출소가 예정돼 있다.

강서 무속인 보험사기 사건

안씨의 살인 혐의에 대한 양측 입장

경찰	안씨
보험사기에 이용하려고 영등포역 거주 40대 여성 노숙인 살인	인터넷 검색으로 500만원 주고 시신을 구매했다
2011년 12월30일쯤 영등포역에서 40대 여성 유인	2011년 12월30일 영등포역에 간 적 없다
범행 사용 목적으로 2011년 12월 24일과 27일 수면제 14일분 처방 받음	복용을 목적으로 처방 받았다
2011년 12월21과 26일 조선족 백모씨와 노래방 주인 송모씨에게 수면제를 탄 한방차를 줘 살해하려 함	한방차를 준 건 사실이지만 수면제를 타거나 살해하려고 하지는 않았다

사건 일지 _____

2011년 11월 24일 안씨가 S보험사와 D보험사의 생명보험에 가입한다.

12월 31일 오전 1시 14분 안씨의 친언니가 119구조대에 전화해 "동생이 의식이 없으니 출동해달라"고 신고한다.

같은 날 오전 1시 42분 가짜 안씨가 사망한다.

같은 날 오전 3시 유족은 가짜 안씨의 시신을 서울 양천구에 있는 소규모 장례식장으로 옮긴다.

같은 날 오전 9시 안씨 언니가 대학병원을 다시 찾아가 '지주막하출혈 사망'이라는 검안 결과가 담긴 사체검안서를 발급받는다.

2012년 1월 1일 오후 2시 30분 유족은 가짜 안씨의 시신을 화장한다.

3월 13일 안씨 일당이 S보험사에서 보험금 1억 원을 수령한다.

3월 14일 안씨 일당이 이제 D보험사에 보험금 33억 원을 청구한다.

4월 D보험사가 안씨의 죽음이 보험 사기로 의심된다며 경찰에 수사를 의뢰한다.

6월 중순 수사팀은 안씨 언니가 공중전화로 광주에 사는 A씨와 통화한 사실을 파악하고 광주로 내려간다. A씨가 휴대전화 명의를 안씨에게 넘긴 사실을 알아내면서 안씨가 살아 있다는 것을 확인한다.

7월 3일 경찰은 안씨를 긴급 체포한다. 이어서 안씨의 언니와 남자친구, 지인인 보험설계사 최씨를 검거한다.

안씨의 살인 혐의에 대한 양측 입장

경찰   안씨가 보험 사기에 이용하려고 영등포역에 거주하는 40대 여성 노숙인을 살해했다.

안씨   인터넷에서 검색해 500만 원 주고 시신을 구매했다.

경찰   안씨가 2011년 12월 30일 영등포역에서 40대 여성을 유인했다.

안씨   2011년 12월 30일 영등포역에 간 적이 없다.

경찰   안씨가 범행에 사용할 목적으로 2011년 12월 24일과 27일에 수면제 14일분을 처방받았다.

안씨   자신이 복용할 목적으로 처방받았다.

경찰   2011년 12월 21일과 26일 안씨가 조선족 백씨와 노래방 주인 송씨에게 수면제를 탄 한방차를 줘 살해하려 했다.

안씨   한방차를 준 건 사실이지만 수면제를 타거나 살해하려고 하지는 않았다.

간접증거

시신 없는 살인 사건에서 혐의는 어떻게 입증할까

강서 무속인 보험 사기 사건을 수사한 경찰은 주범 안씨의 살인 혐의를 입증하는 데는 실패했다. 직접 살인을 하고 그 시신을 자신인 것처럼 바꾼 것으로 보이는 다수의 정황을 확보했지만, 결정적인 증거를 법원에 내밀지 못한 탓이다. 당시 수사를 맡았던 강윤석 현 서울지방경찰청 의료수사팀장은 "시신이 이미 화장된 터라 살인 혐의를 입증하기가 쉽지 않을 거라고 진작부터 알고 있었다"고 털어놨다. 시신이 없으니 신원을 알 수 없고, 당연히 사인 등도 미궁에 빠질 수밖에 없었던 것이다.

시신 없는 살인이라고 해서 모두 혐의를 입증할 수 없는 것은 아니다. 강서 무속인 보험 사기 사건을 맡은 재판부 역시 "살인죄

직접증거 없이 간접증거만으로도 유죄가 인정될 수 있다. 사진 서울소방재난본부

등과 같이 법정형이 무거운 범죄의 경우에도 직접증거 없이 간접
증거만으로 유죄를 인정할 수 있고, 피해자의 시신이 발견되지 않
았더라도 간접증거를 종합적으로 고찰해 살인죄의 공소사실을 인
정할 수 있기는 하다"고 밝혔다. 물론 피해자가 사망한 사실이 선
결적으로 증명돼야 하고, 피해자의 사망이 살해 의사를 가진 피고
인의 행위로 인한 것임이 의심의 여지가 없을 정도로 증명돼야 한
다는 조건이 달리지만 말이다.

　시신 없는 살인 사건에서 유죄 판결이 난 사례가 국내에도 있
다. 2008년 대법원은 대전에서 아내를 살해하고 시신을 유기한 혐
의로 기소된 60대 A씨에 대해 징역 18년을 확정 판결했다. 재판부
는 A씨의 아내가 실종된 당일 집에 들어가는 모습, 이틀 뒤 새벽
에 A씨가 집에서 쓰레기봉투 5개를 들고 나와 승용차에 옮겨 싣

는 모습이 찍힌 폐쇄회로 TV 영상을 주목했다.

강서 무속인 보험 사기 사건과 유사한 한 노숙인 살인 사건에서도 유죄 판결이 나온 바 있다. 2013년 부산고등법원 형사2부는 노숙인 김 모(31세) 씨를 살해해 화장한 혐의로 기소된 손 모(48세) 씨에 대한 파기환송심에서 무기징역을 선고했다. 손씨는 자신의 이름 앞으로 여러 생명보험에 가입한 뒤 김씨 시신을 자신인 것처럼 둔갑시켜 보험금을 타내려 했다. 재판부는 김씨가 응급실에 실려 왔을 때 독약에 중독된 증상을 보인 점, 손씨가 범행할 무렵 인터넷에서 여러 차례 독극물에 대해 검색한 점, 손씨가 독극물을 소지한 점 등 간접증거가 확실한 것을 들어 살인 혐의를 인정했다.

43

관악 10대 모텔 살인 사건

깨끗한 방, 평온한 모습…
얼굴만 검게 변색된 여성의 시신

방은, 깨끗했다. 어제 하루 분명 누군가 다녀갔는데 흔적을 찾아볼 수 없었다. 헤어드라이어, 리모컨 등 비품은 처음 놓인 그대로 모두 가지런했다. 화장대에 놓인 수건조차 반듯이 접힌 상태였다. 깔끔하기는 욕실 안도 마찬가지였다. 물기 하나 없이 바짝 마른 바닥에서는 머리카락 한 올 찾아보기 어려웠다.

그곳에 유난히 앳돼 보이는 여성이 있었다. 붉은색 스웨터 안에 입은 셔츠를 옷깃 단추까지 채운 여성은 천장을 향한 채 침대에 누워 있었다. 유난히 바빴던 하루 일을 마치고 막 집에 돌아와 눈을 감고 잠시나마 망중한을 즐기려는 듯, 평온한 얼굴이었다. 하지만 여성의 숨은 멈춰 있었다.

2015년 3월 26일 낮 12시 30분, 서울관악경찰서로 112 신고 전화가 걸려왔다. 봉천동의 한 모텔 208호 객실에서 10대로 추정되는 여성이 숨져 있다는 내용이었다. 숨진 여성의 몸에는 외상 하나 없고 방 안에서도 다툰 흔적 같은 게 보이지 않는다는 말이 더해졌다.

"목 아래쪽에서 있는 듯 없는 듯 옅은 액흔(목 졸린 흔적)이 보였어요. 특이한 건 얼굴만 검게 변색됐다는 거예요. 보통 이렇게 얼굴이 검게 변한 시신의 경우 약물 중독을 의심해봐야 하거든요. 자살일 수도 있지만 타살일 가능성이 더 높다 싶었습니다."

당직 근무를 서다 현장에 제일 먼저 출동했던 강력3팀(당시 1팀) 임희섭 경위는 그날 객실 안 모습을 지금도 그렇게 또렷이 기억하고 있었다.

사인은 금방 확인할 수 있었다. 액사 및 비구폐색성 질식사. 즉 외부에서 가해진 힘에 코와 입이 동시에 막혀 사망에 이르렀다는 소견이 나왔다. 살인 사건일 가능성이 높다는 얘기다. 그녀는 누구일까? 그리고 그녀의 입과 코를 누가, 왜 틀어막았을까? 수사가 필요했다.

모텔에 설치된 폐쇄회로 TV에선 그날 아침 6시 43분 30대로 보이는 남성과 10대로 추정되는 여성이 함께 들어가는 모습이 포착됐다. 그 후 1시간 30분이 지난 8시 10분, 남성 혼자 모텔을 나섰다. 감식반이 전달한 피해자의 사망 추정 시간과 일치했다. '둘이 모텔에 들어갔는데 한 사람은 나왔고, 한 사람은 그곳에 남아 죽은 채 발견됐다.' 키 175센티미터쯤에 빵모자를 쓰고 엉덩이까지 내려오는 회색 재킷을 입은 남자. 그를 찾아내야 했다. 형사과장 주재로 긴급회의가 열렸고, 강력계 형사 전원 30명이 투입돼 특별수사팀이 꾸려졌다.

남성의 행적은 얼마 가지 않아 끊겼다. 모텔에서 나온 그는 170미터가량 거리를 걸어 남부순환로 인근 대로변에 이르자 곧바로 택시를 탔다. 폐쇄회로 TV 화질은 택시 번호판을 담을 만큼 선명하지 못했다. 택시는 유유히 차량들 속으로 사라져갔다. 폐쇄회로 TV를 통한 추적은 더 이상 불가능했다.

사건이 일어난 모텔 방에는 휴대폰이나 신분증 등 사망한 여성이 누구인지 알 수 있는 단서가 아무것도 남아 있지 않았다. 영장을 받아 위성위치확인 시스템(GPS)을 통해 남성이 타고 간 택시를 추적하는 방법이 있지만, 검찰과 법원을 거치는 절차를 생각하면 결과가 나올 때까지 빨라야 이삼일, 길면 일주일 걸릴 것을 각오해야 했다.

"살인 사건은 이삼일 안에 범인을 못 잡으면 힘들어지는 경우가 많아요. 맘먹고 도망가거나 숨을 수 있고, 심한 경우 심리적 압박에 용의자 스스로 목숨을 끊는 경우도 있으니까요. 자칫하다 미제 사건이 될 수도 있겠다는 걱정부터 들더군요."

임경위가 한숨을 내쉬었다.

급할수록 돌아가라고 했듯이 처음부터 다시 살펴봐야 했다. 사건 첫날 출동 명령을 받고 현장으로 뛰어가던 때, 그리고 그전에 신고가 들어온 순간까지 기억을 돌려 차근차근 복기해나갔다. '모텔 방문을 열고 들어가 현장을 확인한 뒤 112에 신고한 이의 진술을 들었고, 그다음에 뭘 했더라. 잠깐, 근데 신고를 왜 모텔 주인이 하지 않고 다른 사람이 했지?' 숙박업소에서 보통 사망 사건이나 사고가 발생하면 방 청소를 하려고 방문을 여는 업소 직원이 시신을 맨 처음 발견하기 마련이다. 그러면 직접 경찰에 신고하거나 주인에게 알려 경찰에 신고하게 한다. 하지만 이번에 112에 신고 전화를 한 사람은 모텔과 전혀 관련이 없는 제삼자, 박 모(28세) 씨였다.

"죽은 애는 한○○이라고 하는데요. 저랑은 그냥 아는 오빠 동생 사이예요. 얘가 그날 하도 연락이 안 돼, 와본 것뿐이에요."

경찰 앞에 선 박씨는 이런저런 얘기를 둘러댔다. 하지만 앞뒤가 맞지 않는 말이 파편처럼 흩어질 뿐이었다. 반면 모텔의 폐쇄회로 TV에는 박씨가 사건 당일 아침부터 모텔 주변을 돌아다니고, 신고하기까지 세 번에 걸쳐 208호 앞을 서성이는 장면이 담겨 있었다. 수상한 행적에 진술까지 오락가락하자 경찰은 박씨를 긴급 체포했다.

박씨는 죽은 한 모(14세) 양을 포함한 여성 3명을 데리고 랜덤 채팅 어플리케이션을 통해 성매매를 알선하는 업자로 확인됐다. 여성들은 모두 앱상에서 각자 닉네임을 갖고 성 매수 남성들과 연락을 주고받았다. 경찰은 곧바로 사망하기 직전 2시간 동안 한양에게 메시지를 보낸 남성 12명의 명단을 파악할 수 있었다.

"휴대폰 위치를 추적해 사건이 벌어진 시간대에 모텔 근방에 있었던 사람을 추려보니까 딱 3명이 나오더군요."

셋 중 둘은 알리바이가 확실했다. 나머지 한 사람, 사건이 발생하고 이틀 만에 김 모(38세) 씨가 유력한 용의자로 지목됐다.

김씨가 살고 있는 경기 시흥으로 강력반 세 팀이 급파됐다. 다행히 김씨는 집에 있었다. 그는 휴대폰을 끈 채 한 번도 아파트 밖으로 나오지 않았고, 초인종에도 반응하지 않았다.

"집 창문을 전부 암막 커튼으로 차단해 놓아서 안에서 뭘 하는지 통 보이지 않더라고요."

만일의 경우 10층 집에서 용의자가 뛰어내릴 수도 있다는 판단에 소방서에 부탁해 지상에 안전매트까지 깔게 했다. 3월 29일 오후 5시, 옆집을 통해 화재시에 쓰는 방화벽을 발로 깨고 진입하는 데 성공했고, 김씨를 긴급 체포했다.

김씨는 예상대로 '전혀 모르는 일'이라고 잡아뗐다.

"처음엔 모텔에 들어간 사실조차 없다고 부인하더라고요. 이런저런 증거를 들이밀어도 소용없었어요. 무조건 '아니다' '모른다'라고만 하니, 조사가 순탄치 않을 것이라는 예감이 들었습니다."

임경위는 김씨의 마음을 얻는 것이 먼저라는 판단이 들었다.

"김씨의 경우 잘 이야기하다가도 욱해서 입을 또 닫아버리더라고요. 우선 가정환경에 대해 물어보고 자라온 과정을 듣고 공유하면서 친밀감을 쌓을 필요가 있었죠. 보통 살인 사건의 경우 두세 번이면 끝나는 조사를 일곱 번이나 진행해야 했습니다."

처음에 범행 일체를 부인하던 김씨가, 두 번째 조사에서는 "폐쇄회로 TV에 찍힌 사람은 내가 맞고, 모텔에 들어가기는 했지만 그냥 나왔다"고 진술했다. 또 "피해자는 옷을 다 입고 침대에 앉은 채 휴대폰을 들여다보고 있었다"고 말했다. 약간의 진전이었다.

3월 31일에는 국립과학수사연구원에서 약물 검사 결과가 날아들었다. 피해자의 혈액에서 치사량에 해당하는 만큼의 동물 마취제 클로로포름이 검출됐다. 김씨 집에서는 클로로포름 1000밀리리터 두 병과 클로로포름을 적신 헝겊이 나왔다. 피해자의 손톱에서 채취한 남성 피부 DNA 역시 김씨의 것으로 드러났다. 독성 마취제와 목 졸린 흔적, 그리고 DNA. 이 세 증거 앞에서 김씨가 달아날 구멍은 없었다. 결국 그는 "내가 목을 조른 것이 맞다"고 시인했다.

김씨는 선천적으로 오른쪽 얼굴 대부분에 혈관종(화염상 모반)을 앓아왔다고 했다. 그 때문에 원만한 대인 관계를 형성하지 못했다. 고등학교를 중퇴한 뒤에는 진한 화장으로 얼굴 흉터를 가리고 다녔다. 현관문을 걸어 잠그고 마치 은둔형 외톨이처럼 지냈으며, 집 밖에 나가지 않은 채 해외 구매 대행업을 하면서 간신히 생계를 이어갔다. 가족과도 연락을 끊은 채 철저히 혼자 지냈다.

그가 성 매수를 처음 한 때는 2014년 5월쯤이었다. 그 후 계속 오피스텔이나 안마소를 전전하며 그릇된 성 관념을 쌓아갔다. 그

김씨는 집 창문을 전부 암막 커튼으로 차단해 놓았다. 경찰은 옆집을 통해 방화벽을 깨고 진입했다.
사진 서울소방재난본부

러다 인터넷에서 '클로로포름이 최초의 의료용 마취제로 사용되다가 영국 왕실에서 사망 사고가 발생하면서 판매가 중단됐다'는 내용을 보게 됐다고 했다. 마침 그 약물은 인터넷 쇼핑몰에서도 구매하는 게 가능할 만큼 손에 넣기 쉬웠다. 마취제를 이용해 성매매 여성의 몸을 자기 마음대로 '통제'하기로 마음먹은 그는 범행하기 전 약물의 효능을 확인하기 위해 자신에게 사용하기도 했다.

그가 클로로포름으로 범행을 저지른 건 이번이 처음이 아니었다. 범행 2주 전인 3월 11일 서울 서초동에 있는 모텔에서 성매매 여성을 클로로포름으로 마취한 뒤 210만 원을 훔쳐 달아났다. 3월 16일에는 서울 성북구 동선동1가에 있는 모텔에서 같은 수법으로 범행을 저질렀다. 경찰이 디지털 포렌식 기술로 그의 휴대폰에서 복원한 메모장에는 '작업 일지'라는 제목으로 범행 계획과 기록이 빼곡히 남아 있었다. 그는 "돈을 줄 가치가 없는 여자였기 때문에 '조건 만남' 대가로 건넨 돈을 빼앗으려고 그랬다"고 털어놨다.

9월 4일, 1심 재판부는 김씨에게 징역 30년을 선고했다. "클로로포름을 묻힌 헝겊으로 입과 코를 틀어막고 목을 조른 것은 맞지만, 기절만 시키고 돈을 빼앗으려고 했을 뿐 살인할 의도는 없었다"는 김씨의 주장을 받아들여, 강도 치사와 강도 상해 혐의만을 인정했다. 살인에 고의가 없었으니 살인죄를 물을 수 없다는 판단을 내린 것이다. 하지만 2심 재판부와 대법원은 생각이 달랐다. 살인에 대한 고의를 충분히 인정할 수 있다고 본 양 재판부는 그에게 징역 40년 형을 선고했다.

관악 10대 모텔 살인사건

사건일지

**2015년
3월 26일**

오전 6시42분 범인 김모씨와 피해자 한모양 서울 관악구 봉천동 모텔 입실

8시10분 김씨 혼자 나옴

낮 12시 30분 신고접수, 경찰출동

오후 3시 성매매 알선업자 박모씨 긴급체포

27일 용의자 김씨 특정

29일 오후 4시32분 경기 시흥시 하안동 김씨 자택에서 검거

31일 국립과학수사연구원, 피해자 혈액에서 '클로로포름' 확인

4월 1일 김씨 강도살인 혐의 등으로 구속

9월 4일 1심 재판부, '강도치사와 강도상해 등' 징역 30년 선고. 강도살인은 무죄

2016년 4월 8일 2심 재판부, 강도살인 혐의 인정해 징역 40년 선고

7월 7일 대법원 징역 40년 확정

2015년 3월 26일 아침 6시 42분 범인 김씨와 피해자 한씨가 서울 관악구 봉천동에 있는 모텔에 입실한다. 오전 8시 10분, 모텔에서 김씨 혼자 나온다.

3월 26일 낮 12시 30분 시신을 발견한 박씨가 경찰에 신고하면서, 경찰이 출동한다.

3월 26일 오후 3시 신고한 박씨가 다름 아니라 성매매 알선업자라는 사실을 확인하고 박씨를 긴급 체포한다.

3월 27일 사건 당일 현장 근처에 갔던 사람으로 김씨를 용의자로 특정한다.

3월 29일 오후 4시 32분 경기 시흥 하안동에 있는 김씨 자택에서 김씨를 검거한다.

3월 31일 국립과학수사연구원에서 피해자 혈액에서 '클로로포름'이 검출됐다고 전한다.

4월 1일 김씨를 강도 살인 등 혐의로 구속한다.

9월 4일 1심 재판부는 강도 치사와 강도 상해 등 혐의를 인정해 김씨에게 징역 30년을 선고한다. 강도 살인 혐의에 대해선 무죄로 판단한다.

2016년 4월 8일 2심 재판부는 강도 살인 혐의까지 인정해 김씨에게 징역 40년을 선고한다.

7월 7일 대법원은 2심 판결 그대로 징역 40년을 확정한다.

경찰 VS 김씨 주장

경찰 클로로포름의 위험성과 피해자 목을 조른 행위의 위험
성을 범인은 충분히 인식했다.

김씨 클로로포름을 사용하고 목을 졸랐다고 해서 피해자가
사망할 줄은 몰랐다.

경찰 피해자가 의식을 잃을 때까지 반복적으로 목을 졸랐다
는 점만 봐도 적어도 살인의 미필적 고의는 있었다.

김씨 범행 후 작성한 '작업일지'를 보더라도 '마취 후 기절'이
라고 돼 있다.

경찰 피해자의 혈액에서 검출된 클로로포름의 농도가 치사
량에 해당한다.

김씨 범행 후 피해자가 마취에서 빨리 깨어날 수 있도록 모
텔 창문을 열어두고 나갔다.

살인죄 성립

살인의 고의성 입증돼야, 아니면 치사죄

피해자의 코에 치사량의 마취제 클로로포름을 갖다 댄 뒤 목을 졸랐고, 피해자는 이내 숨을 거뒀다. 범인의 힘에 한 생명이 목숨을 잃은 사건, 겉보기에는 엄연한 살인인 것 같지만 법원의 판단에는 심급마다 미묘한 차이가 있다. 관악 10대 모텔 살인 사건을 맡은 1심 재판부는 10년 이상 징역형을 내릴 수 있는 강도 치사로 본 반면, 2심과 대법원 재판부는 무기징역이 최소 형량인 강도 살인 범죄로 결론 냈다. 이 차이를 가르는 기준은 무엇인가.

살인의 고의성이 인정되는가에 달렸다. 살인죄가 성립되려면 목숨을 빼앗으려는 적극적 고의가 있거나 적어도 '죽을 수도 있겠다'고 예견하는 미필적 고의가 인정돼야 한다. 사람이 죽었다

하더라도 고의성이 입증되지 않으면 살인죄가 아닌 치사죄를 적용하는 것이다.

실제 1심 재판부는 "피고인 김씨가 피해자에게 클로로포름을 사용하고 목을 조르는 행위를 했다는 점은 인정되지만, 살인의 고의까지 있었다는 점이 증명됐다고 보기는 어렵다"고 봤다. 김씨가 작성한 작업 일지에 적힌 피해자에 대한 묘사를 보면 '마취 후 기절했다'는 취지로 작성돼 있었고, 또 김씨가 피해자들이 마취에서 빨리 깨어나도록 창문을 열어두었다는 것을 볼 때 '죽이겠다는 마음을 먹었다고 보기 어렵다'고 판단한 것이다.

또 김씨가 클로로포름의 마취 효과에 다소 의구심을 갖고 범행하기 직전 자신에게 사용해봤다는 것도 그렇게 판단한 근거 중 하나였다. 무엇보다 김씨가 성매매 여성에게서 대금을 회수하기 위해 범행을 꾸몄다는 점에서 피해자를 죽이려고 반복적으로 목을 조르고 클로로포름을 사용했다고 보기 어렵다는 게 재판부의 생각이다.

하지만 항소심 재판부는 다르게 봤다. "김씨에게 살인의 고의가 인정된다"며 강도 살인과 강도 살인미수죄를 유죄로 판단해 징역 40년으로 형량을 올렸다. 김씨가 클로로포름의 위험성과 피해자의 경동맥 부위를 압박하는 행위의 위험성을 충분히 인식하고 있었다고 봐야 하고, 건장한 성인 남자가 피해자가 의식을 잃을 때까지 반복적으로 강한 압박을 가했다는 점에서 적어도 살인의 미필적 고의가 있었다고 봐야 한다는 것이다. 피해자의 혈액

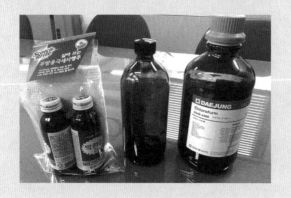

김씨가 범행에 사용한 클로로포름. 사진 서울관악경찰서

에서 검출된 클로로포름의 농도가 단순히 기절시킬 목적을 뛰어

넘는 치사량에 해당한다는 것도 달리 본 이유 중 하나다.

44

헬스장 10년 지기 암매장 사건

증거가 거짓말을 한다?
유죄 선고받았지만 끝까지 "난 결백"

살인에도 저마다 이유가 있다. 치미는 화를 참지 못해, 혹은 원한이 깊고 깊어 누군가는 또 다른 누군가의 목숨을 노린다. 하루가 멀다 하고 뉴스에 등장하는 살인범을 보면서, 우리는 질문하곤 한다. '도대체 왜, 무슨 이유로, 그랬을까?'

시신이 발견된 곳은 경기 포천 영중면에 있는 공동묘지였다. 따뜻한 날씨에 뜨거운 햇볕이 쨍쨍 내리쬐는, 봄인지 여름인지 모를 2018년 5월 초, 묘지에는 아침 일찍부터 300명은 돼 보이는 경찰관과 경찰견 몇 마리가 뭔가를 찾아 헤매고 있었다.

누가 호루라기를 불었다. 사흘에 걸친 수색 끝에 마침내 찾고자 한 것이 나온 순간이었다. 기진맥진한 무리에게 기다리던 호루라기 소리가 유난히 청명하게 들렸다. 대부분은 소리 나는 곳을 쳐다봤고, 몇몇은 손에 든 수색 도구를 살포시 내려놨다. 또 다른 몇은 멍한 표정으로 쑤시는 허리를 두드리며 옅은 신음 소리를 뱉어냈다.

시신의 뒷머리는 둔탁한 뭔가에 맞은 듯 움푹 패어 있었다. 목에는 550센티미터 길이의 노끈이 감겨 있었다. 감겨 있다기보다는 조이고 있었다는 편이 더 적절했다. '뒤통수를 가격해 죽이고 목에 노끈을 둘러 자살처럼 위장하려고 했을 것이다. 그러다가 무슨 사정이 생긴 나머지 작전을 변경해 땅에 시신을 묻고 간 게 분명하다.' 현장을 살핀 경찰들은 너 나 할 것 없이 사자의 숨겨진 사정을 그렇게 짐작했다. 포천 암매장 살인 사건의 시작이었다.

서울종암경찰서로 실종 신고가 접수된 때는 며칠 앞선 4월 30일이었다.

"동생이 며칠째 집에 들어오지 않고 있어요."

여느 실종 신고와 다를 게 없는 다급한 목소리였고, 사흘 전 집을 나선 뒤 깜깜무소식이라는 내용이었다.

실종자는 직장인 유 모(37세) 씨였다. 집을 나가면서 전날 은행에서 대출받은 2000만 원을 챙겨 갔다는 게 가족이 전한 마지막 모습이다. 어디로 간다, 누구를 만난다, 언제 들어오겠다는 말은 전혀 없었다. 전화를 몇 번이고 해봤지만 휴대폰은 꺼져 있었다. "어디로 갔는지, 왜 사라졌는지 알 길이 없다"고 가족들은 가슴을

칠 뿐 짐작조차 내놓지 못했다.

경찰은 우선 주변 인물을 탐문해갔다. 다행인지 불행인지 유씨는 그다지 사교적 인물이 아니었다. 평소 자주 만나는 사람도 없었고, 직장과 집을 주로 오갔다. 그나마 눈에 띄는 곳이 있다면 퇴근하고 종종 가던 성북구에 있는 집 근처 헬스장 정도였다. 원래 자주 다니던 헬스장이 도봉구로 옮겨 가면서 유씨는 성북구와 도봉구에 있는 헬스장 두 곳을 번갈아 들렀다.

경찰이 주목한 인물은 도봉구 헬스장의 관장 조 모(45세) 씨였다. "12년째 알고 지낸 사이"라거나 "지방에서 둘이 헬스장을 같이 차리겠다면서 이런저런 준비를 하고 있더라"는 등 둘의 관계를 말하는 주변 사람들의 진술도 여럿 받아됐다.

유씨가 실종 전날 은행에서 대출받은 2000만 원의 쓰임새도 드러났다. 운동하는 걸 유난히 좋아했던 그는 직접 헬스장을 차리는 꿈을 가진 뒤 조씨와 자연스레 대화할 일이 잦아졌다. 2017년부터는 조씨와 헬스장 운영에 대해 질문과 조언을 주고받는 모습이 여럿에게 목격됐다. 한 달여 전인 3월 조씨는 "대전에서 헬스장을 같이 운영할 수 있도록 확실히 준비하겠다"라면서 유씨에게 계약금을 준비하라고 말했다고 누군가 전했다. 2000만 원이 바로 그 돈이었다. 조씨가 수상했다.

헬스장 폐쇄회로 TV에서도 눈에 띄는 장면이 나왔다. 유씨가 실종된 날 오전 4시 40분쯤 조씨가 헬스장에서 검은 비닐봉투를 챙겨 나가는 모습이 찍혀 있었다. 20분 뒤에는 지하철 1호선 도봉역 인근에서 유씨가 조씨가 운전하는 차량에 오르는 모습이 화면에 고스란히 기록돼 있었다. 둘이 탄 차의 행적은 시내 이곳저곳을 돌다 경기 포천으로 간 뒤 끊겼다. '단순 가출이 아니겠구나.' 수사를 전담하는 강력2팀 사무실에 불길한 기운이 가득했다. 5월 3일, 황범식 팀장이 조씨를 참고인 신분으로 경찰서로 불러들였다. 확인이 필요했다.

조씨는 시종일관 덤덤했다.

"그날 포천에 간 건 맞죠. 근데 누구요? 유씨? 아니에요. 혼자 갔어요."

진술은 시작부터 폐쇄회로 TV 영상의 내용과 달랐다. 확보한 영상을 들이밀자, 조씨는 잠시 침묵하더니 말을 바꿨다.

"사실 유씨와 함께 갔습니다."

이유가 황당했다.

"유씨가 포천이동갈비를 먹고 싶다면서 태워달라고 하더라고요. 그래서 데려다준 것뿐입니다."

헛웃음이 났다. 새벽에 갑작스레 갈비가 먹고 싶은 것도 그렇지만, 또 그걸 먹고 싶다고 서울에서 30킬로미터 넘게 떨어진 포천까지 갔다니. 거짓말은 뻔뻔하게 계속됐고, 그럴수록 황팀장 등의 의심은 커져갔다.

"범인 냄새가 풀풀 풍겼죠."

사건 당일 운전했던 차량도 의문이었다. 멀쩡한 자기 차를 두고 그날은 렌터카 업체에서 SUV를 빌렸기 때문이다. '왜 그랬냐'는 질문에 조씨는 아무 말이 없었다. "유씨를 식당 앞에 내려주고 돌아가신 어머니가 묻혀 있는 영중면 공동묘지에 갔다"는 말만 할 뿐이었다. 빌렸던 차량을 확보해 블랙박스를 살펴보니 하필 그날에만 꺼져 있었다.

의문투성이이지만 그렇다고 조씨가 범인이라 단정하기는 어려웠다. 실종 당일 둘이 포천까지 동행했다는 사실 말고는, 유씨가 어디에서 내려 뭘 했는지 알 방법이 없었다. 조씨의 말대로 갈비 음식점에서 유씨가 내렸을 수도 있었다.

"내일 함께 포천으로 내려가면, 제가 유씨를 어디에 내려줬는지 알려드리겠습니다."

조씨가 내민 제안에 황팀장은 약속을 한 뒤 조씨를 집으로 돌려보냈다. 참고인을 계속 붙잡아둘 수는 없었다.

다음날 조씨는 경찰서에 나타나지 않았다. 불길한 예감은 대부분 틀린 적이 없다. 그 대신 조씨 부인의 신고가 그날 오전 112에 접수됐다. "남편이 메모 하나를 남기고 사라졌다"는 내용이었다. 쪽지에는 '형사님들, 죄송하다. 그저 나 자신이 수치스러워 가는 것이니 도망간다고 오해는 하지 말아달라'고 적혀 있었다. '가족들에게 미안하다'며 극단적인 선택을 암시하는 내용도 엿보였다.

자칫 유력한 용의자가 또 다른 시신으로 돌아올 수도 있었다. 강력2팀 전체가 조씨의 행적을 쫓아 긴박히 움직였다. 먼저 통신자료를 살펴볼 영장을 법원에서 발부받아 휴대폰 통신 내역 분석에 들어갔다. 빠르게 자료를 훑던 황팀장의 눈에 두 건의 통화 기록이 들어왔다. 전남 여수와 화순에 위치한 숙소의 전화번호였다. 마침 조씨가 서초구 센트럴시티 터미널에서 광주행 고속버스에 올랐다는 보고가 들어왔다. 여수나 화순으로 가기 위해 광주로 내려갔을 가능성이 높았다.

광주종합버스터미널로 급히 내려간 팀원들이 고속버스에 설치된 블랙박스에서 조씨가 등장하는 화면을 확보했다. 잠적한 조씨는 중간에 들른 휴게소에서 호두과자 한 봉지를 들고 태연히 서 있었다. 자살을 염두에 둔 사람으로는 보이지 않았다. 전화했던 숙소에 예약을 했지만 실제 가지는 않았다는 사실도 확인됐다.

"도망을 친 것이니, 그렇다면 조씨가 범인일 가능성이 높다는 얘기죠."

의심이 마침내 확신으로 굳어졌다.

조씨가 체포됐다. 도주한 지 엿새 만이었다. 광주터미널 인근 대형마트에서 물을 마시다 '우연히' 경찰 눈에 띈 것이다. 조씨는 별달리 저항을 하지 않았다. 하지만 여전히 범행을 부인했다. 경찰로서는 범행에 사용한 도구를 찾는 일이 시급했다. 흉기만 나온다면, 그곳에서 발뺌할 수 없는 증거만 나온다면 조씨가 부인하는 것과 별개로 수사를 마무리할 수 있었다.

경찰은 조씨가 범행 당일 탄 차량이 포천에서 서울로 올라간 길을 차근히 뒤쫓았다. 특히 차량이 중간중간 네다섯 번 멈춰 섰던 곳을 집중 수색했다. 5월 10일 포천 인근 강가에서 범행 도구를 발견했다. 모래 위 수북이 자라난 풀숲 속에 꽁꽁 숨겨져 있던 흉기는 길이 30센티미터, 직경 5센티미터, 무게 1킬로그램의 역기 바벨을 거는 봉이었다. 조씨가 헬스장에서 갖고 나온 것으로 드러났다. 범행에 사용한 장갑과 삽, 곡괭이도 근처에서 모두 발견됐다. 국립과학수사연구원은 역기 봉에서 유씨의 DNA가 검출됐다고 경찰에 전했다.

조씨는 무서울 정도로 뻔뻔했다. 유씨를 죽이지 않았다고 끝까지 고집했다. 범행 직후 유씨에게 반복적으로 전화를 걸어 부재중 전화 기록을 남기고, 실종된 그를 찾겠다며 직장에도 전화를 걸었다고 알리바이를 주장했다.

"다 거짓말이었죠. 렌터카의 블랙박스도 차량을 빌리자마자 의도적으로 꺼놓은 것이었고요."

유씨와 동업을 약속한 적도 없다고 발뺌했다. "유씨가 헬스장에 투자하겠다는 이야기를 하기에 맞장구를 친 것뿐이다. 대전에 헬스장을 함께 차리자고 계약하거나 약속한 적이 없다"는 주장을 내놨다. 끈질기게 혐의를 부인하고 묵비권을 행사하는 조씨를 뒤로하고, 경찰은 그에게 강도 살인과 사체 유기 혐의를 적용해 검찰에 사건을 넘겼다.

유씨가 갖고 나간 2000만 원은 검찰 조사 과정에서 발견됐다. 범행 장소에서 무려 440킬로미터 가까이 떨어진 전남 화순 쌍봉

경기 포천에서 서울로 나가는 도로 부근 물가에서 범행 도구가 발견됐다. 사진 서울지방경찰청

조씨가 범행 도구로 사용한 역기 걸이 봉. 사진 서울지방경찰청

사 인근 야산에 1460만 원이 5만 원권 다발로 묻혀 있었다. 체포할 당시 조씨 수중에 있던 170만 원도 유씨가 갖고 나간 돈 중 일부였다. 조씨는 "어머니 묘에 다녀오는 사이에 유씨가 사라져버

려 찾을 수 없었다. 집으로 돌아오는 길에 괜한 오해를 살까 봐 길가에 버린 것"이라고 했다.

2018년 11월 23일 1심 법원인 서울북부지방법원 형사13부는 강도 살인과 사체 유기 혐의로 구속 기소된 유씨에게 무기징역을 선고했다. 재판부는 "조씨가 운영하던 헬스클럽의 재정 상태가 악화돼 지속적으로 월세 273만 원을 미납하는 등 경영상 어려움을 겪고 있었다. 4월쯤에는 보증금 7000만 원 가운데 (월세를 차감해) 3800만 원밖에 남지 않은 상태였다"고 밝혔다. 동업을 제안하면서 누구에게도 이 사실을 말하지 말라고 유씨에게 신신당부했다는 경찰 조사 결과도 그대로 받아들였다. 헬스장 보증금과 월세를 내기 위해, 즉 돈 때문에 유씨에게 접근해 살해했다는 결론이었다.

조씨는 최후 변론에서 뜬금없이 '바벨 봉으로 팔 근육의 일종인 전완근 훈련이 가능한 이유'를 재판부에 설명하는 데 상당한 시간을 할애했다고 한다. 앞선 재판 과정에서는 유씨 유가족을 비난하는 등 망자에 대한 2차 가해까지 서슴없이 저질렀다고 한다. 재판장은 "피고인은 범행의 심각성을 전혀 인식하지 못하고 있으며, 반성의 기미도 전혀 찾아볼 수 없다. 조씨를 사회에서 무기한 격리함으로써 자신의 잘못을 진정으로 참회하도록 해야 한다"고 판단했다. 조씨는 1심 재판 결과를 받아들이지 않고 항소했는데, 2019년 5월 24일 서울고등법원도 1심과 같이 무기징역을 선고했다.

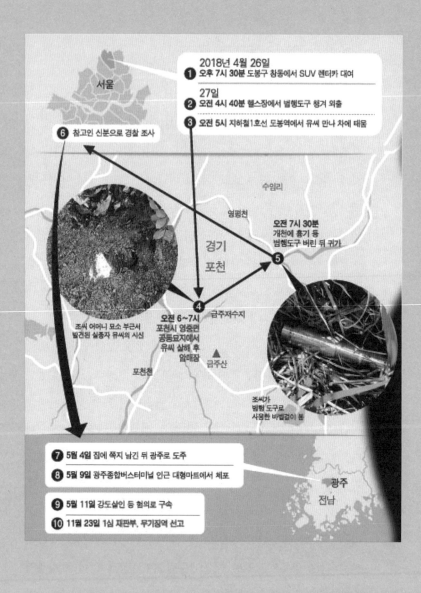

서울

2018년 4월 26일
① 오후 7시 30분 도봉구 창동에서 SUV 렌터카 대여

27일
② 오전 4시 40분 헬스장에서 범행도구 챙겨 외출

③ 오전 5시 지하철1호선 도봉역에서 유씨 만나 차에 태움

⑥ 참고인 신분으로 경찰 조사

수임리

영평천

경기
포천

오전 7시 30분
개천에 흉기 등
범행도구 버린 뒤 귀가
⑤

④ 금주저수지

오전 6~7시
포천시 영중면
공동묘지에서
유씨 살해 후
암매장

금주산

포천천

조씨 어머니 묘소 부근서
발견된 실종자 유씨의 시신

조씨가
범행 도구로
사용한 바벨걸이 봉

⑦ 5월 4일 집에 쪽지 남긴 뒤 광주로 도주

⑧ 5월 9일 광주종합버스터미널 인근 대형마트에서 체포

⑨ 5월 11일 강도살인 등 혐의로 구속

⑩ 11월 23일 1심 재판부, 무기징역 선고

광주

전남

사건 일지 _____

2018년 4월 26일 오후 7시 30분 범인 조씨가 서울 도봉구 창동의 렌터카 업체에서 SUV를 빌린다.

4월 27일 오전 4시 40분 조씨가 자신이 운영하는 헬스장에서 범행 도구를 챙겨 외출한다.

같은 날 오전 5시 조씨는 지하철 1호선 도봉역에서 피해자 유씨를 만나 차에 태운다.

같은 날 오전 6~7시 조씨가 경기 포천 영중면 공동묘지에서 유씨를 살해한 뒤 암매장한다. 나중에 조씨 어머니 묘소 부근에서 유씨의 시신이 발견된다.

같은 날 오전 7시 30분 조씨는 인근 영평천에 흉기 등 범행 도구를 버리고 귀가한다. 나중에 경찰은 강가를 수색하던 중 조씨가 범행 도구로 사용한 역기 걸이 봉을 발견한다.

5월 3일 경찰이 조씨를 참고인 신분으로 불러 조사한다.

5월 4일 조씨가 집에 쪽지를 남기고 광주로 도주한다.

5월 9일 경찰이 광주종합버스터미널 인근 대형마트에서 조씨를 체포한다.

5월 11일 강도 살인과 사체 유기 혐의로 조씨를 구속한다.

11월 23일 1심 재판부는 강도 살인 등 혐의를 인정해 조씨에게 무기징역을 선고한다.

조씨 주장과 경찰의 반박

조씨 　　혼자 포천에 갔다

경찰 　　조씨가 유씨와 함께 가는 장면이 찍힌 폐쇄회로TV 영
　　　　상을 확보했다.

조씨 　　유씨와 함께 갔지만 포천이동갈비 음식점 앞에 내려
　　　　줬다.

경찰 　　상식적인 이야기가 아니다.

조씨 　　어머니 묘소에 함께 갔는데 갑자기 유씨가 사라졌다.

경찰 　　공동묘지 인근에서 유씨 시신과 흉기를 발견했다.

조씨 　　유씨와 금전 계약한 적 없다.

경찰 　　전남 화순 쌍봉사 야산에서 유씨의 돈을 찾아냈다.

"20년 넘게 경찰 근무를 하는 동안 그런 사람은 처음 봤습니다."

황범식 서울종암경찰서 강력2팀장은 포천 암매장 살인 사건의 범인으로 지목된 조씨를 떠올리면 혀부터 내두른다. 여섯 번에 걸친 경찰 조사 과정에서 단 한 번도 피해자 유씨를 살해했다는 사실을 인정하지 않은 '질긴 고집' 때문이다.

조씨는 경찰이 살인을 뒷받침할 자료를 내밀 때마다 새로운 거짓말로 대응했다. 첫 조사에서 "(사건 당일) 유씨를 만난 적이 없다"고 발뺌하더니, 두 사람이 함께 포천으로 이동하는 장면이 찍힌 폐쇄회로TV 화면을 제시하자, "함께 갔지만 유씨는 포천이동갈비를 먹으러 갔다"고 바로 말을 바꾸는 식이었다. "함께 어머니

2010년 3월 경북 청송교도소를 방문한 이귀남(오른쪽) 당시 법무부장관이 조두순과 철창 사이로 대화를 나누고 있다. 사진 법무부 · 한국일보

산소에 들렀는데, 유씨가 갑자기 사라졌다"고 비상식적인 변명을 늘어놓기 일쑤였다. 경찰이 흉기로 사용한 역기 봉을 발견하고 거기서 피해자의 DNA가 검출된 사실을 들이밀어도, 조씨는 얼굴색 하나 변하지 않은 채 범행을 부인했다. 황팀장은 "조사 내내 놀라는 표정 하나 없이 덤덤했다"고 했다.

경찰이 조씨 앞에 내민 자료들은 '과학적 증거'의 일종이다. 폐쇄회로 TV 화면도, DNA도 거짓말을 하지 않는 물증에 속한다. 하지만 범인으로 지목된 상당수는 뻔뻔스레 오리발을 내밀 때가 있다.

2008년 여덟 살 아동을 성폭행했던 파렴치범 조두순도 마찬가지였다. 그가 2009년 1심 재판 전까지 제출한 자필 탄원서에는 반성은커녕 자신이 무죄라는 주장만 가득했다. "짐승도 하지 않는 그런 악독한 짓을, (나는) 절대로 그런 파렴치한 짓을 일삼는 저주받을 인간이 아니다. 모든 사람들과의 인간관계는 반듯하게 살아왔다"고 주장했다. 그러나 탄원과 달리 범행 장소 여러 곳에서 그의 지문이 발견됐고, 피해자 A양은 그를 정확히 범인으로 지목했다.

공정식 경기대 범죄심리학과 교수는 범행을 부인하는 심리를 이렇게 설명했다.

"범행을 부인함으로써 본인의 자존감을 지키는 동시에, 스스로 거짓을 진실로 믿도록 자기최면을 하기 위한 것일 때가 많다. 일관성 있게 범행을 부인하면서 '정말 억울히 누명을 쓴 것이 아닐까' 하는 여론을 불러일으키려는 법정 전략이 포함됐을 가능성도 있다."

45

제주 보육교사 피살 사건

'제주판 살인의 추억' 실오라기 증거가 9년의 한 풀어줄까

"피해자의 억울함을 풀기 위해 반드시 범인을 잡겠다"는 말을 경찰이 지키기까지 꼬박 9년 하고도 323일이 걸렸다. 새벽 귀갓길에 실종된 보육교사 이 모(27세) 씨가 제주 애월읍 고내오름 근처 농업용 배수로에서 시신으로 발견된 때는 2009년 2월 8일. 수사 종료와 재개를 거듭하던 경찰이 피의자를 구속해, '기소 의견'으로 검찰에 송치한 것이 2018년 12월 28일이다. 검찰 기소와 재판부 판결 절차가 남아 있어 '종결'보다는 '9부 능선을 넘었다'는 표현이 더 정확하다. 제주 보육교사 피살 사건의 진범은 누구일까.

이 사건은 2009년 발생 당시, 용의 선상에 올랐던 이씨 남자 친구는 알리바이가 확실한 것으로 밝혀지고 40대 택시운전사는 증

거 불충분으로 풀려나면서 '미제'(발생하고 5년 지났는데도 미해결)로 처리됐다. 피해자의 시체나 소지품에서도 제삼자의 지문과 DNA는 발견되지 않았다. 지금처럼 제주에 관광객이 북적거리지 않던 시절, 한적한 시골 마을에서 발생한 미제 살인 사건을 사람들은 '제주판 살인의 추억'이라고 불렀다. 유족과 주민은 물론 경찰에게도 잔인하고 가혹한 이름이었다.

그러던 중 살인죄 공소시효를 폐지하는 일명 '태완이법'이 2015년 시행됨에 따라 이듬해 제주지방경찰청에 미제 사건 전담팀이 출범하면서 재수사가 시작됐다. 그러나 상황은 녹록지 않았다. 사건이 발생하고 7년이 지나 새롭게 확보할 증거도 목격자도 없는 것이나 마찬가지였다. 수사팀은 사건의 실마리를 어떻게 풀어나갔을까.

이씨의 사망 시점이 2009년 2월 1일이냐, 2월 7일이냐. 재수사를 시작한 경찰의 최우선 과제는 사망 시간을 둘러싼 혼선을 바로잡는 것이었다. 9년 전 초동수사 당시, 경찰은 이씨가 실종된 2월 1일 사망했다고 봤지만, 부검의는 "사체가 발견된 시점에서 24시간 이내 숨졌다"며 2월 7일 사망한 것으로 결론 내린 상태였다. 부검의는 발견할 당시 이씨 체온이 13도여서 외부 온도(9.2도)보다 3.8도 높은 점을 근거로 들었다. 통상 시신의 온도는 시간이 지날수록 대기 온도보다 낮아지는데 이씨 체온은 오히려 높은 데다 부패도 거의 되지 않았던 것이다. 위 속에 육류와 고춧가루 등 섭취한 음식물이 소화되지 않고 남아 있는 점도 부검의의 주장에 힘을 실었다.

경찰의 생각은 달랐다. 성인인 이씨가 실종 엿새째인 2월 7일에도 고기를 곁들인 식사를 했다면 그것은 감금됐다기보다 아는 사람과 함께 있었을 가능성이 높다는 말이 되는데(면식범 소행), 그렇다면 이씨가 엿새 동안 가족과 연락이 두절될 이유가 없기 때문이다. 경찰은 위에서 발견된 음식물은 실종 전날 동창 모임에서 먹었던 삼겹살로 봤고, 추운 날씨와 배수로의 그늘 탓에 시신의 부패가 지연됐다고 판단했다. 하지만 이를 뒷받침할 법의학적 근거는 부족했다.

'2월 1일 사망했다'는 기본 전제가 흔들리자 수사는 원점으로 돌아가야 했다. 2월 1일의 행적이 수상해 그동안 유력 용의자로 지목했던 택시운전사 박 모(40세) 씨도 더는 의심할 수 없었다. 박씨는 2월 7일 확실한 알리바이가 있었다. 2월 1일 새벽, 범행 현장 근처에 설치된 폐쇄회로 TV에 박씨의 택시와 유사한 흰색 NF 소나타가 찍혔지만, 사망 시간이 달라지면 무의미한 기록일 뿐이었다.

경찰은 고심 끝에 '사망 시간 미스터리'를 동물 사체 실험으로 풀기로 했다. 2014년 유병언 전 세모그룹 회장의 시신이 발견될 당시 곤충 사체로 사망 시간을 추정한 적은 있지만, 동물 사체를 활용한 적은 없었다. 전국 최초로 시도되는 이 실험은 법의학계

권위자인 이정빈 가천대 법의학과 석좌교수가 주도했다.

동물실험 윤리 규정을 준수한 상태에서 이정빈 교수팀은 사건 당시 기후 조건과 비슷한 2018년 1월 29일부터 3월 2일까지를 실험 날짜로 잡았다. 총 4차례 진행된 실험에는 55~70킬로그램 돼지 네 마리와 10~12킬로그램 개(비글) 세 마리가 투입됐다. 기상청이 예보한 날씨를 분석해, 경찰이 주장한 사망 시점(2월 1일)의 기온(7.9도)과 동일한 날에 맞춰 실험을 시작했다. 사망 이후가 되는 2월 2일과 3일, 애월 일대에 비가 내렸던 점을 고려해, 실험 이틀째와 사흘째 되는 날에는 당시 강수량만큼 소방 용수를 뿌렸다.

실험용 돼지를 배수로에 눕히면서 이씨가 사건 당시 입었던 것과 같은 재질의 밤색 무스탕까지 입혔다. 죽은 지 이레가 지났는데도 사체 온도가 외부보다 3.8도 높을 수 있는지, 장기 부패가 없을 수 있는지, 위 속에 음식물이 그대로 남는 것이 가능한지 확인하기 위해서였다. 야생동물이 실험 현장을 훼손할 가능성에 대비해, 의경이 24시간 동안 주변 경비까지 섰다.

한 달 넘게 진행된 끝에 실험은 경찰의 손을 들어줬다. 실험 결과, 사후 일주일간 사체 온도가 대기 온도보다 낮아졌다가 다시 높아지는 이상 현상이 나타난 것이다. 부패 속도도 현저히 더뎠다. 이씨가 두터운 무스탕을 입고 있어 체온이 유지될 수 있었고, 배수로의 환경적 특수성 탓에 부패가 지연된 것이다.

이교수는 실험 결과를 이렇게 분석했다.

"(시신이 발견된) 배수로는 그늘인 데다 바람이 심해 사후 일주일이 넘은 뒤에도 부패가 진행되지 않은 걸 확인했다. 현장의 특수성에 대한 이해가 없었다면 나도 부검의와 같은 의견(2월 7일에 사망)을 냈을 것이다."

　실종 당일 살해됐다는 경찰의 주장이 법의학적으로 입증되면서 용의자는 단 한 사람으로 좁혀졌다. 이씨의 이동 경로와 비슷한 동선으로 택시를 운행했던 박씨였다. 그는 2009년 실시한 거짓말탐지기 조사에서도 거짓 반응을 보였다. "사건 당일 이씨를 태웠느냐" "이씨를 살해했느냐"고 묻는 검사관의 질문에 "아니다"라고 답했지만, 거짓말탐지기는 거짓으로 결론 내렸다. 그러나 현행법상 거짓말탐지기 검사 결과는 증거능력이 없었다.

　결정적 물증이 필요했다. 추가로 확보할 증거물이 없었기에 경찰이 의지할 건 그사이에 발전한 과학수사뿐이었다. '꺼진 불도다시 보자'는 마음으로 그간 확보한 자료를 재검토하는 작업에 착수했다. 초동수사 당시 박씨의 차량 내부와 옷가지 등 여러 곳에 '찍찍이'(접착테이프 일종)를 붙였다가 떼어내는 방식으로 확보한 미세 증거물(셀룰로이드판에 보존)도 그중 하나였다.

　추가 분석에 들어간 경찰은 이씨의 어깨와 오른쪽 무릎에서 발견된 2~3센티미터 크기의 섬유 실오라기가 사건 당일 박씨가 입었던 남색 셔츠와 같은 종류라는 사실을 밝혀냈다. 양수진 미제사건 수사팀장(제주지방경찰청 강력계장)은 실오라기 발견의 의미를 이렇게 설명했다.

"9년 사이 미세 증거물을 증폭해 보는 기술이 발달한 덕에 가능했다. 사체로 발견될 당시 피해자는 무스탕을 입고 있었는데, 옷으로 덮인 어깨에서 박씨 셔츠의 것과 동일한 섬유 조각이 발견된 것이다. 이는 둘 사이에 확실한 접촉이 있었다는 걸 의미한다."

유의미한 증거라고 판단한 경찰은 박씨의 신병을 확보하는 일이 시급했다. 사건 이듬해인 2010년 2월 제주를 떠나 강원도 등지에서 생활한 박씨는 2015년 주민등록이 말소된 상태였다. 박씨 명의의 휴대폰과 차량은 물론 의료 기록조차 보이지 않았다. 경찰은 박씨 주변 인물의 통화 기록을 분석하던 중 특정 번호로 연락이 잦았던 사실을 발견했고, 추적한 끝에 2018년 5월 16일 경북 영주에서 박씨를 체포했다. 박씨는 동거녀와 함께 리모델링 업체를 운영하고 있었다. 경찰은 섬유 조각 증거를 바탕으로 박씨에 대한 구속영장을 신청했다.

그러나 상황은 호락호락하지 않았다. 법원에서 구속영장이 기각된 것이다. 양태경 제주지방법원 영장 전담 부장판사는 "범행 당일 두 사람이 만났다는 사실을 입증할 만한 직접증거가 부족하다"고 사유를 밝혔다. 이씨 신체에 묻은 섬유 조각이 박씨의 옷과 유사할 뿐 동일하지는 않으므로 직접증거가 될 수 없다는 것이다. 박씨와 똑같은 옷을 입은 사람이 저지른 범죄일 수 있다는 반박이 가능하다는 뜻이었다.

재수사에 많은 공을 들인 경찰로서는 절치부심하고 다시 한 번

기존 증거를 세세히 검토해야 했다. 국립과학수사연구원은 물론, 사설 전문 연구기관에 의뢰해 섬유 증거와 폐쇄회로 TV 영상 등 물증에 대한 감식만 50여 차례 진행했다.

그렇게 해서 7개월 동안, 택시 운전석과 트렁크에서 이씨의 치마, 무스탕과 동일한 섬유 실오라기를, 이씨의 가방과 치마에서는 박씨의 면바지와 동일한 섬유 조각을 추가로 확보했다. 이 역시도 직접증거가 될 수는 없지만 교차 발견된 섬유 증거가 많아질수록, 사건 당일 두 사람이 접촉했다는 주장은 설득력을 얻을 수밖에 없다.

양팀장은 섬유 조각이 증거 자격이 있다는 것을 재차 강조했다. "사람이 타지 않는 택시 트렁크에서 이씨의 무스탕, 치마와 동일한 섬유 증거가 발견됐다는 건 범죄 연관성이 강력히 증명된 것이다. 웬만한 접촉으로는 나올 수 없는 촘촘한 면바지(박씨)의 섬유 조직이 이씨의 치마에서 나왔다는 것도 강한 접촉과 물리력이 작용했다는 걸 보여준다."

경찰은 2018년 12월 18일 구속영장을 다시 신청하면서 '유사 섬유 증거'를 인정한 2011년 청주지방법원 판례도 첨부했다. 2010년 충북 증평에서 발생한 성폭행 사건에서 피해자가 입었던 면티에서 피고인이 입은 바지와 동일한 섬유가 발견된 것을 재판부가 증거로 인정한 판례였다.

또 박씨 차량의 동선 위주로 폐쇄회로 TV 영상을 분석했던 경찰은 이번에는 해당 경로로 이동한 모든 차량을 재조사해 박씨의

2018년 1월 29일 이씨의 정확한 피살 시점을 알기 위해 전국 최초로 동물 사체 실험이 진행되는 가운데, 9년 전 이씨가 숨진 채 발견된 제주 애월 고내오름 인근 배수로에 실험용 돼지가 놓여 있다. 이씨가 사망 당시 입고 있던 것과 똑같은 재질의 무스탕을 돼지에게 입혔다. 사진 제주지방경찰청

택시가 유력하다는 사실을 입증해냈다. 전국의 프로파일러 8명에게 거짓말탐지기 조사 기록과 2018년 5월 체포할 당시 대면 조사한 기록을 보내 "박씨가 유력한 용의자"라는 분석도 받아냈다.

노력이 통했을까. 법원은 "혐의를 소명할 증거가 추가된 점을 고려했다"며 영장을 발부했다. 사건이 발생하고 10년이 다 돼서야 경찰은 박씨를 구속할 수 있었다. 그리고 2018년 12월 28일 박씨를 '기소 의견'으로 검찰에 송치했다. 검찰은 2019년 1월 15일 박씨에 대해 강간 살인 등 혐의를 적용해 기소했다.

'섬유 증거'가 법정에서 인정될지는 속단하기 이르다. 섬유의 종류와 재질이 동일하다는 것이지, DNA가 동일한 것은 아니기 때문이다. 미세 섬유에서 DNA까지 검출해 특정할 변별력은 아

직 없는 상태다. 양팀장은 "증평 사건에 이어 이번에도 섬유 증거가 인정되면 범죄 수사에 획기적 판결이 될 것"이라고 말했다. "범죄자가 지문이나 DNA가 남는 걸 막기 위해 장갑을 끼는데, 알몸으로 현장에 들어가지 않는 이상 섬유 실오라기 증거라면 안 남길 수 없기 때문"이다. 9부 능선을 넘은 이번 사건의 종결 여부는 결국 '섬유 한 올'에 달린 셈이다.

제주 보육교사 피살사건 수사 일지

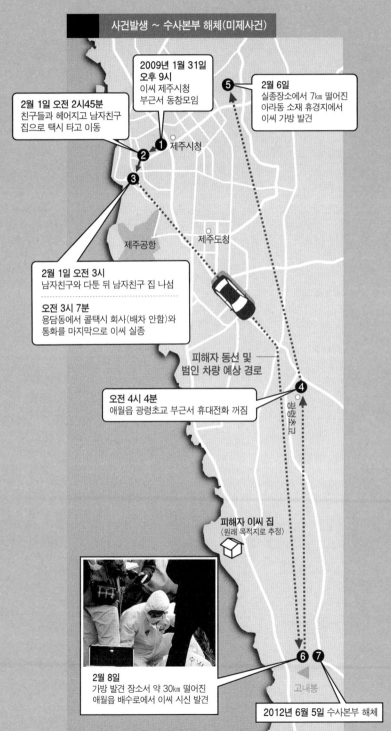

2009년 1월 31일 오후 9시
이씨 제주시청 부근서 동창모임

❺ 2월 6일
실종장소에서 7㎞ 떨어진 아라동 소재 휴경지에서 이씨 가방 발견

2월 1일 오전 2시45분
친구들과 헤어지고 남자친구 집으로 택시 타고 이동

❶ 제주시청

❷

❸

제주공항

제주도청

2월 1일 오전 3시
남자친구와 다툰 뒤 남자친구 집 나섬

오전 3시 7분
용담동에서 콜택시 회사(배차 안함)와 통화를 마지막으로 이씨 실종

피해자 동선 및 범인 차량 예상 경로

오전 4시 4분
애월읍 광령초교 부근서 휴대전화 꺼짐

❹ 광령초교

피해자 이씨 집
(원래 목적지로 추정)

2월 8일
가방 발견 장소서 약 30㎞ 떨어진 애월읍 배수로에서 이씨 시신 발견

❻ ❼

고내봉

2012년 6월 5일 수사본부 해체

2009년 1월 31일 밤 9시 보육교사 이씨는 제주시청 부근에서 동창 모
임을 한다.

2월 1일 오전 2시 45분 친구들과 헤어진 이씨는 남자 친구 집으로 택
시를 타고 이동한다.

같은 날 오전 3시 이씨는 남자 친구와 다툰 뒤 남자 친구 집을 나선다.

같은 날 오전 3시 7분 용담동에서 콜택시 회사(배차 안 함)와 통화한 것
을 마지막으로 이씨가 실종된다.

같은 날 오전 4시 4분 애월읍 광령초등학교 부근에서 이씨의 휴대폰
이 꺼진다.

2월 6일 실종 장소에서 7킬로미터 떨어진 아라동 소재 휴경지
에서 이씨의 가방이 발견된다.

2월 8일 가방이 발견된 장소에서 30킬로미터 떨어진 애월읍 농
업용 배수로에서 이씨의 시신이 발견된다.

2012년 6월 5일 수사본부가 해체된다. 범행 현장 근처의 폐쇄회로
TV에 택시운전사 박씨가 몰던 택시로 보이는 흰색 NF
소나타가 찍힌 것이 확인됐지만 그는 증거 불충분으로 풀
려난다.

2015년 7월 31일 살인죄의 공소시효를 폐지하는 내용의 일명 '태완
이법'이 시행된다.

2016년 2월 7일 제주지방경찰청에 미제 사건팀이 출범하면서 재수

사가 시작된다.

2018년 1월 29일부터 3월 2일까지 경찰은 사망 시간에 대한 혼선을 해결하기 위해 전국 최초로 동물 사체 실험을 진행한다.

4월 25일 실험 결과 피해자는 실종 당일 살해됐다는 경찰의 주장이 입증된다.

5월 16일 유력 용의자인 박씨를 경북 영주에서 체포한다. 이때 피해자의 옷에서 박씨 셔츠의 것과 동일한 섬유 조각이 발견된 것을 토대로 구속영장을 신청한다.

5월 18일 제주지방법원은 박씨에 대한 구속영장을 기각한다.

12월 18일 경찰은 구속영장을 재신청하고, 12월 21일 이번에는 법원이 영장을 발부한다.

2019년 1월 15일 제주지방검찰청은 박씨를 강간 살인 등 혐의로 기소했다

덜미,
완전범죄는 없다 2
: 범죄 현장에서 쫓고 쫓기는 두뇌 싸움

발행일 초판 6쇄 펴냄 2022년 11월 15일
초판 1쇄 펴냄 2019년 1월 25일

지은이 한국일보 경찰팀
펴낸이 임후성
펴낸곳 북콤마
편집 김삼수
디자인 Miso
본문 사진 한국일보, 경찰청 및 각 지방경찰청과 경찰서

등록 제406-2012-000090호
주소 (413-756) 경기도 파주시 문발동 파주출판단지 534-2 201호
전화 031-955-1650 **팩스** 0505-300-2750
이메일 bookcomma@naver.com   **페이스북** facebook.com/bookcomma
블로그 bookcomma.tistory.com   **트위터** @bookcomma

ISBN 979-11-87572-13-8 (04300)
      979-11-87572-14-5 (세트)